CENT HISTOIRES
DU SOIR

À Thomas, Théo, Agathe et Daphné

Sophie Carquain

CENT HISTOIRES DU SOIR

•MARABOUT•

Du même auteur

Petites histoires pour devenir grand, vol. 1, Albin Michel, 2003
Petites histoires pour devenir grand, vol. 2, Albin Michel, 2005

Sommaire

Introduction

> « *Je trouvais plus de sens profond dans les contes de fées qu'on me racontait dans mon enfance que dans les vérités enseignées par la vie.* » (Schiller)

Pourquoi des histoires pour guérir ?

Rappelons-nous. Nous aussi, nous avons été petits.

Nous avons frémi devant la citrouille ricanante, devant le chevalier masqué. Nous avons tremblé dans le noir ; nous avons eu peur que la terre ne s'écroule quand nos parents se disputaient. Nous avons redouté le passage à la grande école, craint comme la peste la solitude des cours de récré, quand nous étions un « petit nouveau » et que les autres jouaient à l'élastique. Nous avons été tristes à en étouffer quand grand-père est mort.

Nous aurions voulu connaître le secret pour terrasser les monstres, pour effacer les bobos, pour ne plus être si désespéré quand on « ne se causait plus ». Le secret pour ne plus exploser en larmes quand maman pleurait. Le secret pour se dire au revoir correctement, sans culpabilité...

« Quel tableau noir ! diront certains. L'enfance n'est-elle pas un âge merveilleux ? »

Si. Plus encore, l'enfance est l'âge DU merveilleux. Nos enfants ne sont pas coupés des réalités de ce monde ; ils ne vivent pas sur un petit nuage. Aujourd'hui plus qu'hier, gavés d'images, bombardés sur Internet en culottes courtes, les enfants sont confrontés en permanence à des réalités de tout ordre, à des épreuves qui les feront grandir. Mais ils souffrent aussi, et ceci n'est pas un scoop !

Nous qui sommes devenus des grands, comme ils disent, nous nous rappelons avec peine à quel point, tout petit, plongé dans le monde, on peut se sentir vulnérable. Françoise Dolto a parlé de cet état de vulnérabilité, de faiblesse enfantine – en particulier chez les petits qui entrent tout juste à l'école maternelle et qui ne contrôlent aucun repère spatiotemporel, voire corporel. « Il faudrait, disait-elle, apprendre aux enfants le sens de l'orientation, leur donner des cours de géographie, pour leur permettre de se situer dans l'espace, puis de se diriger. »

Tout cela, bien sûr, nous l'avons oublié.

De la même façon, nous avons oublié ce que signifiait la peur du noir. Quand nous les voyons jouer, sourire, ces enfants qui sont sortis de nous-mêmes, que nous avons l'impression de connaître jusqu'au bout de leurs orteils, nous oublions aussi à quelles angoisses ils peuvent être confrontés. Les enfants sentent, pressentent, savent... Sans forcément nous en parler.

On a beau camoufler nos états d'âme sous un sourire Ultra-Brite, les enfants sentent quand nous sommes à bout, fatigués, quand nous nous sommes disputés, quand nous sommes au bord du divorce ou de la crise de nerfs, quand quelque chose d'essentiel survient dans la famille. Leur fameux sixième sens. Certes, ils ne disent rien. Ils continuent à jouer tranquillement à la poupée, aux Playmobil ou à la Nintendo... Mais à l'intérieur, c'est comme un tremblement de terre.

Cachez-leur un deuil, masquez-leur la réalité. Elle revient comme un boomerang dans leurs discours. Et eux, qui ont encore du mal à verbaliser, se mettent à somatiser, font pipi au lit, enchaînent rhinopharyngites sur otites... ou se défoulent sur leur poupée Barbie !

Aujourd'hui, le poids du silence est bien connu : on condamne les tabous, et la dénonciation des secrets de famille s'étale dans tous les magazines. Le monde du silence et des conventions est loin derrière nous, heureusement ! Nous avons compris que cela ne servait à rien de cacher, de contourner les angoisses enfantines, de masquer la réalité, de faire comme si tout allait bien.

Ne prenons nos enfants ni pour des anges, ni pour des petits matous de salon. Ne leur disons plus, en riant un peu trop fort : « Mais... que vas-tu imaginer, mon chéri ? Allons ! N'en parlons plus, d'accord ? C'est une affaire réglée », ni « Bien sûr que non, nous n'allons pas nous séparer. Tout va bien entre nous, d'accord ? Maintenant, va faire tes devoirs ». Laissons ces phrases à la préhistoire et à la prépsychanalyse.

Combien d'enfants se sont repliés sur eux-mêmes, culpabilisés par leur violence intérieure et par leurs « mauvaises pensées » ? Que de dégâts ces phrases, qui se voulaient lénifiantes, rassurantes, ont provoqués ?... Refuser de parler de leurs angoisses aux enfants, c'est les renvoyer à leur solitude.

Pénétrer dans leur monde, c'est entrer dans leur langue

Inutile d'adopter pour autant avec eux un discours pontifiant, rationnel, explicatif. L'essentiel ne se démontre pas. Il se « voit avec le cœur » ; il se conte et s'imagine. Il en va ainsi de l'histoire de Mathilde l'araignée, qui avait tellement besoin d'amour qu'elle volait tout ce qu'elle trouvait ; de Paul, victime de racket, qui donnait tout ce qu'il avait pour se faire intégrer par sa classe ; de Lola, partie pour un temps indéterminé à l'hôpital ; ou de Malou, la petite sorcière désespérée par le divorce de ses parents et qui se demande si elle ne leur aurait pas jeté un mauvais sort sans le vouloir...

Tous ces personnages renvoient dans un effet de miroir l'enfant à sa propre expérience. Ils sont destinés à lui parler de lui, à mettre au jour les angoisses et les peurs qui ne parviennent pas encore à sa conscience. Avec cette série de petits contes anti-stress, les parents pourront aborder de manière ludique et imagée l'épreuve momentanée vécue par l'enfant.

De ce fait, la fiction – thérapeutique même si la formule a des vapeurs d'éther – permet à l'enfant de dépasser lui-même ses propres angoisses. Il surmonte les épreuves sans se voir asséner un ordre ou une injonction parentale qu'il reçoit mal le plus souvent.

Les formules du type « Ne t'angoisse pas ! Mais non, tu ne dois pas avoir peur du noir ! C'est ridicule, voyons » ou « Mais enfin, ce n'est pas parce que tu vas à l'école que nous t'abandonnons. Que vas-tu imaginer ? » sont des codes sociaux qui les renvoient à leurs questions sans y répondre. Or, nous savons bien que les enfants n'aiment ni les codes, ni les formules, ni les phrases à tiroirs. Par conséquent, tout cela ne sert à rien ! Aucune de ces phrases ne leur parle, car elles sont destinées à endormir ce qui ne peut pas l'être (l'angoisse, l'inquiétude, la tristesse, la violence). Et l'enfant, amateur éclairé de la vérité, refuse qu'on le prenne pour un imbécile et que l'on tente d'endormir sa méfiance.

Car tout enfant est comme le Petit Prince : jamais, au grand jamais, il n'abandonne une seule question, une seule préoccupation. Alors...

Alors, nous qui avons tant d'autres préoccupations que les leurs (peur du chômage, de la maladie, de la vieillesse), essayons de nous projeter encore dans leur univers.

Oui, il est normal, quand on est petit, d'avoir peur que le ciel nous tombe sur la tête, que les parents nous abandonnent. Normal d'avoir peur de l'école, du noir, du kidnapping, de la citrouille ricanante et du chevalier masqué. Mais il est aussi normal que nous leur en parlions.

Petit détour par *Kirikou*

« Un enfant intelligent se soigne lui-même... »

L'enfant est peu réceptif aux discours pontifiants et rationnels. Lui qui apprend tout juste que deux et deux font quatre ne peut pas encore mettre ses angoisses en équation mathématique.

Bien sûr, on pourra lui dire : « Thomas, tu sais, à 5 ans, c'est normal d'être jaloux de son petit frère. Tu es dans l'ambivalence. Tu l'aimes, mais tu as le sentiment que je ne t'aime plus, et qu'il prend ta place » ou « Nous allons divorcer. C'est comme ça, ça ne nous empêche pas de t'aimer ». Certes, cela vaut toujours mieux que le silence. Sans doute l'enfant y puisera-t-il un peu de réconfort, mais cette parole, trop limitée, ne pansera pas l'étendue de sa plaie.

En revanche, si on lui raconte une histoire, elle va pénétrer bien profondément en lui. Il va imaginer, rêver autour de l'histoire, et trouver lui-même le remède. Il s'en sortira seul grâce à l'histoire. Désormais, une petite voix lui susurrera : « Allons, tu sais bien...

Ce n'est pas si grave ! » Et cette petite voix, il l'écoutera, car elle vient du plus profond de lui-même.

Nos enfants sont capables de se guérir eux-mêmes... à condition qu'on leur donne confiance en eux.

Le film d'animation de Michel Ocelot *Kirikou et la Sorcière* n'est pas qu'une histoire d'enfants. C'est une magnifique histoire de confiance en soi, d'accès au monde des grands. Rappelez-vous...

Quand elle entend le bébé parler dans son ventre (le futur Kirikou), la maman l'incite à naître tout seul. Elle lui dit : « L'enfant qui parle dans le ventre de la mère s'enfante lui-même. »

Quand Kirikou, bercé par l'injonction maternelle, sort tout seul du corps de sa mère, la douce Africaine lui confirme : « L'enfant qui s'engendre lui-même prend son bain tout seul. » Ce qu'il fait, bien sûr !

Enfin, quand Kirikou, minuscule petit bonhomme haut comme trois pommes, veut combattre Karaba, la méchante sorcière qui mange les hommes, il doit passer l'épreuve de la Grande Termitière, où seuls les héros pénètrent. Kirikou, enfant avisé, ne l'ignore pas : c'est là l'épreuve du feu, qui lui permettra de gagner ses galons d'adulte et de héros. À ce moment de son histoire, il a un tout petit doute :

« Maman, crois-tu que je sois digne d'entrer dans la Termitière ? interroge Kirikou, le regard plein d'espoir.

— Oui, je le crois », répond doucement sa mère.

Et Kirikou, bien sûr, surmonte l'épreuve... Comme il surmontera les autres épreuves, grâce à la confiance que lui accordent les adultes.

« J'ai peur, dit encore Kirikou à son grand-père, au moment d'affronter la sorcière. Donne-moi un grigri, un fétiche pour m'aider.

— Tu n'en as pas besoin, répond le très sage grand-père. Ta force, c'est ton innocence. »

Et Kirikou vaincra, élevé par la petite flamme qu'il lit dans le regard des autres : une flamme qui brille de confiance, d'amour, d'admiration. La confiance que l'on accorde aux enfants, c'est une armure ! Grâce à elle, Kirikou devient un héros. Il ne sera pas, comme tous les hommes, transformé en fétiche-objet. Il restera libre et il libérera le village.

Pourquoi donc ce détour par *Kirikou* ? Parce que l'essentiel est là, dans la confiance que l'on accorde à l'enfant. Permettons-lui d'écouter, de rêver, d'imaginer... et de se guérir lui-même.

Les enfants, certes, ne sont pas des adultes. Mais ils sont libres. Respectons leur liberté, et donnons-leur de l'amour et beaucoup de confiance en eux. Les histoires peuvent nous y aider. D'une part, elles nous donneront une prise, dans les situations difficiles, pour surmonter l'obstacle et en parler avec eux. D'autre part, elles lui donneront une prise pour escalader le rocher... et passer le suivant. Pour grandir et devenir un chevalier sans peur !

Comment utiliser ce livre ?

Ce recueil est structuré en plusieurs chapitres, à consulter selon la difficulté rencontrée et l'épreuve subie par l'enfant.

Il fallait prêter une attention particulière aux épreuves les plus communément subies par les enfants (et les parents !) : les troubles du sommeil, les cauchemars, la solitude, les jalousies entre frère(s) et sœur(s)...

On trouvera à l'issue de chaque histoire un paragraphe intitulé « Qui que quoi comment » qui tente d'expliquer ces peurs et ces angoisses. On y lira également, dans le paragraphe « Discutez-en avec lui », quelques pistes de discussion pour aborder le sujet en toute simplicité.

On peut aussi lire à l'enfant ces histoires « gratuitement », sans penser à résoudre un conflit, mais simplement pour évoquer avec lui des situations difficiles qu'il pourrait rencontrer, dans une mesure de prévention en quelque sorte. Dans ce cas, l'intérêt que l'enfant pourra porter à telle ou telle histoire et les questions qui s'ensuivront seront pour vous des indices précieux sur ses préoccupations du moment.

POUR L'HISTOIRE ET CONTRE LE SILENCE

Pourquoi ils aiment tant les histoires

Une histoire triste pour les jours de pluie, une histoire rose pour les jours qui chantent. Une histoire de sorcière quand on s'est disputé avec maman, une histoire de loup parce qu'on a peur du noir... Les histoires font partie du monde des enfants dès leur plus jeune âge. Des histoires « pour de rire », pour sourire, pour avoir peur. Pour jouer à être quelqu'un d'autre, pour se donner des frissons. Mais au bout du compte, pour gagner contre le silence.

Des histoires bleues contre le silence

Les enfants n'ont besoin de silence que pour dormir. Pas pour grandir. C'est pourquoi ils aiment tant babiller et nous entendre raconter des histoires.

À partir de quel âge commencent-ils à les aimer ? Leur passion des histoires débute tôt, vers 10 mois, peut-être avant. Même s'ils ne comprennent pas tout, ils respirent le livre, le déchirent, le malaxent. Une façon de se dépatouiller avec le réel, avec leur problème ?

Observons un bébé avec un livre. Le livre lui apparaît déjà comme une clé d'accès au monde. Il s'y plonge avec délectation ;

il l'observe sous toutes les coutures d'un air interrogateur. Il le considère comme un objet étrange venu d'un autre monde, un objet qui renferme l'« autre parole », la parole vraie lui donnant accès à l'universel.

Nos petits sont-ils déjà conscients d'y puiser force, intelligence, apaisement ? d'y trouver une mine de secrets, d'astuces, de réponses, de jeux de mots à rire et à pleurer ? Peut-être pressentent-ils déjà ce que Montesquieu disait à propos de la littérature : « Il n'y a chagrin si grand qu'une heure de lecture m'ait ôté » ? La lecture adoucit les bobos parce qu'elle permet d'accéder à l'universel et de dépasser les limites de notre misérable tas de secrets.

Bien sûr, les enfants ne l'expriment pas ainsi, mais ils pensent déjà : « Ah, cette histoire est aussi arrivée à Cendrillon ? Je ne suis pas le seul à me disputer avec mes frères. » Non, il n'est pas le seul à avoir envie d'étrangler son petit frère, à détester sa maman tout en l'adorant, à se demander pourquoi son père rentre si tard. Il n'est pas le seul à ressentir un grand vide dans la poitrine quand ses parents se disputent... Pistez son regard : il s'éclaire quand vous lui faites la lecture.

Sortir du ghetto de l'ego

Les histoires permettent à l'enfant de dépasser le cercle étroit de lui-même, le nombrilisme familial et personnel. Et cela reste possible parce que, précisément, l'enfant s'identifie au héros de l'histoire : « Le conte propose à l'enfant une image de la famille humaine, écrit Marthe Robert, dans sa préface aux *Contes* de Grimm. Le "royaume" du conte n'est autre que l'univers familial bien clos et délimité. Pour l'essentiel, poursuit l'écrivain, il décrit le passage de l'enfance à la maturité, passage nécessaire, difficile, gêné par mille obstacles. »

Un royaume, une reine, un roi. Un terrier, une famille lapin. Un grenier, une famille souris... Il n'en faut pas plus pour asseoir l'histoire, pour la circonscrire et lui donner forme. Et le royaume, le terrier, le grenier ne sont-ils pas également la métaphore du psychisme de l'enfant ? le théâtre où vont se jouer tous les conflits familiaux ? Ce sont ces lieux qui permettront à l'enfant l'identification, puis l'extériorisation des conflits.

Grâce aux histoires – celles qui lui parlent –, il va peu à peu sortir du ghetto de son angoisse, cesser de culpabiliser et de ressasser toutes ces pensées noires qui le renferment toujours plus sur lui-même.

L'histoire est comme une petite lumière dans le noir. Elle lui murmure qu'il n'est pas seul dans la forêt obscure. Elle lui permet de trouver une issue et de panser ses premières blessures. Les parents qui interdisent à leurs enfants de lire des histoires terribles, sous prétexte de leur éviter des peurs inutiles, les laissent en fait plus seuls et démunis face à la réalité.

Pour de vrai... ou pour de faux ?

« Est-ce que c'est pour de vrai ? demande l'enfant passionné par une histoire.

— Oui, bien sûr ! C'est pour de vrai, mais ça s'est passé il y a très, très longtemps. »

En général, les parents ne savent pas trop quoi répondre à cette question quand l'histoire met en scène des événements particulièrement terribles comme dans les contes de fées traditionnels. La vérité des contes est toute particulière : c'est une vérité intemporelle, une vérité de tout temps, valable dans le passé, le présent et l'avenir. Elle met en jeu le mécanisme de l'inconscient, des pulsions, etc.

Le langage de l'imaginaire est sans doute le seul qui parle vraiment aux enfants : « Certains disent que les contes de fées sont malsains parce qu'ils ne présentent pas le tableau "vrai" de la vie réelle [...]. Mais le "vrai" dans la vie d'un enfant peut être tout différent de ce qu'il est pour l'adulte », écrit Bruno Bettelheim [1].

Le langage du factuel

En guise de « parole vraie », que disons-nous à notre enfant ? Quels messages laissons-nous passer à l'issue d'une journée remplie de stress ?

Quand nous rentrons le soir, fatigués, nerveux et impatients, nous lui parlons « factuel » : « As-tu fait tes devoirs ? », « À table, c'est prêt ! », « Va te brosser les dents ! », « Range ta chambre ! »,

1. *Psychanalyse des contes de fées*, Pocket, 1999.

« Allons, dépêche-toi, tu as école demain ! », etc. Et devant un enfant qui récrimine, qui pleurniche : « Arrête un peu ! tu ne vois pas comme je suis fatigué(e) ? » Histoire de bien museler les éventuelles interrogations. Pas très « glamour », notre panoplie d'injonctions, d'impératifs, de reproches !

Et si nous parlions, ensemble, une autre langue ?

La grande réconciliation !

Quand rien ne va plus, quand nous nous sommes disputés, quand ils nous ont harcelés, quand nous avons crié, quand ils nous ont mis à bout, quel discours adopter ? Celui du « parent copain », déstabilisant au possible, risque d'envenimer la situation. Celui du parent sévère ? On a déjà donné.

En revanche, l'histoire représente une trêve. On s'installe ensemble et on lit. Projetés dans cet ailleurs, on oublie tout momentanément.

L'émotion fait passer le message

Dans l'histoire de Pomme, la petite chatte qui vivait dans un monde tout rond, il y a les mots ordinaires, les mots autorisés et les mots non autorisés.

Les mots autorisés ? C'est bien sûr le langage social, les conversations de salon, le discours aseptisé, celui qui nous rassure tant, nous, les adultes. C'est, par exemple :

« Tu es superbe, tu as bonne mine... Comment ça va ?

— Mais très bien ! Tout va très bien. »

À l'inverse, les contes et les histoires pour enfants ont une résonance dans l'imaginaire comme s'ils ouvraient une brèche, bien plus profonde que celle des « mots autorisés ». Les livres utilisent une autre langue, « antisociale », chargée d'émotion et de musique. Et seule cette langue peut nous faire vibrer, nous et nos enfants, parce qu'elle refuse les codes et recherche la vérité.

Les bébés qui reniflent les livres avec appétit ont raison : le livre est bel et bien une clé d'accès aux richesses émotionnelles. Et c'est en cela qu'il guérit. Ils savent qu'ils vont trembler avec *Les Trois Petits Cochons* – qui met en scène de nombreuses peurs enfantines –, pleurer avec *La Petite Marchande aux allumettes*, se mettre en colère avec *Cendrillon*.

Les émotions ouvrent une brèche qui permet au message de faire son chemin. Mais attention ! une histoire mal racontée, sans émotion, est semblable à un discours froid, au langage social ou rationnel trop utilisé par les adultes. Les enfants, eux, parlent autrement.

L'histoire et les confidences

L'histoire est aussi un moyen de susciter leurs confidences. D'une part, parce que, en la lisant, nous nous rapprochons d'eux ; d'autre part, parce qu'elle est comme un tremplin, une base de discussion.

Avez-vous remarqué que les enfants détestent notre curiosité pressante en ce qui les concerne ? Bien souvent, ils nous laissent nous débattre avec nos questions.

« Alors, mon chéri ? Comment s'est passée ta journée ?

— ...

— Comment ? Tu ne me racontes rien ? Allez, allez ! T'es-tu fait des copains ? As-tu joué ? Et la maîtresse ? Elle est gentille ? Réponds-moi, voyons ! »

Rien. Mur de silence. Et c'est normal : les enfants n'aiment que les questions qu'ils posent, comme le Petit Prince de Saint-Exupéry.

Nous n'obtenons rien de cette manière, car nos questions qui nous semblent ouvertes sont des questions fermées. Et les enfants le savent. Nous aimerions qu'ils répondent : « Oui, maman, j'ai passé une excellente journée. J'ai rapporté un cinq sur cinq en orthographe. Je me suis bien amusé(e) dans la cour. Je me suis fait des tas de copains. Et j'ai bien mangé à la cantine (surtout les haricots verts)... » Voilà ce que nous attendons. De la même façon que, entre adultes, nous avons adopté un code hypocrite : « Comment ça va ? – Très bien ; et toi ? » Mais les enfants ne marchent pas à ce petit jeu-là !

Imaginez un enfant qui joue le jeu de la vérité. Cela donnerait : « À la cantine, j'ai eu une grosse boule dans la gorge. Je me suis senti(e) très seul(e), car j'ai pensé au week-end que nous venions de passer tous ensemble. Pierre a voulu prendre mon goûter, et je le lui ai donné parce que je suis tout(e) seul(e) dans la cour de récré. La maîtresse m'a ennuyé(e) avec ses additions et ses soustractions. Je me suis demandé pourquoi on ne restait pas toujours tous les quatre ensemble, tout le temps... »

Mais il ne nous dira pas ça. D'abord, parce qu'il est trop immergé dans le milieu scolaire pour pouvoir prendre de la distance par les mots. Ensuite, parce qu'à 4, 5 ou 6 ans, on fait peu de cas d'une introspection.

En revanche, si vous lui racontez une histoire, celle d'un autre lui-même, celle du petit lapin qui a passé durement sa première journée d'école, si vous lui racontez l'histoire de Louison, la petite fille qui ne savait pas dire au revoir, alors là, brusquement, vous verrez sa langue se délier. Tout simplement parce que vous n'attendez rien.

« Moi aussi, j'ai vécu ça ! vous dira-t-il en substance. Moi aussi, la maîtresse m'a fait un câlin avant la sieste. J'ai pleuré quand tu es partie, mais je me suis arrêté(e) immédiatement après. » Ou : « Moi aussi, l'autre jour, j'étais comme Nathan. Je me suis senti(e) seul(e) et triste dans la cour de récréation. J'aurais voulu mourir. Je crois même que je me suis un peu endormi(e) sur un banc... »

Et il poursuit l'histoire avec ses mots à lui.

Avez-vous jamais remarqué comme les contes donnent aux enfants l'envie de s'exprimer ? Ils sont remplis de points d'interrogation déguisés. Et quand nous, les parents, nous montrons respectueux de leur univers, quand nous ne pénétrons pas par effraction dans leur intimité, nous pouvons espérer les faire parler.

Par le jeu de l'identification, l'enfant sort un peu de lui. Lui, dont les limites du moi sont encore labiles, lui qui n'a qu'une conscience vague de sa propre identité, il entre en « sympathie » avec le personnage de l'histoire ; il souffre avec lui...

Libérons les monstres... et les sorcières !

Venons-en donc aux histoires de frousse, de peur et d'angoisse, aux histoires noires, grises et parfois tristes. Celles dont les enfants raffolent. Car, dans leur inextinguible soif de vérité, ils veulent connaître toutes les couleurs de l'arc-en-ciel. Le rose, le jaune, le bleu, mais aussi le violet et le noir.

On sait à quel point il est inutile de diaboliser et tabouiser les sorcières et les personnages qui font peur. Les bambins adorent les dinosaures aux dents longues, les monstres au regard cruel, les marâtres maigrichonnes et les loups-garous. Car ils donnent un visage très précis à l'angoisse qui, confusément, les étreint. Un monstre flou, insuffisamment décrit, serait terrifiant. Mais pas le vrai gros méchant, le tatoué, qui lui permet d'extérioriser son angoisse sans culpabiliser.

Vive les méchants ! Ils permettent à la peur enfantine, si normale, de ne pas se transformer en angoisse. C'est bien pourquoi l'histoire triste ou l'histoire qui fait peur est non seulement un excellent moyen d'aborder le sujet avec l'enfant, mais aussi un bon moyen de le rassurer.

Et c'est beaucoup plus efficace qu'une simple injonction du type : « Mais, mon chéri, ne t'inquiète pas. Tu sais, tout finit par s'arranger. Bien sûr que non, nous ne divorcerons pas... »

Parler vrai de la mort

Dans son ouvrage *Les livres, c'est bon pour les bébés* [1] la psychanalyste Marie Bonnafé raconte l'histoire d'une petite fille à qui l'on avait caché, délibérément, la réalité de la mort. La petite fille s'était vu interdire les jeux dont les enfants sont si friands, du style « Pan ! T'es mort ! ».

Résultat, à son entrée à l'école maternelle, tous ses petits copains prirent un malin plaisir à l'initier à ce nouveau vocabulaire : *tuer, mort*, etc. Bien sûr, la pauvre enfant en conçut une angoisse phénoménale. C'est ainsi que le silence tue...

L'enfant est vulnérable et il le sait. Qu'arriverait-il si son père ou sa mère n'était plus là pour le protéger ? Comment survivrait-il ? À qui pourrait-il faire confiance ? Voilà le genre de questions que les contes de fées posent et résolvent.

En racontant l'histoire de la sorcière si triste du départ de ses parents, du petit nuage qui se fait un sang d'encre, ou de la mort de grand-père Souris, que faisons-nous ? Nous ne créons pas de l'angoisse, mais nous la libérons. Et nous renforçons chez l'enfant son sentiment de confiance. Il n'est pas tout seul, perdu dans la forêt. Il a quelques cailloux en poche !

---

1. *Les livres, c'est bon pour les bébés*, Hachette Littératures, 2003.

Le livre, objet transitionnel

Et pourquoi le livre ne serait-il pas lui aussi un objet transitionnel ? Le livre et l'histoire aussi. Ce fameux objet qui permet de devenir grand, qui aide l'enfant à « advenir à soi », comme l'écrit Françoise Dolto.

Quand les enfants tombent amoureux d'une histoire – en général une histoire qui a su répondre à leurs préoccupations du moment – et qu'ils la demandent une, deux, trois, dix, quinze fois et jusqu'à l'indigestion, ils se comportent avec elle comme avec un doudou. Ils la câlinent, la dévorent, la dorlotent. Ils dorment avec elle ; ils la serrent dans leurs bras.

Et il ne s'agit pas forcément de livres en tissu ou en papier que l'on peut mâchonner. Mais bel et bien d'histoires. Livres-transitions ? Oui, car ils permettent à l'enfant de grandir et de supporter la solitude en présence de la mère.

L'enfant porté par la lecture ou les bénéfices de l'histoire lue

Observez un enfant de 6, 7 ou 8 ans, qui vous réclame une histoire du soir, aussi avidement qu'un tout-petit. Allez-vous lui répondre : « Tu es assez grand(e) maintenant. Lis-la toi-même » ? Ou bien allez-vous le border, comme un tout-petit, lui faire un bisou, baisser la lumière et entrer dans la danse avec lui ?

Les deux activités n'ont rien à voir. Quand nous lui faisons la lecture, nous partageons, physiquement, un moment de complicité et d'affection. Nous faisons corps avec lui, un peu comme si nous le portions à bout de bras. C'est cela : nous le portons à nouveau comme un petit enfant ; nous l'élevons ; nous lui donnons la main.

Essayez de répondre : « Maintenant, tu sais. Tu peux lire tout(e) seul(e). » Quelle sera sa réaction ? L'enfant se mettra en colère comme si vous lui supprimiez l'un de ses droits fondamentaux. Le droit de se faire lire une histoire comparable au droit au câlin, à la friandise, etc.

Lire une histoire à un enfant de 7 ou 8 ans, c'est accepter de l'aider dans les moments difficiles, quand il est fatigué ou angoissé. C'est encore lui dire : « Oui, tu sais lire, mais pour ce soir, on oublie, d'accord ? » Après tout, il nous arrive parfois de porter nos enfants alors qu'ils savent marcher. Et cette sensation d'apesanteur, si délicieuse, ne la leur supprimons pas dès qu'ils savent lire...

Et si nous avions tous 5 ans ?

Nous aussi, nous sommes capables de redevenir enfant, de parler le même langage. Cela ne signifie pas « bêtifier », parler bébé avec un sourire condescendant, ou se mettre « à la portée » de l'enfant. Il nous faut épouser son monde, retirer nos talons aiguilles, notre cravate et notre costume, oublier notre pensée discursive et nos idées toutes faites. Pas si facile...

Un joli dessin animé russe met en scène la différence de nos deux mondes. Son nom : *Choo Choo* (*La Nounou*). L'histoire ? Elle est très simple :

Il était une fois un petit garçon qui s'ennuyait à mourir dans un monde de grands. Ses parents reçoivent. Les uns après les autres, les invités arrivent, pomponnés, coiffés, en veine de mondanités. Que voit le petit garçon ? Des talons aiguilles, des chaussures d'hommes à lacets, des femmes trop maquillées, des exclamations mondaines...

Rien n'est à sa taille d'enfant. D'ailleurs personne ne vient vers lui. C'est tout juste si on lui lance, par pure convenance, un nounours, puis deux, trois, quatre... Toute une armée d'ours en peluche, car les adultes ont tous eu la même idée. Quoi de plus classique, traditionnel et convenu qu'un ours en peluche ?

Saturé par cette avalanche de codes sociaux, le petit garçon s'enfuit, monte au grenier, fouille dans les malles, et construit sa propre histoire. Un coussin, une paire de patins à roulettes, et voilà Choo Choo, une nounou noire, une sorte de Mary Poppins imaginaire, incohérente, mais si douce. Le petit garçon a gagné sa soirée. Il s'amuse follement avec Choo Choo qui l'emmène loin, loin, dans des histoires abracadabrantes.

Quand la fête des adultes est terminée, les parents viennent saluer leur fils. Quelle n'est pas leur surprise quand ils aperçoivent, allongée sur le lit, cette chose devenue vivante qui veille sur leur enfant ! La maman – une blonde très BCBG – s'évanouit de frayeur ; le père réajuste ses lunettes et pousse la porte, le menton pointu et menaçant, d'un air de dire : « Tu vas voir ce que tu vas voir ! »

Mais aussitôt, Choo Choo, d'un coup de baguette magique, les transforme en petits enfants. Le papa perd ses lunettes ; la maman se voit pousser des couettes. Ils ont à nouveau 5 ans et sautent au cou de Choo Choo, qu'ils reconnaissent comme une des leurs... Quelques minutes plus tard, quand ils retrouvent leur taille d'adulte, ils s'en vont sur la pointe des pieds, tout doucement, avec un sourire entendu. Ils ont compris. Ils sont redevenus enfants pendant cinq petites minutes, mais leur brève incursion dans le monde de l'enfance leur a suffi.

C'est comme ça, avec les contes. Si nos enfants aiment tant nous voir les lire, c'est que, en un clin d'œil, simplement en changeant le ton de notre voix, nous voici nous aussi plongés dans leur univers. Alors, prenons place sur la toute petite chaise en bois de Petit Ours. Le temps d'une histoire...

La meilleure façon de lire...

QUAND LIRE ?

L'histoire-rituel

L'enfant évolue dans un monde de rituels. Et, entre le rituel du repas, celui du coucher, du brossage de dents, du bain, le rituel de l'histoire est le plus attendu, le plus créatif, le moins contraignant.

À une époque où 70 % des mères ayant deux enfants travaillent et où la famille ne se voit plus guère que le soir, il est très important de maintenir ce lien littéraire. C'est une façon de donner du temps, de l'amour et de l'écoute, comme un petit délice, une petite friandise avant la longue séparation de la nuit.

À quel moment de la journée ?

L'heure du coucher est idéale pour raconter des histoires. C'est un moment de détente et de relaxation, un moment magique où vos enfants et vous n'êtes plus sous pression.

Bien sûr, on peut en lire aussi au petit-déjeuner, dans le bain, le samedi après-midi quand il pleut, au milieu de la nuit quand l'enfant se réveille malade ou effrayé par un cauchemar. Pendant les repas, il est préférable de maintenir le lien familial et de discuter. Mais, si votre enfant traverse une crise difficile, il est bien évidemment préférable de lui lire une petite histoire pendant son repas plutôt que lui donner une fessée ou jeter la casserole par terre !

Le moment où l'enfant rentre de l'école se révèle idéal également, surtout quand il s'agit d'une journée pluvieuse. L'enfant retrouve ses marques à la maison ; il réclame de la tendresse et du réconfort après une journée peut-être difficile. Dans ce cas-là, on s'installe sur le canapé avec le doudou et on raconte une histoire qui évoque un problème relatif à l'école (*Honorine, la petite oie qui ne voulait pas aller à (la grande) école*, *L'École des doudous*, ou *Léopold et son Copain Erwann*).

À l'heure du coucher, évitez les histoires trop dures. Un enfant fatigué est parfois beaucoup plus – voire trop – sensible et réceptif au conte et à ce qu'il suggère. L'histoire, si elle n'est pas reprise ensuite, risquerait de s'enfoncer très profondément dans son inconscient. Après une histoire qui relate des situations spécifiques comme la maladie, le handicap ou la mort, il est absolument nécessaire d'en parler, de dialoguer de manière soutenue avec l'enfant. De tels sujets l'exigent.

Comment raconter ?

On est prié de déguster...

Votre enfant ne profitera guère d'un livre, même s'il est excellent, si vous êtes pressé(e) d'en finir parce que vous avez d'autres choses à faire. Une histoire n'est pas gobée mais savourée.

Regardez les enfants : ils s'allongent par terre, à plat ventre ; ils reniflent le livre ; ils s'en imprègnent. Et ils ont raison. Dans *Les Mots*[1], Sartre évoque le corps à corps physique avec la page, la bonne odeur d'encre, les mots comme des champignons... Comme si la littérature se mettait à vivre.

Ce n'est pas seulement une histoire que l'on raconte, mais toute une ambiance que l'on peut mettre en scène. Certains choisissent de s'installer toujours au même endroit avec l'enfant (dans

1. *Les Mots*, Gallimard, 1977.

un petit coin avec des coussins ou sur un pouf) ; d'autres revêtent leur costume de conteur (châle, chapeau, etc.). On peut aussi allumer une bougie ou une baguette d'encens. Les enfants raffolent de tous ces petits cérémonials qui l'emportent dans la magie de l'histoire.

Une formule particulière

On peut utiliser une formule particulière comme un tremplin dans le monde du conte : « Une historiette pour ma doucette » ou « C'est l'heure de l'histoire », tout simplement.

À partir de ce moment, l'auditeur et le conteur sont complices dans le monde du conte. Pour la fin, c'est pareil : on peut signifier en une phrase la fin de l'histoire. Exemple : « C'était beau, n'est-ce pas ? » ou « C'était une belle histoire ».

Lire en mettant le ton

Faire vivre une histoire, c'est aussi mettre le ton. D'ailleurs, les contes sont souvent écrits puis relus à haute voix pour cette raison. Il faut que cela « chante », que cela se lise bien. C'est du théâtre ! « Une histoire est morte dans un livre, écrit la conteuse Muriel Bloch. Après, il faut redonner la vie. C'est du bouche-à-bouche. » Du bouche-à-bouche qui consiste à insuffler du rythme, de la vie, du panache...

Vous n'êtes pas un acteur-né ? Facilitez-vous la lecture en parcourant les livres avant de vous mettre à lire. Envisagez cela comme une répétition qui vous permettra de ne pas bafouiller.

Les enfants aiment qu'on lise avec enthousiasme. Il n'y a rien qui tue leur intérêt comme une histoire lue trop vite ou avec une intonation rasante, bourdonnante, monotone. Le plus vivant des livres ne peut survivre à ce traitement. Si vos enfants s'ennuient en écoutant une histoire, cela vous ennuiera également. Et si vous vous ennuyez, ils s'ennuieront. C'est mathématique.

S'il y a plusieurs personnages, adoptez un ton différent pour chacun d'eux, en les forçant à la limite de la caricature : une voix énorme pour l'éléphant, une voix moyenne pour l'éléphanteau, un minuscule filet de voix pour la souris. C'est simple et cela ajoute du piquant à l'histoire. Prenez une voix méchante pour la sorcière, une voix « sucrée » pour la fée, une voix rugissante pour le lion.

Pour les histoires longues et théâtrales, essayez de renforcer les effets en ménageant le suspense. Interrompez la lecture aux moments cruciaux comme dans un feuilleton et n'hésitez pas à en faire trop ! Dans les contes comme au théâtre, tout est dans l'excès.

Donner beaucoup de soi

Bien sûr, tout cela exige que l'on se donne entièrement à ce moment-là. Et l'enfant le sent ! Vous cherchez à vous débarrasser de l'histoire du soir ? Attention ! Son désir non satisfait, l'enfant va en redemander. Une autre histoire, une autre, et encore une autre !

À l'inverse, s'il est satisfait, il vous dira bonsoir sans demander son reste, comme un public satisfait de sa soirée.

Qui raconte ?

La mère ou le père, investis du souci éducatif, semblent bien sûr tout désignés pour raconter ces histoires à message.

Les pères qui rentrent tard – et dont il est d'ailleurs question dans certaines histoires comme *L'Ombre de mon père* et *Le Gros Câlin de Benjamin* – peuvent trouver là un moyen d'asseoir leur présence dans un moment consacré : « J'attends papa pour l'histoire. » Essayez de tenir votre promesse. Même si vous n'êtes pas beaucoup présent, soyez-le régulièrement.

On a coutume de dire que les histoires sont un domaine réservé aux grands-parents. Il est vrai qu'eux ont le temps de le faire ! On imagine souvent le papi, pipe à la bouche, lire des histoires du passé... Pour les récits qui mettent en scène un conflit avec la mère ou le père (*Ils m'ennuient avec leurs histoires*, *Le Royaume de la Chamaillerie*), on peut conseiller de les faire lire par les grands-parents. Ils sont moins partie prenante dans le conflit ; ils sont plus détachés, donc plus adaptés.

« Une histoire pour moi tout(e) seul(e) ! »

Quand on a plusieurs enfants et que les parents sont disponibles tous les deux, l'idéal est de lire séparément une histoire à chacun. On maintient là le lien très intime enfant/adulte et le message passe mieux, surtout si l'enfant a justement un bobo au fond du cœur. Si tel est le cas, tâchez de réserver un réel moment d'attention à l'enfant qui souffre, et à lui tout seul.

Pour l'histoire du soir, quand on est seul(e) à la maison, ce n'est pas toujours possible. Dans ce cas, on propose une séance de lecture collective, en effectuant un roulement. Par exemple, on rassemble les enfants un jour dans une chambre, le lendemain dans une autre, et ainsi de suite. On tamise la lumière et... en route !

Doit-on expliquer tout le vocabulaire ?

Non, nous ne sommes pas ici dans une lecture dirigée. On ne s'en rend pas suffisamment compte, mais les enfants sont capables d'une compréhension globale. Bien sûr, il ne faut pas truffer le texte de notations philosophiques, mais il ne faut pas non plus s'arrêter à chaque mot difficile.

Qu'importe s'il ne saisit pas immédiatement le sens de *caïman*, de *lapis-lazuli*, ou de « *Tire la chevillette et la bobinette cherra* » ! Même s'il ne comprend pas, les mots restent pour lui des perles à redécouvrir. Et puis, laissons-le déguster, comme nous le disions, sans interrompre la lecture toutes les cinq minutes. L'histoire n'est pas un temps scolaire. C'est un temps hors du temps.

Autre possibilité : il comprend grâce au contexte.

De plus, les enfants aiment sentir que leurs parents les pensent assez avertis, intelligents, éveillés pour comprendre. Ils pourraient comprendre ? Donc ils s'arrangent pour le faire. C'est là tout l'art d'une éducation fondée sur la confiance en soi. C'est aussi de cette manière qu'ils grandissent.

HISTOIRES DU SOIR

1

Des histoires pour dormir

Le Marchand de sable
et le Marchand de sons

Il existe un marchand de sable pour s'endormir.
Et pour se réveiller ? Un marchand de sons !

Dans la profondeur de la nuit,
avant que le petit matin ne survienne,
soudain, un petit bruit retentit.
Le marchand de sons arrive,
avec un rayon de lumière dans une poche,
un grelot dans l'autre.
La plupart du temps, on ne l'entend pas.
Parce que le bruit est tout petit,
que le son tintinnabule tout doucement,
et dure une toute petite seconde.
Le marchand de sons vient faire sa tournée
pour donner envie aux enfants, délicatement, de se réveiller.
Après cette seconde magique, le jour apparaît ;
les mamans se réveillent, les papas, les pépés et les papis.
Puis les enfants ouvrent les yeux,
et lui s'enfuit sur ses semelles de vent.

Avant, il y a très, très longtemps,
le marchand de sable et le marchand de sons étaient ennemis.
Il leur arrivait de se croiser et de se lancer des regards furieux.
Tu sais pourquoi ils se faisaient la guerre ?
Comme toujours... Pour une question de territoire !
Le marchand de sable voulait rallonger la nuit.
Et le marchand de sons, lui, voulait rallonger la journée.
« Tu arrives bien trop tôt ! disait le marchand de sable.
Les enfants ont encore sommeil !
— Mais non ! Il est temps pour eux de manger leur croissant et de jouer,
lançait le marchand de sons.
Ils ne vont tout de même pas passer la journée au lit ! »

Ils se battaient comme des chiffonniers,
et ça donnait des choses curieuses.
Parfois, la nuit durait trois secondes
et le jour était infiniment long.
Parfois, c'était le contraire :
on vivait toute la journée dans le noir total !
Pour la sieste, ils se querellaient encore :
« La sieste m'appartient ! disait le marchand de sable.
C'est un tout petit morceau de nuit qui revient le jour.
— Mais non, mon cher, répondait le marchand de sons,
la sieste fait partie de la journée, un point c'est tout ! »

Un jour, lasse de toutes ces disputes, la Lune
leur donna à chacun la moitié de la journée,
et la sieste en plus pour le marchand de sable.
Depuis, ils sont les meilleurs amis du monde.
Quand le marchand de sons arrive,
son rayon de lumière dans une poche et son grelot dans l'autre,
le marchand de sable déguerpit sur la pointe des pieds.
Ils ont tout juste le temps de se serrer la main.
Le marchand de sable dit au marchand de sons :
« Salut, mon vieux. Travaille bien !
Ils sont tous endormis à poings fermés. »
Et le marchand de sons dit au marchand de sable :

« Bonne nuit. Fais de beaux rêves !
— On va essayer », bâille le marchand de sable.
Et il laisse son sac, enfile son pyjama et son bonnet de nuit.
Et il bâille, il bâille, il bâille !
Et pendant qu'il bâille, il entend un tout petit grelot...
Mais lui, ça ne le réveille pas.

La Grève des marchands de sable

Ce jour-là, sur la Lune,
les marchands de sable s'étaient réunis
pour un congrès extraordinaire.
Il y avait cinq cents, mille – et peut-être plus encore –
petits marchands rouges de colère,
qui brandissaient le poing d'un air mécontent.
Et tu sais pourquoi ?
Parce qu'ils n'arrivaient plus à endormir les enfants !
« Nous ne pouvons plus faire notre métier ! fit le premier.
— Les enfants ne nous écoutent plus ! fit le deuxième.
— On passe un temps fou à les endormir.
Parfois même deux à trois heures ! bougonna le troisième.
— Ils se fichent de nous ! Ils n'écoutent rien ! »
entendait-on de part et d'autre de la Lune.

Le grand chef des marchands prit le micro :
« Mes amis, résumons la situation.
Avant, il y avait Nounours, notre fidèle allié,
qui nous facilitait le travail en envoyant les enfants au lit.
Aujourd'hui, notre bon vieux Nounours a disparu.
Et qui l'a remplacé ?
Les jeux vidéo, les chaînes de télé numériques, les ordinateurs,
les CD-Rom ! »

Quelques sifflets se firent entendre dans le public.
« Et par-dessus tout, les papas qui rentrent tard
et qui se mettent en tête de jouer avec les enfants à 20 h 30 !
— Oui, renchérit un marchand de sable,
et comme nous arrivons à cette heure-là, ça fait des étincelles !
— Oui, dit un autre. Il nous faut reconquérir notre pouvoir.
Nous étions les rois de la nuit
et nous devons le redevenir !
— Hourra ! Bien parlé ! crièrent tous les petits marchands
de l'assemblée.
— J'ai une idée ! dit le chef. Dès maintenant, nous allons faire grève. Une grève illimitée.
C'est fini, nous ne distribuerons plus de sable pendant quelques semaines.
Ainsi, les enfants verront bien à quel point nous leur manquons... »

C'est ainsi que les marchands de sable
décidèrent de cesser d'endormir les enfants.
Ils puisèrent dans leurs tas de sable
et lancèrent par poignées le sable magique
qui retomba sur la Terre en formant des lettres d'or :
« Marchands de sable en colère
Ordinateurs, télé égalent concurrence déloyale !
Parents, couchez vos enfants plus tôt !
Ne sabotez pas notre travail ! »
Et ils restèrent assis, les bras croisés, d'un air furax !

En lisant les belles lettres de sable dans le ciel,
les enfants sautèrent de joie.
Les marchands de sable faisaient grève, la bonne aubaine !
Finis les couchers difficiles, les jeux à moitié terminés,
les livres à peine lus par les parents fatigués,
les jouets camouflés sous les oreillers.
Enfin, ils auraient toute la nuit pour jouer !

Les trois premiers jours de la grève,
ce fut le grand chambardement sur la Terre.
On organisa des fêtes endiablées

où les chauves-souris furent conviées (elles mangeaient
tous les bonbons),
des fêtes illuminées par des lucioles,
où les crapauds chantonnaient gaiement...

Le huitième jour, tout le monde se sentit très, très fatigué.
Les enfants avaient des cernes qui tombaient jusqu'au menton.
Ils se mirent à maigrir.
Ils bâillaient tellement pendant la journée
qu'ils n'arrivaient même plus à mastiquer correctement.
Quelques-uns se transformèrent en chauves-souris
et se mirent à se pendre par les pieds aux arbres !
Tout et tout le monde étaient fatigués.
Les maîtresses bâillaient au lieu de parler ;
les chats ne couraient plus après les souris ;
les chiens s'endormaient en rapportant la baballe ;
les maisons, épuisées, n'ouvraient ni ne fermaient
plus leurs portes ;
les cheminées crachotaient tout doucement la fumée ;
et les arbres, las, refusaient de bourgeonner
ou de laisser tomber leurs feuilles...
Bref, la Terre entière marchait sur la tête
et, dans tous les coins de la planète,
on n'entendait plus que
bâiller, bâiller, bâiller !
Les oiseaux bâillaient, les tigres bâillaient,
les fourmis bâillaient, les puces bâillaient...
et tous ces bâillements faisaient une cacophonie infernale.
Mais le pire de tout, c'était que les petits enfants
n'arrivaient même plus à jouer et à s'amuser.
À quoi cela servait-il donc
de ne plus dormir
si c'était pour ne rien faire
que bâiller comme des malheureux ? pensaient-ils.

Le dixième jour, ils décidèrent d'écrire aux marchands de sable
(Poste restante – La Lune – 22 222 333) :

Chers Messieurs,
Nous vous prions de bien vouloir revenir sur la Terre.
Nous avons besoin de vous et de votre sable magique.
Ici, plus rien ne tourne rond.
Vos conditions seront les nôtres.
Nous ferons des efforts pour dormir,
nous vous le promettons.
Veuillez agréer, Messieurs les marchands de sable,
l'expression de notre considération distinguée.

P.-S. : Pourquoi ne reviendriez-vous pas ce soir ?
Nous vous promettons d'être bien sages.

En recevant le message, les marchands sautèrent de joie
et dansèrent la gigue sur la Lune.
Ils étaient contents, car ils s'ennuyaient énormément, jour et nuit.
Que devient un marchand de sable sans personne à endormir ?

Depuis ce jour, ils reviennent tous les soirs
et tout le monde les écoute.
Quand ils arrivent avec leur sable magique
et que les yeux des enfants commencent à picoter,
les papas et les mamans partent sur la pointe des pieds.
Chut ! Le petit marchand de sable est là
pour te protéger dans ton sommeil.
Il est si gentil, il ne faut pas le faire attendre.
Et puis, c'est si bon de dormir...

Le Petit Marchand de sable et les Cauchemars

En ce temps-là, les marchands de sable utilisaient,
pour endormir les petits enfants,
du sable de différentes couleurs.
Il y avait le sable rose pour les doux rêves,
le sable bleu pour les nuits tranquilles et sans rêves,
le sable rouge pour les rêves poilants et hilarants,
le sable vert pour les rêves nostalgiques,
le sable blanc pour les rêves qui deviennent réalité.
Et, bien sûr, le sable noir comme les cauchemars.
Tous les matins, les petits marchands présentaient
aux rayons de l'arc-en-ciel leurs petits tas de sable
qui se coloraient aussitôt de différentes couleurs.
Il en était ainsi du sable rose, du jaune, du bleu,
du vert et du blanc.
Mais pas du sable noir, qui venait d'ailleurs.
D'où ? On ne savait trop.
Certains disaient qu'il venait d'un très profond volcan ;
d'autres prétendaient qu'il était fabriqué
par le Grand Magicien Noir,
tout en haut d'une montagne magique.

Une nuit, il arriva quelque chose de grave
au petit marchand de couleurs.
Son sac de sable noir était totalement vide !
Il n'avait plus un gramme de la précieuse matière !
Étaient-ce les hommes sur la Terre
qui la lui avaient volée ?
Ou étaient-ce les autres petits marchands, jaloux de son pouvoir,
qui la lui avaient confisquée ?

Sur la Terre, tout le monde était très content,
car les cauchemars avaient disparu de la planète.
Les hommes organisèrent une grande fête multicolore,
où l'on célébra la mort des cauchemars.
On jeta dans un grand feu
les dessins monstrueux, les têtes de mort,
les squelettes cliquetants, les murènes rigolardes,
les fantômes frémissants, et tous les mauvais rêves du monde.

Le noir fut décrété couleur interdite par la Loi,
et on passa ses nuits à rire et à chanter.
Tous les soirs, le petit marchand de sable
prit l'habitude de jeter par poignées
du sable rose, et jaune, et bleu, et vert.
Et il fallait voir les enfants !
Ils souriaient aux anges ;
ils rigolaient dans leurs rêves ;
ils se tenaient les côtes ;
ils faisaient pipi au lit à force de rire !
Certains mastiquaient en silence
parce que le marchand de sable leur avait envoyé du sable orange,
celui des rêves gourmands ;
d'autres rêvaient... qu'ils rêvaient ;
et ceux qui avaient la chance d'avoir du sable vert,
celui des rêves nostalgiques,
rêvaient qu'ils étaient des gladiateurs romains !
Une chose était sûre :
plus personne ne faisait de cauchemar.

Après quelques jours de cette vie de rêve,
il commença à se passer des choses bizarres sur la Terre.
La peur commença à apparaître, de-ci, de-là,
un peu partout dans la tête des enfants.
Certains étaient terrorisés par un escargot, un papillon, une rose,
un ballon, une grand-mère, une fourmi !
D'autres avaient peur d'un tremblement de terre,
refusaient de prendre l'ascenseur
ou de grimper sur un toboggan.
Au bout d'une semaine de peur,
les enfants s'enfermèrent dans leur maison
et se cachèrent sous leur couette.
Tous les enfants voulaient s'endormir
coûte que coûte
pour connaître encore les rêves gourmands,
les jolis rêves, les rêves qui deviennent réalité.
Car la nuit, au moins, ils n'avaient pas de cauchemar.
Mais dès qu'ils s'éveillaient, les peurs revenaient de plus belle.
Des peurs noires, menaçantes, terribles.

Le petit marchand de couleurs
observait tout cela avec beaucoup de sagesse.
« Je le savais bien, pensait-il tristement.
C'était trop beau !
Les cauchemars sont nécessaires pendant la nuit
car la peur est nécessaire.
Elle existe, et personne ne peut l'effacer.
Et les cauchemars, il vaut mieux en avoir
pendant la nuit que pendant la journée. »

Alors, le petit marchand de couleurs partit loin devant lui,
son bâton de pèlerin à la main,
pour remplir son sac de sable noir.
Il marcha, grimpa, escalada
pendant de longues journées et de longues nuits.
Enfin, il arriva tout en haut de la montagne.
Le Grand Magicien Noir était là, les bras croisés.
« Ah, enfin ! Je t'attendais, je savais que tu viendrais. »

Le petit marchand de sable s'assit
car il avait beaucoup marché.
Il s'assit sur un bloc de pierres volcaniques.
Son sac était vide et sa tête pleine de questions.
« Qui m'a pris mon sac de sable noir ? Le sais-tu ?
— Bien sûr, répondit le Magicien.
C'est un petit garçon qui ne voulait plus faire de cauchemars.
Il a jeté ton sable dans la mer.
— Dis-moi, pourquoi les cauchemars existent-ils ?
Pourquoi ai-je fait tout ce chemin ?
Est-ce simplement pour donner de vilains rêves aux enfants ?
Pourquoi doit-on forcément avoir peur ?
Je ne comprends pas. »
Le petit marchand de sable comprenait si peu
qu'il lui venait parfois une grande envie de pleurer.
« C'est normal, répondit le Magicien.
On ne peut pas vivre sans faire de cauchemars,
comme on ne peut pas vivre sans être fatigué,
sans pleurer, sans avoir envie parfois de casser ses jouets,
ou d'embêter sa maman,
comme on ne peut pas vivre sans avoir peur parfois. »
Le Grand Magicien haussa les épaules.
« Si les cauchemars n'existaient pas, eh bien,
il faudrait supporter tous ces mauvais rêves pendant la journée.
Ce serait beaucoup trop fatigant ! »
Le petit marchand de sable comprit très bien le Grand Magicien Noir.
Il emplit son sac de sable noir
et, de retour chez lui, l'enferma à clé dans sa maison,
près de l'arc-en-ciel.
Tous les soirs, très délicatement, très soigneusement,
il prenait quelques grains
qu'il mélangeait au sable de couleur.
Les enfants continuèrent à rire, à se poiler, à rêver, à espérer...
Et de temps en temps,
ils faisaient un petit cauchemar de rien du tout.
Un cauchemar qui venait,
qui apparaissait et disparaissait
comme un fantôme de rien du tout.

Il n'y avait vraiment pas de quoi s'effrayer,
encore moins de se réveiller,
car ce n'était qu'un mauvais moment à passer.

Tu le sais, il y a les jolis et les mauvais rêves. Pourtant, les uns comme les autres sont nécessaires. Les rêves qui font peur – les cauchemars – sont nécessaires en effet, car ils t'évitent de trop penser à tes peurs pendant la journée.

Connexions : ***L'Histoire de Jojo le cauchemar, Le Petit Marchand de cauchemars, La Petite Fille et le Cauchemar***

Les cauchemars

Les cauchemars font partie de l'évolution normale de l'enfant. Ils lui permettent d'évacuer les tensions et les émotions accumulées pendant la journée, de résoudre certains sentiments de culpabilité ou d'ambivalence qu'il peut ressentir vis-à-vis de ses parents.

Cauchemars et terreurs nocturnes

Il faut distinguer le cauchemar de la terreur nocturne :

- Le cauchemar : il se produit souvent vers la fin de la nuit, en sommeil paradoxal. L'enfant se réveille effrayé ; il pleure. En général, il est capable de raconter le sujet de son cauchemar. Et il se rendort sans (trop de) problème.
- La terreur nocturne : près de 60 % des enfants âgés de 3 à 6 ans en souffrent. Contrairement au cauchemar, elle survient au début de la nuit, en période de sommeil lent. Elle est beaucoup plus spectaculaire. L'enfant se réveille hors de lui, en état de panique. Son cœur bat la chamade ; il transpire ; son regard est terrifié. Il ne reconnaît pas ses parents. Dans ce cas-là, n'essayez pas de le réveiller, de lui parler ou de le rassurer. Il est endormi et replongera de lui-même dans les bras de Morphée.

Au hit-parade des « monstres »

D'après les spécialistes, les rêves et les cauchemars des enfants sont sexués. Les petites filles rêvent d'intérieurs, et les garçons de décors extérieurs et d'outils de défense (bouclier, fusil, arc et flèches).

Plus l'enfant est jeune, plus il rêve d'animaux : ils seraient présents dans plus de 60 % des rêves chez les petits de moins de 4 ans, contre 6 % dans les rêves d'adultes !

Le psychanalyste Bruno Bettelheim distinguait les animaux gentils des bêtes sauvages, qui représentent nos pulsions instinctives et indomptées. Dans tous les cas, les bêtes représentent le « ça », la « boîte noire » de notre inconscient, réservoir de nos pulsions.

Les bêtes les plus souvent rêvées ? Après le chien, c'est le requin (numéro 2 au top 50) qui représente la peur, la colère, la menace d'être dévoré. Même chose pour le crocodile, le lézard et toutes les bestioles effrayantes.

Pourtant, le personnage le plus inquiétant n'est pas un animal sauvage. C'est l'étranger (cambrioleur, voleur, bandit venu pour les kidnapper ou troubler la classe...) : ce peut être un symptôme de crainte du monde extérieur, d'instabilité.

Enfin, au hit-parade des « monstres » particulièrement effrayants, notons aussi le visage ami qui se transforme au cours du cauchemar en bête terrifiante. Par exemple, la mère qui apparaît avec des dents de vampire ou le père sous forme d'un géant croqueur de petits bonshommes. N'ayez pas peur : peut-être avez-vous élevé la voix la veille ou vous êtes-vous disputés tous les deux ? Dans ce cas, l'enfant aura traduit ainsi un sentiment d'ambivalence à votre égard.

Discutez-en avec lui

- Évaluez ses peurs, faites-le parler :

« Qu'est-ce qui te fait le plus peur : la séparation, le kidnapping, les personnes inconnues ? Est-ce que tu as vraiment très peur du loup, du requin ?... »

- Déculpabilisez-le :

« C'est normal de faire des cauchemars. Quand on en fait, ça n'est pas parce qu'on est puni, et c'est simplement une fois de temps en temps. Parfois, on est bouleversé par quelque chose. On en veut à quelqu'un qui nous a puni, alors on rêve d'une maîtresse sorcière, d'une maman méchante, ou d'un papa transformé en ogre. Le cauchemar permet de te libérer de toutes ces pensées désagréables pendant la nuit.

Quand on fait un cauchemar, on a vraiment l'impression que c'est vrai. Que le monstre est à côté. Dans tout son corps, on ressent de la peur, un énorme malaise. Mais, en réalité, tout se passe dans la tête. C'est pourquoi on n'a rien à craindre. Tu le sais bien : il n'y a ni monstre, ni loup, ni rien du tout dans ta chambre. La maison, les portes, les fenêtres sont fermées pour la nuit, et tes parents sont là pour veiller sur toi. »

• Apaisez-le :

Après avoir fait un cauchemar, votre enfant traînera les pieds pour aller au lit – au moins pendant cinq ou six jours – et il risque fort de se réveiller à nouveau en disant : « J'ai fait un cauchemar... » Ce qui n'est pas forcément le cas : il a peut-être simplement peur de faire un cauchemar.

Vous pouvez modifier pendant quelques jours les rituels du coucher. Par exemple, regardez ensemble sous le lit, derrière les rideaux, dans les placards... Simplement pour lui montrer que les monstres n'ont pas élu domicile dans sa chambre !

Eux aussi, ils dorment !

Non ! Il n'y a pas que les enfants qui vont se coucher !
Quand la nuit tombe, le monde entier s'ensommeille.
Même tes héros préférés.

Le marchand de sable dépose son sac de sable, enfile son vieux pyjama rayé et son bonnet de nuit. Il s'allonge sur son lit, après avoir glissé un peu de sable magique sous son oreiller. On n'est jamais si bien servi que par soi-même !

La petite taupe s'enfonce dans son labyrinthe, très loin sous la terre. Elle a bien chaud ! Elle enlève ses lunettes de myope et les pose à côté d'elle. Puis elle s'endort dans le flou de la nuit.

Le petit fantôme a terminé sa tournée des châteaux. Comme c'est fatigant de hanter ! Il bâille, bâille, bâille ! Il enlève son drap blanc par la tête et s'évapore dans les airs.

Le Doudou a fini sa tournée de consolation. Il est plein de larmes essuyées, de peurs oubliées, de câlins furtifs. Mais il sourit : c'est parce que Petit Pierre l'aime. Il se tire-bouchonne encore un peu plus dans la narine du petit garçon. Quand Petit Pierre dort, il s'endort aussi.

La Petite Souris (celle des dents) rentre fourbue à la maison. Elle a le dos en compote – pour une petite souris, porter des molaires, des canines et des incisives, c'est très lourd. Elle vide son sac et range méticuleusement les dents les unes à côté des autres dans sa petite armoire grise. Quand elle en aura suffisamment, elle les échangera contre des bonbons. C'est à cela qu'elle rêve, quand elle s'allonge dans sa boîte à chaussures. Aaahh ! C'est bon de bâiller de toutes ses petites quenottes...

Le singe farceur de la savane a fini ses taquineries, ses chatouilles, ses bêtises et ses guili-guili. Il a fait rire la girafe, le lion, l'éléphant et même le tigre de Birmanie. Il a consumé toute son énergie et il est fatigué. Il s'endort en s'accrochant par la queue. C'est plus rigolo !

Le petit Esquimau entre dans son igloo. On ne l'imagine pas, mais il fait très chaud dans un igloo. Surtout quand on s'endort tout contre sa maman, son papa, ses trois frères et ses cinq sœurs. Dehors, on entend des pas sur la neige : c'est la Lune qui dit bonsoir.

La petite sorcière fait la comédie comme tous les soirs. Elle refuse d'enlever son chapeau, ses chaussures pointues et ses mitaines. Elle bougonne, voudrait encore entendre l'histoire du monstre pustuleux qui sent le pâté de rat crevé. « Je te l'ai déjà racontée six fois ! soupire sa maman. Si tu continues, je te transforme en crapaud endormi. »

L'école a fermé ses grilles. Les bancs s'étirent ; les pupitres se délassent ; le tableau noir se détend les muscles – difficile de recevoir des kilomètres de lignes d'écriture ! Il faut vite en profiter. Demain, dès 8 h 30, la belle vie, c'est fini !

La maîtresse se glisse au lit avec des chaussettes (elle a froid aux pieds), mais elle est contente. Elle s'endort avec les cahiers de ses petits élèves près du lit. Demain, elle leur réserve une surprise...

La petite chipie réclame un troisième verre de lait (chaud, avec du sucre, puis du miel, puis sans sucre), un bisou, un câlin sans bisou, un câlin avec plein de bisous... Elle hurle parce qu'il fait froid, puis trop chaud. Ensuite, quelque chose se passe. Elle bâille et sa colère tombe. Son corps aussi. Et c'est si bon de tomber dans du coton, loin, et pourtant toujours dans son lit, près de sa maman, dans sa maison. Sur la Terre, bien au chaud.

Fiche pratique : voir *Les Nuits blanches et les Nuits noires*

Fantoche, le petit fantôme qui avait peur de la nuit

Gong, gong, gong... dring !
La grosse horloge sonna trois coups.
C'était minuit, l'heure des fantômes et des vampires.
Dans tous les châteaux, les petits fantômes
devaient se préparer pour hanter la nuit.
Mme Fantoche secoua tendrement
le morceau de drap de son petit dernier.
« Au travail, petit chou ! »
Fantoche, à côté d'elle, gémit un peu.
Il n'aimait pas la nuit
et il avait toujours une bonne excuse
pour ne pas sortir.
Il disait : « J'ai attrapé un courant d'air ! »
Ou alors : « Mon drap est trop léger. »
Ou encore : « J'ai un gros rhume de fantôme. »
Mais sa maman répondait :
« Taratata ! L'heure, c'est l'heure !
Tu ne seras jamais un grand fantôme,
si tu ne te lèves pas à minuit ! »

La vérité est que Fantoche avait peur du noir.
C'est sûr, c'est un comble, pour un fantôme.
Comment hanter les châteaux quand on rase les murs ?
quand on claque des dents ? quand on a la trouille ?
« La nuit, on ne voit rien ! » pleurnichait Fantoche.
À cause de la nuit, il imaginait des tas de choses
dans sa petite tête de fantôme (eh oui, les fantômes ont une tête).
Le miaulement d'un chat devenait un grondement de tigre ;
quelques rats dans le grenier
lui faisaient penser à une cavalcade de soldats furieux.
Car Fantoche avait beaucoup,
beaucoup trop d'imagination pour un fantôme,
beaucoup trop d'histoires dans la tête,
beaucoup trop d'ennemis invisibles !
Il pensait que c'était le noir de la nuit
qui faisait venir toutes ces histoires et toutes ces peurs.
Il réclama donc une veilleuse.
« D'accord », soupira sa maman.
Et elle broda sur son drap
un millier et plus de petits vers luisants
qui brillaient dans le noir.
En le voyant passer, les autres fantômes
ricanaient comme des fous,
et les papillons de nuit
frottaient doucement leurs ailes l'une contre l'autre
(ce qui est signe de fou rire chez eux).
La mort dans l'âme,
Fantoche abandonna son drap-veilleuse
et réclama de s'accrocher au drap de sa maman,
qui, elle aussi, devait hanter le château.
« C'est hors de question, répondit Mme Fantoche.
Tu ne te guériras jamais de tes peurs
si tu restes dans mes draps. »

De guerre lasse, Fantoche se glissa dans l'armure
du chevalier Lancelot,
le plus courageux des chevaliers.
C'est là qu'il rencontra Gibus,

le gros hibou plus que centenaire,
qui vivait depuis des années
dans le casque de l'armure.
« Pourquoi te caches-tu ? demanda Gibus.
— J'aime pas la nuit ! » pleurnicha Fantoche.
Gibus était étonné : comment pouvait-on ne pas aimer la nuit ?
Les hiboux, eux, adorent la nuit,
si calme et douce comme de la soie...
« Allons, allons, fit Gibus, de sa grosse et douce voix.
La nuit est gentille, tu sais.
Elle réchauffe le cœur.
Il suffit de fermer les yeux :
dans le noir, les choses sont encore plus belles qu'en vrai !
Essaie de changer les mauvaises choses
que tu as dans la tête en jolies choses ! »
Gibus réfléchit en plissant ses petits yeux jaunes.
Puis il dit encore :
« Aimes-tu les jolis rêves,
ceux qui font sourire et qui donnent chaud au cœur ?
— Oui, bien sûr, renifla Fantoche.
— C'est grâce à la nuit et seulement à elle
que nous pouvons faire ces beaux rêves.
— Et qui nous donne ces beaux rêves ?
— Ce sont les marchands de sable, répondit Gibus.
Grâce à eux, la nuit est pleine de couleurs ! »
Fantoche soupira...
Ah, si seulement il était marchand de sable !
Il jetterait des petites poignées de rêves dans le noir,
au lieu de dire « Houhou » comme un sinistre imbécile !
Gibus cligna de son petit œil jaune.
« Écoute...
J'ai entendu dire que l'on cherchait
un marchand de sable dans ce château...
Le dernier a une barbe longue comme ton drap.
Il va prendre sa retraite dans un mois.
Veux-tu le remplacer ? »
Fantoche sauta de joie.

C'est ainsi que Fantoche laissa son drap blanc
et enfila un petit habit bleu
qui le fit disparaître dans la nuit.
Finies les idées noires !
Il était devenu le marchand de sable
le plus doué de l'univers.
Il avait tant d'idées jolies
et de joyeux rêves à faire partager !
Fantoche se mit à adorer la nuit
qui raconte de si belles histoires.
Dès qu'ils le voyaient arriver,
les enfants disaient à leur maman :
« Maintenant, laisse-moi dormir.
Fantoche arrive ! »

Et tu sais la suite de l'histoire ?
Il paraît que, depuis ce jour-là,
il n'y a plus de fantômes dans les châteaux.
Ils ont tous suivi l'exemple de Fantoche.
Ils se sont tous transformés en marchands de sable !

Marcia la marmotte rencontre la Nuit

Toutes les marmottes, dit-on,
dorment comme des petits loirs.
Ou comme des marmottes !
Elles dorment à poings fermés,
pendant de longues heures, tranquillement,
sans faire le moindre bruit.
Pourtant, Marcia n'était pas une marmotte comme les autres.
Tous les soirs, avenue des Marmottes, allée B,
dans la chambre numéro 435,
c'était toujours la même chanson.
Quelle comédie ! Marcia ne voulait jamais aller au lit.
Elle gémissait, rechignait, soupirait,
se grattait le dos par terre
– une manière pour les marmottes de dire « Zut ! »
à leur papa et à leur maman.
Elle réclamait un verre d'eau, un verre de lait.
Une histoire de marmotte, une berceuse de marmotton.
Et puis une graine de tournesol.
Et un verre de lait, parce que les graines donnent soif.
Et une berceuse, encore une.
« Tu ne veux pas la lune aussi ? » ironisait sa maman.

Mais Marcia discutait encore :
« Regarde dehors !
Je sais bien que le soleil n'est pas couché !
Moi, je veux me coucher avec le soleil. »
Et quand Marcia, enfin, était au lit,
elle réclamait une histoire,
puis deux, puis six, puis dix !
Cette comédie durait longtemps...
Et il arrivait parfois à la maman de Marcia
de s'endormir avant sa petite fille,
au pied du lit, tout habillée, chaussures aux pieds.

La maman de Marcia avait tout essayé :
les menaces, les cris,
les paroles toutes douces qui chantent comme une berceuse.
Elle avait même essayé de laisser Marcia crier toute seule.
Rien n'y faisait.
Souvent, elle s'asseyait au bord du lit et racontait quelque chose :
une histoire, une confidence, de sa voix la plus douce.
Enfin, elle esquissait un pas vers la porte,
poussait le bouton et...
« Maman ! Maman ! Ne pars pas ! »
« Encore raté », soupirait la maman de Marcia.
Tu imagines la suite.
À force de ne pas dormir, la maman de Marcia
avait de gros cernes sous les yeux.
Elle bâillait ; elle n'arrivait pas à travailler.
Elle s'endormait au bureau. Dans le métro.
Mais pas au dodo !
Marcia aussi était fatiguée.
Et pourtant, elle ne pouvait plus s'arrêter
de faire la comédie.
C'était une sorte de jeu, un jeu pervers qui faisait souffrir.
Marcia pensait : « Il faut que j'arrête de crier ! »
Mais c'était plus fort qu'elle.
La maman de Marcia pensait :
« Il faut que j'arrête de l'écouter.
C'est parce que je l'écoute qu'elle se met à crier !

C'est parce que je lui lis dix histoires
qu'elle en réclame douze. »
Et elle n'en faisait rien.

Au fond, si on lui avait demandé
ce qui l'empêchait de dormir,
la petite Marcia aurait dit :
« J'ai peur du noir.
Quand on s'endort, où va-t-on exactement ?
Dans ce noir profond,
si profond qu'on ne voit rien ?
Et si on m'abandonnait ?
Et si, en me réveillant, soudain, il n'y avait plus rien ?... »
Et encore beaucoup d'autres questions,
car l'angoisse est sans fond !
Marcia s'allongeait dans son lit,
les yeux grands ouverts,
les muscles tendus par toutes ces questions.
Mais comme la petite Marcia ne pouvait pas dire tout ça,
car elle était trop petite, elle criait, et très fort !

Une nuit, pourtant,
quelque chose de très bizarre se passa allée B,
dans le trou de marmotte numéro 435.
Écoute bien...
Après des heures et des heures de petits cris,
Marcia était parvenue à s'endormir.
Et soudain, en plein cœur de la nuit,
elle entendit un doux chuchotement.
Quelque chose comme le murmure de la mer.
Elle s'assit sur son lit,
tourna la tête à droite, puis à gauche.
Il n'y avait personne.
Qui lui avait donc chatouillé l'oreille ?
« Ne cherche pas, dit une douce voix.
C'est moi, la Nuit, qui te parle !
Tu ne me vois pas, car je suis tout autour de toi. »
La petite marmotte frissonna.

Pourtant, elle se sentait en sécurité.
Elle n'avait pas peur de cette nuit-là.
La Nuit rit :
« Tu vois, j'aime les enfants
et je les protège dans les deux pans de mon manteau.
On m'appelle parfois "Nuit noire", ou "Nuit d'encre",
mais c'est faux.
Car je ne suis jamais totalement noire.
Je suis bleu marine
comme les reflets de la mer. »
Et elle se pavana devant Marcia,
en déroulant son grand manteau.
« Regarde et touche comme c'est doux.
C'est du velours ! »
Marcia toucha le manteau de la Nuit.
Elle était d'accord : c'était doux et bleu comme du velours.
La Nuit dit encore :
« J'ai la plus grande veilleuse du monde.
Regarde. Lève tes yeux de marmotte et observe la Lune.
C'est elle, notre veilleuse ! »
Et la Nuit continua :
« Je peux même servir de doudou, de temps à autre.
As-tu remarqué, parfois,
comme les enfants dorment ?
On dit qu'ils dorment à poings fermés.
En réalité, ils tiennent un peu de moi
dans le creux de leurs mains.
On n'a besoin de personne – pas même de sa mère –
quand on est enveloppé dans un si doux manteau ! »
La Nuit réfléchit doucement.
« Et puis, il y a autre chose.
On dit que je suis toute en silence.
Mais ceux qui disent cela ne m'ont jamais écoutée.
Ferme les yeux et écoute-moi. »
Marcia ferma les yeux et écouta.
Il y eut un très léger bruissement dans la nuit.
Comme des ailes de papillon
qui se frottent l'une contre l'autre.

Elle entendit aussi
une espèce de ronronnement, un murmure.
Était-ce la Lune qui souriait au loin ?
Marcia sentit ses bras, ses jambes
lourds et mous comme une poupée de chiffon.
Comme c'était bon d'être en sécurité,
enveloppée dans son grand manteau.
Comme c'était bon d'écouter de tout son corps
le doux ronron de la Nuit.
Marcia se laissa aller, se pelotonna dans son lit.
La main à demi ouverte,
elle attrapa un peu du manteau de la Nuit.

Depuis, toutes les nuits,
Marcia dit calmement au revoir à sa maman...
Elle a rendez-vous avec la Nuit.
Si douce et pleine de bonnes choses.

La petite fille qui ne voulait pas tomber dans le trou de la nuit

Jeanne se posait beaucoup de questions sur la nuit :
« Qu'y a-t-il quand on dort ? derrière le sommeil ?
Que va-t-il se passer quand je vais m'endormir ?
Est-ce que le monde va s'arrêter de tourner ?
Est-ce qu'on va me faire du mal ?
Est-ce que mon papa, ma maman vont mourir ?
Quand je me réveillerai, je serai toute seule ?
Peut-être que, moi aussi, je vais oublier de respirer ?
Après tout, qui peut me prouver que, pendant la nuit,
on continue de respirer ?
Et peut-être que les cauchemars deviennent réalité ?
Et si le loup se retrouvait devant moi ?... »

À l'intérieur d'elle-même,
toutes ces questions creusaient un grand trou noir d'angoisse.
Et Jeanne se recroquevillait sur elle-même,
pour ne pas s'abandonner à la nuit noire.
Elle ne voulait surtout pas se laisser couler dans la nuit.
Ni perdre le contrôle d'elle-même.
Elle voulait être plus forte que la nuit.
D'ailleurs, elle pensait :

« Si je laisse aller mon corps,
la nuit va me le voler.
Et ce sera la fin... La fin du monde ! »
Comme tous les petits enfants,
Jeanne avait très, très sommeil, le soir.
Elle fermait les yeux ; elle bâillait ;
elle sentait ses bras et ses jambes devenir mous comme du chiffon.
Sa tête reposait sur l'oreiller.
Elle allait s'endormir...
Et, hop ! au dernier moment,
elle se réveillait, dans un soubresaut.
Avant même qu'on ait eu le temps de dire « ouf ».
Et c'était comme cela tous les soirs.

La maman de Jeanne pensait qu'au même âge,
elle avait connu les mêmes questions.
C'est pourquoi elle ne rit pas,
ni ne se moqua,
quand Jeanne lui demanda
si tout s'arrêtait de respirer, la nuit.
Elle s'assit tranquillement au pied du lit :
« Tout le monde dort.
La vie est faite de moments de calme
et de moments de jeu.
Quand tu as fini de jouer,
tu as envie de te reposer, n'est-ce pas ?
— Oui !
— Et quand tu as bien dormi, tu as à nouveau envie de jouer.
On ne peut pas jouer toujours.
Mais le sommeil, ce n'est pas la mort.
C'est juste un moment de calme au milieu de la vie.
Ce n'est pas la fin du monde.
C'est le début d'une nouvelle journée.
Rien ne s'arrête, la nuit.
Si tu écoutes bien la nuit,
tu entendras toujours les petits bruits de la vie.
Les crapauds coassent ; la rivière continue de couler ;
la pluie fait « tap tap » sur le carreau ;

la lune fait un doux bruit de veilleuse...
Ce n'est pas rien !
Et tous ces petits bruits minuscules
redeviennent grands quand il fait jour.
C'est pourquoi, le matin,
tu retrouves tout ce que tu as laissé la veille,
avant de t'endormir.
Personne ne disparaît !
Car le sommeil ne te vole rien du tout.
Il te rend au matin
tout ce qu'il a endormi pendant la nuit.
— D'accord... Mais si un méchant arrive par la fenêtre
et me mange les doigts de pied ?
— Oh, pour ça, tu peux être tranquille ! rit maman.
Jamais la Lune ne le laisserait faire ! »
Maman embrassa sa petite fille. Elle pensait :
« Décidément, quand j'étais toute petite,
je me posais les mêmes questions ;
j'avais les mêmes peurs.
Et maintenant, j'aime tant la nuit, le noir et le silence ! »

Jeanne bâilla terriblement fort.
Elle voulait encore dire :
« Moi, je préfère le jour.
Le jour avec la lumière, les jouets, le sable, le jardin... »
Mais elle s'était déjà endormie.

L'Histoire de Jojo le cauchemar

C'était un cauchemar, du nom de Jojo, qui rêvait.
Il rêvait d'être une fontaine de pièces d'or,
un beau prince sur son cheval blanc,
une jolie lune rousse,
un quatre-mâts sur une mer azur,
une belle reine en robe d'or...
Bref, il rêvait d'être aimé.
Mais voilà, il n'était qu'un cauchemar.
Un vilain sacripant de cauchemar.
Dès qu'il glissait son bout d'orteil noir dans une chambre,
les enfants hurlaient :
« Au secours ! Un cauchemar ! »
« Maman ! Tue-le ! Fais-le disparaître ! »
« Papa, au secours ! Il y a un loup, sous mon lit !
Étripe-le avec le couteau de cuisine ! Sors la tronçonneuse ! »
Le cauchemar en avait plus qu'assez.
Il rêvait qu'on le zigouillait,
qu'on lui pointait un pistolet sur la tempe,
qu'on le tronçonnait en trente-six tranches de saucisson
de cauchemar.
Cela finit par lui coller des frissons noirâtres partout,
du haut de son toupet de cauchemar à la pointe de ses orteils crochus.
Et le pauvre Jojo en perdit le sommeil.

Il consulta le grand spécialiste en la matière, le docteur Dodo.
« C'est normal qu'on ne vous aime pas,
bâilla le docteur Dodo (qui bâillait environ mille deux cent cinquante fois par jour).
Vous êtes laid à faire peur !
— C'est moi qui ai peur ! rétorqua le cauchemar en reniflant.
Tout le monde veut me zigouiller !
Les petits enfants hurlent tellement que, parfois,
j'ai l'impression que leurs cris vont me hacher menu !
— Veux-tu un conseil d'ami ? proposa le docteur Dodo.
Il ne faut pas rester longtemps dans le lit d'un petit enfant.
Il faut arriver sur la pointe des pieds...
Et repartir très vite.
— Pourquoi ? renifla Jojo.
— Parce que, si tu t'attardes, il te trouvera à son réveil...
Et alors, il racontera tout à sa maman.
Et tu sais ce qui tue les cauchemars ?
— Non, dit encore Jojo.
— Ce sont les mots,
chuchota d'un air important le docteur Dodo.
Si un petit enfant raconte son cauchemar à sa maman,
ou à son papa, c'en est fini.
Le cauchemar disparaît comme par magie. »
Jojo le tristounet sécha ses larmes noires.
Le docteur Dodo leva son index :
« Les mots sont très dangereux pour les cauchemars.
Ils sont comme des fusils, comme des boulets de canon,
comme des pistolets bien pointus.
Il faut donc partir avant qu'ils n'arrivent. »
« D'accord, pensa Jojo.
Le docteur Dodo a raison. Il ne faut pas s'attarder.
Je ne ferai qu'une toute petite apparition.
Je resterai deux minutes et demie.
Pas plus. Tant pis pour le spectacle ! »
Et c'est désormais ce qu'il fit.
Il arrivait sur la pointe des pieds au milieu de la nuit
et repartait vite, très vite.
Et plus jamais il n'eut de menaces de mort !

Tu sais, les cauchemars ont l'air costaud.
Ils ressemblent à des géants croqueurs de souris,
avec leurs trois rangées de dents,
leurs yeux jaunes et leur rire de fantôme.
Mais, devant les mots, ils n'en mènent pas large !
Raconte ton horrible rêve à ta maman ; dessine-le.
Et tu verras, il disparaîtra comme un nuage emporté par le vent.
« Maman, maman ! Viens vite, j'ai fait un cauchemar ! crie Petit Pierre.
— Mon chéri, de quoi as-tu rêvé ? demandent ses parents.
— C'était... euh... un loup qui... un géant que...
un énorme, énorme, énorme ours...
un tigre qui ressemblait à un loup qui ressemblait à un...
Oh, je ne me souviens plus », dit l'enfant en se rendormant.

Salut, vilain Jojo, et bonjour chez toi !

Le Petit Marchand de cauchemars

Il était une fois un petit marchand
qui vendait ses cauchemars à la criée.
Dans son camion ambulant,
de village en village,
il annonçait, les mains en porte-voix :
« Cauchemars ! Jolis cauchemars !
Qui veut mes cauchemars délicieux ? »
Il faut dire qu'il en avait un sacré choix !
Un choix de cauchemars horribles, épouvantables,
mirifiques, abominables !
À hurler ! À pleurer ! À se taper la tête contre les murs !
« Aujourd'hui, disait-il,
j'ai une paire de jolis yeux jaunes,
un homard rouge aux pattes monstrueuses.
Qui veut mon sourire de vampire assoiffé ?
mon rictus de murène ?
mon tyrannosaure aux dents de poignard ?
mon coq géant avec des griffes-épées ?
Qui veut mon cauchemar ? Cauchemars pas chers !
Cauchemars non traités, 100 % naturels et de bonne qualité. »

Mais personne n'en voulait.
Seuls quelques polissons et garnements en achetaient
pour faire des farces à leurs copains.

Alors, pour s'en débarrasser,
le vendeur organisait de grandes braderies :
« Aujourd'hui, 50 % sur les cauchemars !
Une sacrée affaire ! Trois cauchemars pour le prix de deux !
Et en plus, j'offre la musique :
une valse grinçante qui se déhanche, qui se déhanche...
et qui s'achève en cacophonie ! » faisait-il d'un air gourmet.
Mais le pauvre n'avait guère plus de succès,
avec son visage blafard et ses lèvres bleues.
Quand il arrivait, dans son camion noir et grinçant,
tous les villageois déguerpissaient :
« Merci bien ! Gardez-les, vos cauchemars !
— Au secours, il est là ! »

Un jour, un petit bonhomme tout blond au teint de rose
arriva près du camion.
Il écouta religieusement le camelot
et ouvrit tout grand son cabas en cuir.
« Vous me donnerez, dit-il,
deux rictus de murène,
trois sorcières hennissantes
et un bon kilo de piranhas assoiffés de sang.
— Et avec ça ? demanda le marchand de cauchemars,
le sourire aux lèvres.
— Donnez-moi aussi un géant croqueur de petons,
une addition à dix chiffres,
une demi-douzaine d'araignées poilues et pustuleuses,
un vol d'enfants à main armée
et une dégringolade dans un ravin de trente mètres de haut.
— Et en cadeau bonus ? demanda le marchand.
Voulez-vous la valse grinçante
ou le dinosaure assoiffé de sang ?
— Le dinosaure assoiffé de sang », demanda le petit bonhomme blond de sa voix flûtée.

Et tout le monde de s'étonner :
que faisait ce petit bonhomme de tous ces cauchemars ?
Il avait l'air si doux, si heureux, avec son sourire d'ange...

Le marchand de cauchemars,
encore plus étonné que les autres,
décida d'en avoir le cœur net.
Un jour, il suivit en catimini le petit bonhomme chez lui.
Comme il marchait, comme il courait,
ce petit bonhomme aux semelles de vent !
Le marchand le suivit sur quelques kilomètres,
jusqu'à une petite maison qui, curieusement,
n'avait pas de porte.
Il lut, sur un panneau :

« ATELIER DE CONFECTION DES RÊVES, RECYCLAGE DE CAUCHEMARS ET REPRISAGE D'ESPOIRS ».

Le vendeur de cauchemars, très intéressé,
l'espionna derrière un nuage.
Et là, quelle surprise !
Il vit un spectacle absolument incroyable !
Le petit bonhomme tira du sac
la vieille méchante sorcière ricanante.
Il l'attrapa par les pieds et, youpla !
il la plia en quatre, verrue comprise,
pour la faire passer dans la machine à essorer les cauchemars.
Deux minutes après, la sorcière ressortit...
avec le teint frais comme celui d'une jeune fille !
Puis le petit bonhomme passa sur son vilain nez crochu
un petit fer à repasser en forme de nuage...
et le nez de la sorcière perdit sa forme biscornue.
Ensuite, il lui administra une bonne friction de doudou
qui lui fit perdre *illico* son air revêche et ricanant,
pour lui administrer un air si doux
qu'on avait envie de lui faire dix mille bisous sur les joues.
Il la fit passer dans un immense placard rempli de vêtements...
Et là, quelle surprise !
La sorcière en ressortit avec une sublime robe
en mousseline de soie rose
et une baguette magique en or.
Il avait devant les yeux la plus jolie petite fée, la plus fine,
la plus délicieuse !

Pour transformer un vilain cauchemar en doux rêve,
il suffit de trois fois rien :
un joli doudou, un sommeil paisible,
de la musique douce, quelques fers à repasser les horreurs.

Le petit bonhomme fit de même avec les autres vilains rêves.
L'ogre dévoreur de petons se métamorphosa
en un grand roi à la barbe grise ;
la murène hennissante se transforma
en petit poisson bondissant ;
le dinosaure de douze mètres se figea
en un gigantesque chêne ;
le loup perdit le jaune de ses yeux
et se coucha, tout gentil et tout doux,
aux pieds du petit bonhomme !
La maison des rêves était pleine de bateaux
qui flottent sur l'eau, de petits petons qui se rafraîchissent
dans la rivière...

Tu ne devineras jamais ce qui s'est passé alors.
Le marchand de cauchemars, très ému,
donna au petit bonhomme tout son stock de cauchemars.
On raconte qu'à eux deux,
ils fabriquèrent un stock mirifique de doux rêves,
qu'ils vendirent à la criée
dans une camionnette-nuage.
Il y avait là des sourires de bébés, des clowns,
des caresses de mamans et des odeurs de gâteaux au chocolat,
des voyages dans l'espace et des rigolades
de trente mètres de long.
Ils eurent – tu peux l'imaginer – énormément de succès...
Car les cauchemars, qui ont l'air terrifiant,
sont en réalité très, très fragiles.
Ils ne résistent pas à un bon lavage-repassage
dans l'eau à 160 degrés,
non plus qu'à une bonne friction de doudou à l'eau de Cologne.
C'est pourquoi tu ne dois pas les craindre !

La Petite Fille et le Cauchemar

Il était une fois une petite fille
avec deux nattes blondes attachées par deux petits nœuds roses.
Cette petite fille faisait toujours le même cauchemar.
C'était un cauchemar si terrible
que je ne peux pas te le raconter ici.
Il était grimaçant, ricanant et puant.
Sache que, chaque nuit, elle se réveillait en sursaut,
s'asseyait dans son lit,
et ses jambes, ses nattes, ses nœuds roses
se mettaient à trembler, à trembler !

Le pire, c'était que ce cauchemar était très futé :
il s'insinuait doucement, avec des pattes de loup,
dans les nuits de la petite fille,
une fois qu'elle avait sombré dans un profond sommeil.
Il prenait d'abord l'allure d'une jolie fée,
puis il se transformait comme dans une glace déformante,
pour prendre les traits d'une vilaine, très vilaine sorcière.
Et la suite, eh bien, la petite fille ne s'en souvenait pas.
Alors, elle se mettait à pleurer et à appeler sa maman.
Et comme cette petite fille était très curieuse,
une nuit, elle se mit à questionner sa maman :
« Pourquoi les cauchemars existent-ils ? »

La maman réfléchit :
« Tu sais, parfois on est gai et parfois on est triste.
Parfois on est bien, lové dans le creux des bras de sa maman
(et elle serra fort la fillette contre elle).
Parfois on se sent tout perdu, et c'est comme ça.
En fait, tout ça, c'est une histoire de couleurs.
Le jaune existe, comme le rose, le bleu, le vert... mais aussi le noir !
Les rêves et les cauchemars, c'est un peu la même chose.
— Mais pourquoi existent-ils ? »
La maman réfléchit encore :
« Eh bien, sans le noir,
tu ne saurais pas que le jaune est si lumineux,
que le rose est si beau.
Sans les cauchemars,
tu ne saurais pas que les rêves sont si doux.
Et puis, ils empêchent d'avoir peur le jour.
Ils ne viennent que la nuit.
Ce sont uniquement des cauchemars de la nuit.
Est-ce que, le jour, tu as aussi des cauchemars ? »
La petite fille fronça les sourcils :
« Non. Et c'est dommage.
C'est dommage parce que, le jour, on y voit plus clair.
On n'est pas endormi.
Et moi, je pourrais le zigouiller, ce cauchemar,
si je l'avais en face de moi !
Mais, dans la nuit, je ne le vois pas venir. »
La maman répondit :
« Si les cauchemars venaient le jour,
tu n'aurais pas le temps de jouer à la poupée ;
tu ne pourrais pas rire, vivre normalement,
aller à des goûters d'anniversaire.
— Oui, mais si j'étais réveillée, tout se passerait beaucoup mieux.
Je le verrais venir, et alors : gare à toi, cauchemar ! »
La petite fille brandit son poing.
Elle gronda et roula des yeux en disant :
« Gare à toi, cauchemar !
Je t'écraserai comme un moustique si tu viens me voir ! »

La maman applaudit :
« Tu es un brave petit soldat !
Franchement, si j'étais un cauchemar,
je ne viendrais jamais, jamais te voir.
J'aurais bien trop peur d'une petite fille comme toi ! »

La Nuit ne dort que d'un œil

Henri n'aimait pas la nuit.
Tous les soirs, il se terrait sous sa couverture.
Seul le petit bout de son nez dépassait !
Et pourtant, il n'était pas dans le noir complet, ça, non !
Avec les deux lampadaires allumés,
les étoiles lumineuses collées au plafond de sa chambre,
les lumières du salon, ses deux lampes de poche sous son oreiller,
on se serait cru en plein jour !

Henri n'aimait pas la nuit.
Pourtant, il avait tout essayé.
Pour s'endormir, il avait compté les moutons
(mais ça le réveillait, car ses moutons jouaient à saute-mouton) ;
il caressait ses narines avec son vieux mouchoir tout jaune ;
il se racontait une histoire de petit poisson ;
il essayait de se souvenir de ce qu'il avait fait dans la journée
et des cadeaux qu'il avait reçus à Noël.
Mais son cœur battait trop vite.
Et toutes les deux minutes, il regardait sous son lit
pour être sûr, vraiment sûr,
qu'il n'y avait aucun monstre aux yeux rouges.

Ce soir-là, il compta les moutons,
pensa à ses cadeaux de Noël,
caressa ses narines avec son vieux mouchoir,
vérifia que les deux lampes de poche étaient bien là,
et puis, comme d'habitude, il appela sa maman.
« Voyons, de quoi donc as-tu peur ? demanda la maman.
— Je suis très triste pendant la nuit.
— Pourquoi ?
— Parce que, la nuit, il n'y a aucun bruit.
Il me semble que plus rien ne respire.
Le noir est trop noir, et tout le monde dort sauf moi.
Je suis triste parce que tout s'arrête, la nuit.
Je n'aime pas le silence, le sommeil.
C'est comme si tout était mort.
— Mais c'est archifaux ! rétorqua la maman en souriant.
Tout ne dort pas, la nuit.
Je vais te dire un secret : la nuit ne dort que d'un œil !
Une partie de la nuit s'endort et l'autre reste éveillée. »

Maman compta sur les doigts de sa main droite :
« Bien sûr, il y a tous ceux qui se reposent pendant la nuit.
Les manèges s'endorment, sinon ils deviendraient fous
à force de tourner.
Les animaux du zoo se tapissent dans leur cage
en attendant la réouverture le lendemain matin.
La maîtresse d'école se couche
après avoir corrigé les devoirs de ses petits élèves.
Mais... mais il y a aussi l'autre partie de la nuit.
L'œil ouvert de la nuit ! »

Maman déplia les doigts de sa main gauche.
« Le boulanger, lui, reste éveillé toute la nuit.
Il fabrique des petits pains à la pomme et au sucre,
pour les gourmands du matin.
Il y a aussi le serpent qui dort les yeux ouverts
(il n'a pas de paupières) ;
les avions qui décollent la nuit
pour ramener les grands voyageurs dans leur maison ;

le Père Noël et ses lutins qui travaillent toujours la nuit
parce que, dit-on, les plus beaux jouets se font les nuits de pleine lune.
Il y a la lune,
et quand la lune est pleine comme un œuf,
on dit qu'elle est gaie et qu'elle chante toute la nuit. »
Maman réfléchit encore.
Il y avait tant d'exemples !
« Les chats aussi...
Les chats dorment le jour, entre les rayons du soleil.
Ils chassent la nuit et croquent les petites souris à l'aube.
Et puis, tu veux que je te dise encore ?
— Oui. »
Maman posa sa main sur la poitrine de son petit garçon.
« Tu sais qui travaille le plus, dans tout ça ?
C'est ton cœur.
Il bat chaque minute, chaque seconde, et ne s'arrête jamais !
En battant, il envoie du sang dans tes veines.
Il ne cesse jamais de battre la mesure,
comme une petite musique qui t'accompagne toujours.
Le cœur, les poumons, le cerveau...
Tout ça ne dort que d'un œil. »
La maman s'arrêta et sourit à son fils.
Mais Henri dormait déjà...

Les Nuits blanches et les Nuits noires

Le jour est jaune, ou blanc, ou gris.
Ça dépend du temps, du vent, de la pluie.
L'été, le jour est jaune et bleu.
Bleu comme le ciel, jaune comme le soleil.
En automne, tout est gris.
Gris souris, gris perle quand il fait clair,
gris « chat noir » quand il fait noir.
Tout dépend du temps, du vent, de la pluie.
L'hiver n'a pas bonne mine.
Il est blanc comme neige, pâlichon ;
il a trop dormi.
L'hiver manque de fer, de vitamines et de sourire !

Mais la nuit... La nuit, elle, est toujours noire.
Au printemps, en été, en automne, en hiver.
Noire comme du café, noire comme du velours.
C'est normal, c'est parce que le soleil se couche, lui aussi.
Comme toi et moi !
Imagine...
Si la nuit était blanche, le soleil ne pourrait pas fermer l'œil.
Il passerait une nuit blanche.

Et il serait si fatigué le lendemain,
qu'il n'arriverait même pas à sortir de son lit !
Il faudrait lui tirer les oreilles, les orteils,
et alors, c'est le jour qui serait tout noir...
Ce serait le monde à l'envers !

Quand on ne dort pas, on dit qu'on passe une nuit blanche.
Les nuits blanches ne sont pas très gentilles.
Mais les nuits noires, elles, sont douces et câlines.
Ce sont les plus gentilles des nuits.
Grâce au noir de la nuit, nous fermons les yeux ;
les fleurs se reposent ; les papillons replient leurs ailes ;
les guêpes décrochent leur dard et le laissent au vestiaire.
Et tout le monde dort.
Même les bébés, même les loups !

« Mais, moi, je n'aime pas le noir.
Je ne l'aime pas parce qu'on ne voit rien.
On ne voit pas les monstres arriver,
les loups-garous se réveiller,
les fantômes hanter les châteaux.
— Aurais-tu oublié toutes les petites veilleuses ?
La lune et les étoiles qui éclairent nos nuits ?
Regarde par la fenêtre :
la lune est toujours, toujours, toujours là.
C'est la gardienne de nos nuits.
Elle interdit aux monstres, aux loups,
aux inconnus de venir te voir.
Elle ne dort que d'un œil.
De l'autre, elle garde ; elle surveille ; elle câline.
Et quand on se concentre très, très fort,
on l'entend même chanter des berceuses. »

Les enjeux de la nuit

Les problèmes de sommeil sont très fréquents chez l'enfant. Réfléchissons... N'est-ce pas normal ? Ses activités cessent brutalement ; il passe du jeu à la solitude, de la lumière à l'obscurité, du bruit au silence. Pour lui qui ne vit que pour jouer, rire et découvrir le monde, difficile de se mettre en retrait, de plonger dans une sorte de néant. Que ce soit à la crèche, à l'école ou dans sa famille, l'enfant est toujours absorbé dans un groupe.

La nuit, passage obligé

C'est pourtant un passage indispensable, cette petite poche d'intimité qui aide l'enfant à devenir grand. C'est son premier face-à-face avec la solitude, à un moment de son existence où il n'existe que dans la collectivité.

Au moment où la journée bascule dans la nuit et où l'activité de groupe laisse place à la méditation en solo, l'enfant cherche à l'éviter. D'où les demandes incessantes bien connues de toutes les mères : le biberon, le verre de lait, l'histoire, l'envie de faire pipi... qui sont destinées à repousser l'heure du coucher.

Quelques conseils

Il ne faut surtout pas prendre l'enfant à côté de soi, dans son lit, ou rester des heures à son chevet. On est parfois tenté de le faire pour échapper à la culpabilité : « Je le vois si peu déjà », « Il est malheureux ». Il faut penser au contraire : « Je le vois peu, je dois poser des limites. » Sans pour autant l'envoyer sous la couette avec une paire de gifles, bien sûr.

La meilleure méthode est sans doute de respecter un rituel. Rapporter chaque soir l'inconnu au connu, c'est déjà installer une « veilleuse », une petite lumière qui le rassure :

- vous pouvez discuter cinq minutes avec lui : « Comment s'est passée ta journée ? » ;
- vous préparez avec lui ses vêtements du lendemain ;
- vous lui racontez une petite histoire qui s'achève judicieusement – comme par hasard – sur une petite note « somnifère »

comme, par exemple : « Notre héros, bien fatigué, sombra dans un profond sommeil » ;

• ne restez pas avec lui jusqu'à ce qu'il s'endorme. Il vaut mieux partir, fermer la porte... même si c'est pour le reconduire au lit une fois, deux fois.

Si c'est possible, le mieux est bien sûr de partager cette tâche délicate avec une tierce personne : une fois maman, une fois papa...

La peur du noir

N'obligez jamais votre enfant à dormir dans le noir total s'il est terrifié. Cela n'arrangerait rien. N'acceptez pas non plus qu'il dorme avec une demi-douzaine de lampes, de tubes-néons et autres lumières.

Il faut négocier pas à pas avec lui pour qu'il ne conserve qu'une veilleuse, et une seule.

Ce qu'on peut faire : laisser une petite veilleuse (15 watts) mais jamais une lampe trop forte qui va l'habituer à dormir en pleine lumière.

À partir de 4 ans, pour son anniversaire, offrez-lui une petite lampe de poche, qu'il conservera sous son oreiller. Dites-lui : « On éteint la veilleuse, et toi, tu conserves toujours sous la main cette petite lampe. Dès que tu as peur, tu l'allumes. » C'est une manière efficace – et si symbolique – de le rendre maître de la situation !

Discutez-en avec lui

« C'est normal de ne pas vouloir se coucher. Tu as envie de continuer à jouer, envie d'être avec nous... Cela prouve que tu aimes beaucoup ce que tu fais, tant mieux.

Mais tu sais, personne ne peut vivre sans se reposer. On a besoin de sommeil au moins autant que de nourriture.

Ce qui t'effraie, ce sont tous les changements qu'entraîne la nuit. La nuit, la lumière se fait moins forte, juste pour nous permettre de baisser les paupières et de nous endormir plus vite. Les bruits sont plus étouffés aussi. Et c'est normal : les autres se couchent aussi !

La nuit, tout ne s'arrête pas totalement. Tout marche au ralenti, doucement, silencieusement. Mais ça n'est pas comme si tout était mort !

Et grâce au sommeil, le matin, on se réveille en pleine forme, tout prêt à aller jouer et à s'amuser... »

2

Des histoires pour manger

Bénédicte Menu ne mange rien

Mme Grignote la souris avait le cœur tout gris.
Sa petite fille Bénédicte Menu ne mangeait rien.
Rien, ou trois fois rien :
Une miette de cracker par-ci,
une croûte de fromage par-là.
Dans la famille, on disait :
« Bénédicte Menu ? Elle a un appétit d'oiseau ! »
Bénédicte avait beau avoir
un petit creux dans l'estomac,
hop ! dès qu'elle arrivait à table, c'était fini.
Son petit creux se transformait
en une grosse boule dans la gorge.
Elle était à peine assise devant son assiette,
et déjà elle avait l'impression de sortir d'un festin.
Et dès qu'elle sortait de table, hop ! l'appétit revenait.
Et elle se jetait sur la moindre croûte de fromage qui traînait.
Et tous les jours, c'était la même histoire.
« J'ai pas faim ! » murmurait-elle
devant le plat de fromages,
le gratin au comté ou la tarte au cantal.
« Mange, ma chérie », soupirait Mme Grignote.
Et elle ne cessait de répéter : « Mange. Allons, mange. Mange. »
Et la maison résonnait de ce chuchotement fatigué :

« Mange. Allons, mange. »
« Mange. Mange. Mange », fait le train quand il avance...
Car les mamans aiment nourrir leurs petits,
et quand elles n'y parviennent pas,
elles sont malheureuses.

Mme Grignote essaya par tous les moyens de la faire manger.
Un jour, elle lui flanqua une fessée.
Un autre jour, elle tourna le minuteur
et dit, d'un air menaçant :
« Si tu n'as pas fini dans trois minutes,
je t'enferme dans le grenier. »
Les autres jours, elle suppliait,
pleurait de grosses larmes,
dévorait triple ration de fromage
pour que Bénédicte Menu en avale
rien qu'une demi-moitié d'ongle.
Mme Grignote engraissait,
et Bénédicte Menu maigrissait.

À la maison, tout le monde ne pensait plus qu'à cela :
faire manger Bénédicte Menu.
Toute la vie de la famille tournait autour des repas.
Quand arrivait midi moins cinq,
et que la cuisine embaumait
un délicat fumet au fromage,
l'estomac de Bénédicte Menu se fermait *illico* à double tour.
Ce n'était pas méchant,
ce n'était pas de la mauvaise volonté.
C'était comme cela.
Mme Grignote acheta
de beaux livres de cuisine très chers.
Elle confectionna des gratins au roquefort,
des pizzas aux trente-cinq fromages,
des gâteaux au munster parfumé.
Mais ça ne marchait pas non plus,
et c'était même pire.
Car les gâteaux étaient bien plus que des gâteaux au fromage.

Ils étaient fourrés d'inquiétude,
farcis de l'angoisse et de l'amour anxieux
de Mme Grignote.
Et ça, la petite Bénédicte Menu n'en voulait pas.

La petite souris avait tellement envie de dire :
« Arrête de te faire du souci.
Arrête de ne penser qu'à manger !
Si tu cessais de me regarder
avec ces grands yeux inquiets,
j'arriverais peut-être de nouveau à avoir faim ! »
Mais elle ne disait rien
et gardait tout cela pour elle.
Et pourtant, ça l'aurait très certainement libérée
d'un gros poids sur l'estomac, Bénédicte Menu.
Peut-être même aurait-elle eu faim,
après avoir dit cela à sa maman ?...

C'est M. Grignoton qui, un soir,
prit les petites pattes grises de Mme Grignote dans les siennes :
« Laisse notre Bénédicte tranquille !
Comment veux-tu qu'elle ait faim
si tu passes ton temps à la gaver ?
Et puis, c'est son droit aussi
de ne pas vouloir manger.
Peut-être en fais-tu trop pour elle ? »
Et il dit encore :
« Laisse-la toute seule quelque temps.
Tu verras bien. »
Ces paroles étaient très sages,
et Mme Grignote y réfléchit toute la nuit.
« De toute façon, pensa-t-elle,
j'ai tout tenté : le minuteur, les menaces, les fessées,
les récompenses, la cuisine cinq étoiles,
la privation de télévision, de jeux, de desserts...
Je ne perds rien à essayer. »

Le lendemain, à midi moins cinq,
la cuisine resta silencieuse.
Mme Grignote fit comme si de rien n'était
et poursuivit sa lecture.
Personne ne mit la table.
Bénédicte Menu continua à jouer.
Le second jour, pareil.
Bénédicte Menu resta dans sa chambre.
Personne ne l'appela à table !
Elle sentit, au plus profond d'elle-même,
son estomac se réveiller d'un long sommeil.
Mais elle ne dit rien.
Le troisième jour, à midi, elle eut grand faim.
Elle se précipita d'elle-même vers la cloche à fromage
et dressa le couvert pour sa maman.
Le quatrième jour, à 11 h 30,
Bénédicte Menu s'exclama,
avec sa voix fluette de brave petite souris :
« Maman, j'ai terriblement envie d'un gratin au fromage ! »

Depuis ce jour,
quand l'un de ses souriceaux refuse de manger,
Mme Grignote se fait petite, toute petite,
jusqu'à entrer dans un trou de souris.
Et les souriceaux retrouvent d'eux-mêmes
l'envie de manger.
Et ils dévorent comme des chats affamés !

Le repas, partage familial ou lutte de pouvoir

La nourriture est chargée de sens. C'est le premier lien entre la mère et l'enfant et, peut-être, la première source d'angoisse. « Il ne prend pas son biberon. Il régurgite. Il semble ne pas bien digérer... » Plus tard, au moment du passage à table – le fameux partage familial –, les repas ont une vocation autant affective que nutritionnelle. On mange autant ce qu'il y a dans l'assiette que ce qu'il y a autour (l'ambiance, la chaleur familiale...). Et ce, à tous les repas !

« Non, je ne veux pas manger ça ! »

Le petit-déjeuner est le dernier lien affectif avant le départ pour l'école. Le déjeuner, pris à l'extérieur, permet à l'enfant de tester d'autres goûts et de s'adapter à la collectivité. Le goûter est un moment de décompression et la reprise du lien maternel. Quant au dîner, il célèbre les retrouvailles familiales.

Pas d'inquiétude si, brutalement, votre enfant se met à rechigner devant son assiette et montre un museau renfrogné quand vient l'heure du dîner. Le repas est parfois vécu, entre parent(s) et enfant(s), comme une lutte de pouvoir. Dès que l'enfant a l'âge d'expérimenter le « non » – et d'apprécier son pouvoir fabuleux –, c'est-à-dire vers 18 mois, il l'applique surtout à table. Il cherche à dire : « Non, tu ne me feras pas manger ce que tu veux. C'est moi qui choisis. Je suis assez grand (du moins le pense-t-il) pour décider de ma propre vie, pour m'opposer à toi. Je ne suis plus ton bébé. » L'enfant marque ainsi le cap « Je suis un grand, je fais preuve d'indépendance ».

En la matière, tous les caprices sont dans la nature. Certains se mettent à aimer exclusivement tel ou tel mets : flans au caramel, coquillettes de telle ou telle marque, etc. Et ils en redemandent au petit-déjeuner, au déjeuner, au goûter, au dîner. À partir de 18 mois ou 2 ans, ils excluent généralement de leur alimentation tout ce qui ressemble à un légume vert (salade, haricots verts...). Leur menu favori : pâtes, frites, riz... frites, riz, pâtes.

Rester zen

On a peur que nos enfants ne s'alimentent pas bien, qu'ils ne grandissent pas. Doit-on sévir ou les laisser manger n'importe quoi ? Avant tout, il faut rester zen :

• Faites la part des choses : ne confondez pas vos propres angoisses (il a mis en échec votre rôle de mère nourricière) et le réel problème de l'assiette.

• Déculpabilisez : tous les enfants ne sont pas égaux devant l'assiette. Votre enfant peut manger trois fois rien et se porter comme un charme. Selon l'adage moult fois répété, un enfant ne se laisse jamais mourir de faim (en tout cas, pas à cet âge-là). Si le copain Maxime dévore une côte de bœuf au déjeuner et que le vôtre avale difficilement trois pommes de terre, ne paniquez pas. Les adultes n'ont pas non plus tous le même appétit !

• « Il ne mange rien à la cantine » : vérifiez ! C'est peut-être ce que vous pensez. Essayez d'en avoir le cœur net et d'en parler avec les animateurs de cantine. Vous serez peut-être étonné(e) d'apprendre qu'il a un bon coup de fourchette et qu'il mange des légumes !

Si la table est pour vous une source de conflits :

• Réduisez les portions : plus on est angoissé, plus on a tendance à trop remplir les assiettes. En pensant peut-être, inconsciemment, qu'il en prendra bien un peu plus. C'est tout le contraire. Les enfants se sentent découragés devant une énorme portion. Ils pensent : « Je n'y arriverai jamais ! »

• Pas de lutte intestine : ne faites pas des repas l'occasion d'un règlement de comptes. Ne le forcez pas à manger ! Françoise Dolto écrivait, dans *Les Chemins de l'éducation*[1], qu'il est pervers d'obliger un enfant à manger s'il n'a pas faim. Plus grave : un tel *forcing* peut déclencher très vite un blocage.

• Rappelez-lui quelques règles : il mange pour lui, pas pour vous ; il s'agit de son corps ; il doit rester à table de l'entrée jusqu'au dessert ; on mange à table et pas en dehors de table ; il doit goûter, si possible, une petite cuillerée de chaque plat. Soyez bien clair(e) avec lui : pas de grignotage, pas de chips ni de gâteaux après 17 heures. Il n'aura rien en sortant de table. C'est peut-être l'occasion pour nous aussi, adultes, de revoir notre hygiène alimentaire...

---

1. *Les Chemins de l'éducation*, coll. Folio Essais, Gallimard, 2000.

Comment lui faire manger des légumes ?

Il faut avant tout donner l'exemple. Les études ont prouvé que les habitudes alimentaires se prennent (quasiment) au berceau. Donc, n'oubliez pas la petite cuillerée de légumes dans l'assiette (même s'il n'y touche pas). Et consommez-en aussi devant lui, à table.

Essayez de présenter les légumes et les fruits de façon ludique : bâtonnets de carottes à tremper dans de la sauce, petites tomates cerises appelées « bébés tomates », mini-salade composée avec des légumes et des fruits (maïs, pomme, gouda, avocat, etc.). Vous pouvez également composer une « assiette-lapin » : deux bâtonnets de carottes pour les oreilles, un morceau de chou-fleur pour le nez, deux olives noires dénoyautées pour les yeux... À vous d'imaginer le reste !

La journée idéale

Le petit-déjeuner doit comprendre un produit céréalier (pain, biscottes, biscuits, gâteaux ou céréales), un produit laitier (lait, yaourt, fromage), une boisson (lait ou jus de fruits), voire un fruit. Il représente 25 % des apports énergétiques recommandés.

La composition idéale du déjeuner est la suivante : crudités, plat de viande, ou poisson, ou œuf, féculents ou légumes (en alternance), fromage ou autre produit laitier, fruit. Il doit apporter 35 à 40 % des besoins nutritionnels de la journée.

Le goûter contient un produit céréalier (pain, biscuits, gâteaux ou céréales), un produit laitier (fromage ou yaourt), et un fruit. Il représente 15 % des apports énergétiques recommandés.

Le dîner doit se composer d'un plat de résistance (viande, poisson ou œuf) en quantité moins importante qu'au déjeuner, assorti de légumes ou de féculents (en alternance avec le déjeuner), plus un laitage et un fruit. Il représente 25 à 30 % des apports énergétiques totaux.

Discutez-en avec lui

- S'il est angoissé au moment d'aller à table :

« C'est un plaisir de manger – surtout quand on a faim. Et pourtant, parfois, on est très triste et très inquiet quand on va à table. C'est comme si notre estomac se fermait à double tour ! Ce n'est pas parce que tu ne trouves pas le repas bon, mais c'est peut-être parce que tu es triste.

Les mamans, elles, aiment que leurs enfants mangent bien. C'est comme ça ! Et parfois, ce sont elles les plus inquiètes, comme la maman de Bénédicte Menu. Et parfois, c'est leur inquiétude qui coupe l'appétit. »

• S'il refuse les légumes, la viande... :

« Pour grandir, on a besoin de tout : viande, poisson, pommes de terre, mais aussi fruits et légumes. Quand on ne mange pas du tout de légumes, c'est dommage. On devient tout mou ; on n'a pas bonne mine ; on manque d'énergie et de force. Les bébés, eux, ne boivent que du lait et grignotent parfois un gâteau. Mais tu n'as pas envie de rester un bébé, n'est-ce pas ? »

• Quelques phrases clés :

« Je ne te demande pas d'aimer tout. Tu as le droit de ne pas aimer certaines choses. Mais tu dois goûter à tout, même un tout petit peu, et arrêter de te dire : "Les légumes, c'est pas bon." Parce qu'il existe énormément de variétés de légumes.

On mange à table... et pas en dehors de table. Il y a le petit-déjeuner, le déjeuner, le goûter et le dîner. En dehors de ces quatre repas, on ne grignote pas. »

Connexions : *Loulou, le loup qui n'avait jamais faim, La Complainte des légumes, La Petite Fée du verger*

Loulou, le loup qui n'avait jamais faim

C'était l'heure du déjeuner,
mais Loulou traînait encore la patte pour aller à table.
Il restait tapi dans un coin de la tanière :
« J'ai pas faim... »
Oh, combien de fois sa maman
avait-elle entendu cette phrase ?
Mille, cinq mille fois, un million cinq cent mille fois,
ou peut-être plus ?
Elle en avait par-dessus la tête, sa maman,
de ce Loulou qui ne voulait rien avaler.
Ni biquette, ni chèvre de M. Seguin,
ni petit cochon, ni lapin de garenne. Rien !
Elle avait essayé tout ce qu'elle avait pu :
le cochon farci à la poule, le poulet farci au cochon,
l'agneau farci au poulet, le cochon garni de cochonnailles,
la farce farcie à la farce, etc., etc.
Papa Loup, un grand cuisinier, avait même inventé
quelques recettes de son cru :
la chèvre de M. Seguin en capilotade,
les trois cochons dans leur maison en pâte brisée,
le petit chapon au vin rouge...

Mais toutes ces bonnes odeurs,
ces parfums délicieux
faisaient mal au cœur de notre petit loup.
Car, quand il les sentait monter
au niveau de ses narines,
Loulou pensait :
« Ça y est, ça recommence !
On va m'appeler à table
et me servir une énorme assiette.
On va pleurer, me supplier,
et je ne vais rien manger. »
Car Loulou n'avait pas faim.
Il mâchonnait des bonbons, suçait des roudoudous,
grignotait deux ou trois frites, écornait le bout d'une crêpe.
Quand il fallait aller à table, il disait :
« J'ai mal au cœur »,
et puis « J'ai mal aux pattes »,
et puis « J'ai mal au ventre »,
et puis « J'ai mal aux poils »,
et puis aussi « J'ai mal aux griffes ».
Enfin, tu vois, tout y passait !

Tout ça irritait beaucoup sa mère.
Ça l'énervait même tellement
qu'elle avait envie de réduire Loulou en purée,
d'en faire du pâté de loup.
C'est une façon de parler, bien sûr,
mais il est vrai que ça les rend folles de rage, les mamans loups,
de voir que leur petit ne mange pas.
Leur grand plaisir, c'est de regarder leur petit loup
croquer des poulets en claquant des mâchoires.
Elles le dévorent des yeux !

« Comment diable veux-tu
devenir un grand méchant loup ? disait-elle.
Les grands méchants loups ne grandissent pas
en suçant des roudoudous !
Tu vas voir : à force de grignoter du sucre,

tes dents vont tomber.
Et sans ses dents, un méchant loup
n'est plus qu'un ridicule agneau ! »

Un jour, on appela le docteur Koriaz aux yeux jaunes.
Il examina en long, en large et en travers le petit Loulou.
« Son œil est bien jaune, dit-il.
Ses canines sont prêtes à l'emploi ;
ses molaires pourraient broyer deux poulets d'un coup ;
sa langue est rouge...
Ah, ça mais... je sens là un petit ventre tout tendu ! »
Et le docteur Koriaz, de sa patte,
remonta du ventre à la tête.
« Tout ça, ça se passe là-haut, pensa-t-il tout bas.
Là-haut, dans cette petite tête de loup ! »
Et il demanda :
« Sais-tu pourquoi tu manges, Loulou ?
— Pour obéir à mes parents, bien sûr ! » répondit Loulou.
Le docteur Koriaz ouvrit grand la bouche
et rit de toutes ses dents qu'il avait fort pointues.
« Je vais te dire un secret, gamin.
On mange d'abord parce qu'on a faim,
et ensuite parce qu'on est gourmand.
Et parce que les petits cochons farcis, il n'y a rien de meilleur !
— D'accord, fit Loulou.
Mais qu'est-ce que c'est, la faim ?
— C'est un trou à l'estomac, des babines qui se retroussent,
des dents qui poussent, des yeux qui brillent.
C'est un énooorme trou à l'estomac. Miam !
— Mmm... Ça a l'air intéressant, fit Loulou.
Mais il y a autre chose.
Maman m'a dit que je deviendrai un méchant loup si je mange.
Mais je ne veux pas devenir un grand méchant loup !
— Écoute-moi bien, dit le docteur Koriaz.
Ce n'est pas parce qu'on mange
que l'on devient quoi que ce soit.
Ni méchant, ni grand, ni gros, ni maigre.
Tu deviendras toi, et puis c'est tout. »

Pendant quelques jours, quand Loulou venait à table,
il ne voyait rien dans son assiette, ou presque.
Un roudoudou, une sucette, quatre ou cinq bonbons.
Et puis c'est tout.
« Voilà ton repas, mon chéri », disait sa maman
avant de s'éclipser à pas de loup.
Tu imagines bien que, quelques jours après ce régime sec,
Loulou eut un énorme trou dans l'estomac.
Il sentit ses babines frétiller, ses dents danser la java,
ses yeux s'illuminer de mille envies.
Jamais il n'avait ressenti quelque chose d'aussi fort.
Miracle, il avait FAIM !
Et ce désir de manger était plus fort que tout.

Plus tard, Loulou devint ce qu'il voulait être :
un gentil petit loup.
Peut-être un tout petit poil méchant tout de même,
car il se mit à aimer terriblement
les petits cochons dodus farcis...

Fiche pratique : voir *Bénédicte Menu ne mange rien*
Connexions : *Bénédicte Menu ne mange rien, La Complainte des légumes, La Petite Fée du verger*

La Petite Fée du verger

C'était la saison d'été.
Léa venait de batifoler toute la matinée
dans le verger de ses grands-parents.
Elle pensa à tout ce qu'elle avait fait :
huit bains dans la piscine,
un grand tour à bicyclette,
une chasse au trésor avec ses cousins.
Elle avait acheté le pain chez la boulangère
et le lait chez la crémière,
et cueilli tout un panier de framboises.
Elle bâilla.
Et si elle se reposait un tout petit peu,
cinq minutes, seulement, sous le pommier ?
Le soleil était haut dans le ciel ;
les guêpes bourdonnaient doucement
en dansant au-dessus des roses ;
les cigales chantaient ; les framboises embaumaient.
Léa soupira :
« Je voudrais rester là toujours
et ne jamais rentrer à la ville ! »

Soudain, juste au-dessus de ses yeux, entre ses cils,
elle aperçut une petite lumière bleutée.

Elle crut que c'était un morceau de ciel
qui s'était décroché sans faire exprès.
Mais non ! C'était une robe, un visage,
deux petits bras roses, deux petites jambes,
et une paire de minuscules chaussures bleues.
Comme un papillon,
mais bien plus léger qu'une libellule.
Un souffle...
« Bonjour, Léa, murmura une minuscule petite voix.
Je suis la fée du verger.
Je viens souvent rendre visite aux enfants avant midi
quand le soleil n'est pas trop fort...
Est-ce que tu me vois ? »
Léa, éberluée, surprise, étonnée,
fit « oui, oui » de la tête.
« Je t'emmène te promener. Mais ne me perds pas de vue ! »
Léa s'appuya sur ses coudes et se leva.
« Dépêchons ! Dépêchons ! fit la petite fée.
Je n'ai que dix minutes devant moi avant midi.
Veux-tu que je te présente à tous mes bébés ? »
Léa frotta ses yeux et fit « oui, oui » de la tête.
Elle craignait, en parlant, que la fée ne disparaisse.
Elle suivit la petite forme bleue, devant elle.
« Regarde les pissenlits, sur lesquels on souffle
et qui s'envolent avec le vent...
et les coquelicots qui se retournent, et hop !
soudain, ce sont de jolies danseuses en robe rouge... »
Et ainsi la fée du verger lui montra
les marguerites, les pétunias,
les roses jaunes et les roses rouges.
Jamais Léa n'avait contemplé d'aussi près
la robe d'une rose, le découpage d'une feuille.
« Ils sont beaux, mes bébés ? »
La petite fée volait, les mains croisées sur sa poitrine.
« Je vais te présenter maintenant à mes petits préférés... »
Et elle l'emmena jusque dans le potager,
là où les carottes, les tomates et les concombres poussaient.
« Ça commence par l'odeur, qui est magique.

Allez, allez ! Fais-moi le plaisir de sentir ! »
Léa se courba et renifla, de mauvaise grâce,
les concombres, les tomates, les salades,
le persil, le thym, le laurier, le romarin...
« Mais ce ne sont que des légumes !
fit la petite fille, en plissant le nez.
Bouh ! J'aime pas ça, les légumes ! »
La petite fée devint rouge de colère.
Sa minuscule voix trembla :
« Comment cela ? Que des légumes ?
C'est moi qui les ai créés !
Ce sont les plus belles créations de tout l'univers,
parce qu'on les cueille directement dans les arbres,
ou sur la terre, et qu'elles sont bonnes à manger ! »
La petite fée voletait de tous côtés :
« Sens, sens !
Là, ce sont des petits pois, dans leur maison verte.
Si tu en croques un, tout cru, tu verras la vie en vert !
Et là, regarde, les concombres et les melons.
Ils contiennent l'eau magique
qui aide à devenir grand.
Sais-tu que les fées boivent l'eau des concombres ? »
dit la fée du verger en riant.
Elle s'envola encore droit devant elle.
« Et le maïs ! Regarde les beaux maïs tout jaunes,
parce qu'ils sont nourris par le soleil.
Je vais te dire un secret :
le sel des légumes, c'est le vent qui vient de la mer ;
leur sucre, c'est un peu de soleil ;
leur eau, c'est un peu de cascade, un peu de ruisseau.
On mélange le tout... Et hop !
Voilà les plus belles créations de la Terre !
C'est pourquoi les légumes et les fruits soignent tout :
les rhumes, les angines, les tristesses,
et ils aident à devenir grand. »

La visite était terminée,
et la fée du verger répéta :
« Les fruits et les légumes,
c'est moi qui les ai fabriqués, tous.
Et j'en suis très, très fière. »
Et la petite fée croqua tout bonnement dans une tomate.
« Quand tu vois un légume, un fruit, il faut dire merci !
— Je ne savais pas que les fées aimaient tant les légumes,
fit Léa étonnée.
Je pensais qu'elles mangeaient... des bonbons ! »
La petite fée du verger rit comme une cascade.
« Des bonbons ! Mais ce serait impossible !
Je perdrais toute ma magie !
Quand les bonbons pousseront dans les arbres, peut-être... »
La petite fée s'interrompit et leva la tête.
« Oh, regarde, le soleil atteint midi maintenant.
Je dois me sauver. N'oublie pas, pour mes bébés... »

Léa se retrouva sous le pommier.
Longtemps, en plissant les yeux,
elle tenta de retrouver la petite forme floue et tremblotante
de la fée du verger.
Mais elle décida de rentrer à la maison,
son petit panier rempli de framboises.
Grand-mère était en train d'éplucher les haricots verts.
« Tu sais, j'ai fait un rêve !
C'était formidable ! cria Léa.
J'ai rencontré la fée du verger.
— Oh, comme tu as de la chance.
T'a-t-elle fait visiter le jardin ? et le potager ? demanda grand-mère.
— Oui, fit doucement Léa.
Elle m'a présenté tous les légumes. »
Et Léa se tut.
Parce que, soudain, l'idée d'une fée qui mordait une tomate
lui sembla quelque chose de bien hasardeux...
Après le déjeuner où, bien sûr, elle dévora tous les légumes,
Léa retourna dans le potager.
Elle voulait vérifier quelque chose.

Elle regarda longtemps, longtemps,
partout du côté des tomates.
Et soudain, elle la vit, la tomate à moitié croquée par la petite fée !
Léa la détacha, délicatement...
Et croqua le reste !

Fiche pratique : voir *Bénédicte Menu ne mange rien*
Connexions : *Bénédicte Menu ne mange rien, La Complainte des légumes, Loulou, le loup qui n'avait jamais faim*

Moi, j'aime les roudoudous !

Maman aime le chou-fleur.
Moi, ça m' donne mal au cœur.
Moi, je pense que le *chou*,
ça rime très fort avec *pou*.
Papa parle de vitamines ;
il me parle de protéines ;
il me dit qu' j'ai mauvaise mine.
Moi, je veux des roudoudous !

Faut pas d' bonbons,
faut pas d' gâteaux,
faut pas d' kilos,
sinon on est tout gros.
Mais moi, j' veux des Malabar,
des Carambar, des roudoudous.
J' veux des frites qui piquent,
des Chamallows tout mous !

Carottes râpées ? C'est pour les pépés
qu'ont plus de dents.
Brocolis tout riquiquis ?
C'est pas marrant.
Chou-fleur, gratin d' malheur.

Potage hors d'âge.
Salsifis, ça suffit !

Moi, ce que j'aime :
le beurre (un vrai bonheur),
à manger à la cuillère, pépère !
Les McDo à cause du cadeau,
le chocolat qui m' rend baba,
les bons becs, et l' pont-l'évêque.

« La soupe, ça fait pousser ! »
me dit papa, tout énervé.
Moi, avec c' que j'ai avalé
comme eau de vaisselle,
j' devrais être grand
comme trois fois la tour Eiffel.

Ce qui me rend tout fou, tout fou,
c'est les roudoudous si doux
qui durent des heures, un vrai bonheur !
Les guimauves roses, les tétines mauves...

Maman me dit : « Faut pas de caries.
Mon amour, mon petit chéri,
si tu ne manges que des bonbons,
tu auras un teint d' citron.
Si tu te bourres de gâteaux,
T'auras l'air d'un gros nigaud.
Mais si tu goûtes un peu de tout,
t'auras l'air joli comme tout ! »

La Complainte des légumes

« Assez d'être mal-aimés !
crient le chou, l' radis, l' navet.
Quand j'arrive sur la table,
on me dit que j' suis minable ;
on m' tape avec la fourchette ;
on crie qu'on veut me jeter
avant même de m'avoir goûté !

— Je voudrais m'appeler *betterêve*,
crie la betterave, en tenue d'Ève.
— On me dit que j' suis pas beau,
crie l' poireau, crie l'artichaut.
— On nous traite de têt' de noix,
pleurnichent les petits pois.

— Mais qui donc va nous r'garder ?
Pourquoi donc les p'tits bébés
ne pensent qu'à nous écraser ?
Pourquoi donc les grands enfants
ne nous traitent que de méchants ?
Nous, on n'est pas des bonbons.
On est radis ou cornichon.

Nous, on n'est pas des gâteaux,
mais on est tout aussi beaux !

Arrêtez donc de bouder !
crient les légumes très, très fâchés.
On n'est pas vraiment sucrés ;
on n'est pas des p'tits bonbons ;
on est radis ou cornichon,
mais on fait pas mal aux dents
et on est très, très importants,
car on aide à d'venir grand ! »

3

Histoires de maladies et d'hôpital

Petit Rouge est malade

Dans les profondeurs de la mer turquoise,
vivait un petit poisson rouge.
Un matin, en venant le réveiller pour l'école,
Maman Rouge leva la tête, consternée :
« Chéri d'amour, tu es tout blanc ! »
Et elle posa un brin de nageoire sur son front brûlant.
Le lit d'eau dans lequel il avait dormi
était brûlant lui aussi.
On aurait pu aisément y faire cuire un œuf.
Petit Rouge vérifia dans le reflet de l'onde :
il était blanc comme un vieux rollmops mariné,
blanc comme un lieu noir trop cuit !
« Reste bien au chaud dans le creux du rocher, chéri d'amour.
Je vais chercher SOS-Crevette », dit Maman Rouge.

Maman Rouge fit une bulle
sur le front de son petit poisson
et partit d'un coup de nageoire.
Petit Rouge se rallongea dans son filet d'eau tiède.
Oh, comme il avait froid
et comme il grelottait !
Il se pelotonna dans ses nageoires
et enfouit son menton de poisson

dans sa couverture en varech.
Mais rien ne pouvait le réchauffer.
Il ferma les yeux et entendit sa maman chantonner, au loin :
« Un, deux, trois, je m'en vais au lac,
Quatre, cinq, six, voir madame l'écrevisse,
Sept, huit, neuf, dans mon lagon neuf,
Dix, onze, douze, je serai toute rouge... »
C'était comme si la chanson lui venait de l'autre bout de l'Atlantique.
Les grosses fièvres donnent toujours l'impression
de nager dans du coton, d'entendre dans du coton, de vivre dans du coton.
« Est-ce que je vais mourir ? » se demanda Petit Rouge
qui, à vrai dire, avait plutôt envie de dormir.
D'ailleurs, il se retourna sur l'autre nageoire
et sombra à nouveau dans le sommeil.

Dans son rêve, sa voisine, l'algue follette Punkette,
était devenue toute rouge et chantait *Là-haut sur la montagne*
vêtue d'une culotte de peau.
Quand on est malade et très fiévreux,
on fait des rêves sans queue ni tête.
Petit Rouge se pelotonna un peu plus sous sa couverture de varech...
De loin, il entendait Miss Punkette se brosser les cheveux.
Ça faisait « frrrt, frrrt, frrrt... ».
Les grosses fièvres vous font parfois entendre
des choses sans importance.
Un bruit de tondeuse à gazon, un plongeon dans la mer,
un clapotis petit, petit...
Tout arrive à vos ouïes totalement assourdi.

Petit Rouge sombra à nouveau dans le sommeil.
Cette fois-ci, c'était un cauchemar.
Quand on est fiévreux,
on fait parfois des cauchemars horribles.
Petit Rouge rêvait qu'il était transformé
en poisson carré et pané dans une assiette.
Devant lui, un petit garçon aiguisait sa fourchette et son couteau

en montrant une langue toute rouge.
Ça faisait « clic clac, clic clac, clic clac... ».
Petit Rouge se réveilla en sueur,
juste avant d'être embroché par la fourchette.
« Clic clac, clic clac... »
Il continuait pourtant à entendre
le sinistre cliquètement de la fourchette et du couteau...

Qu'était-ce donc ? Petit Rouge ouvrit les yeux.
Horreur ! Face à lui, arrivait l'immense,
l'horrible, le terrible Goulu-Pointu,
le requin aux dents longues comme des poignards.
Et ce « clic clac »,
c'était la java des canines
qui se préparent au festin !
Il entendit un nasillement, un ricanement, un vilain rire.
Les narines du grand requin bleu palpitaient :
« Hm, ça fleure bon le petit poisson rouge, ici !
Par le saint Cachalot, je vais me régaler ! »
Et le gros requin bleu sortit de son aileron sa lime géante,
histoire d'affûter ses crocs.
Il fonça tout droit vers le rocher d'un grand coup de museau.
Mais, quand il vit le petit poisson tout blanc, il fit une mine dégoûtée :
« Beurk ! Mais tu n'es pas Petit Rouge !
Toi, tu es tout blanc !
Tu ne vaux pas un quart de sardine pourrie !
Pas une boîte de miettes de thon à l'huile !
Disparais de mon regard royal, sale petit moignon blanchâtre ! »
Et il ajouta :
« Si tu vois ton frérot, le mignon rougeot, le bien en chair, avertis-le : un de ces jours, je le croquerai ! Miam-miam ! »
Et il aiguisa ses dents de requin.
Pour la première fois de la journée,
Petit Rouge remercia le Ciel pour son teint pâlot.
Goulu-Pointu ne l'avait pas reconnu... Et il s'était même enfui !

Quand il ouvrit les yeux,
cette fois, il vit quelque chose d'agréable :
maman était de retour,
accompagnée du célèbre docteur Crevette,
qui portait, au bout de ses pinces,
sa mallette en carapace de crabe.
« Alors, mon petit malade ? Tu n'es pas dans ton assiette ? »
Avec son stéthoscope, elle écouta son cœur
et cela fit tout froid, sur les écailles brûlantes de Petit Rouge.
Puis elle ausculta sa nageoire et ses arêtes, une à une.
Enfin, avec une drôle de petite lumière,
comme une lampe de poche,
elle inspecta ses ouïes et l'intérieur de sa bouche.
« Aïe, aïe aïe ! Ouh là là !
C'est une belle, une superbe angine blanche !
— Merci du compliment, fit Petit Rouge.
— De rien, c'est de saison, rétorqua le docteur Crevette.
L'eau devient fraîche ; l'hiver arrive.
J'en ai, des angines blanches, en ce moment ! J'en ai des tas ! »
Le docteur Crevette demanda au petit poisson
de boire beaucoup de bouillon chaud,
de se reposer dans sa petite source d'eau tiède,
et aussi d'avaler trois petits comprimés roses chaque soir.
Puis elle signa l'ordonnance d'un coup de pince
et rangea ses instruments dans sa mallette de crabe.
« Dites donc, docteur Crevette, interrogea Petit Rouge.
Pourquoi donc est-on si désagréable
avec les petits poissons malades ?
On dirait que je fais peur. J'ai même fait fuir Goulu-Pointu ! »
Docteur Crevette gratta ses antennes quelques secondes.
« Eh bien, on a peur de perdre soi-même sa belle couleur
à cause des maladies qui sont contagieuses
et qu'on attrape comme ça.
Et puis, on n'aime pas voir ceux que l'on aime
tout faibles et tout malades. »

Petit Rouge se reposa pendant quelques jours
et avala trois petits comprimés roses chaque soir.
Le quatrième jour, Maman Rouge soupira :
« Quelle joie ! Tu as retrouvé ton joli teint de langouste ! »
Petit Rouge se regarda dans son miroir d'eau :
il était à nouveau rouge et doré.
Sa maman le serra entre ses nageoires :
« Enfin ! Chéri d'amour ! »
Car les mamans détestent voir leur petit malade.
Il faut le savoir.

Dès le lendemain, Petit Rouge retourna à l'école.
Petit Violet, le poisson japonais, l'embrassa fort et lui dit :
« Tu veux jouer au water-polo ? »
Petit Rouge n'avait qu'une chose à redouter, maintenant :
Goulu-Pointu aux dents comme des poignards.
N'avait-il pas juré qu'il le croquerait ?
Mais le gros requin bleu était invisible.
Personne ne le vit plus pendant quelques jours.
À croire qu'il avait perdu l'appétit ou qu'il se cachait.
Et tu sais pourquoi ? Parce qu'il était tombé malade...
et qu'il était devenu tout verdâtre !

Les maladies infantiles

« Thomas ? C'est une horreur, il est tout le temps malade », « Marie enchaîne otite sur otite », « Il nous a fait une gastro, puis une rhino »... Jusqu'à 3 ans environ, quelle mère échappe aux petites maladies infantiles ? Même si votre enfant a tendance à enchaîner les maladies, attention toutefois à ne pas lui coller l'étiquette « enfant malade » sur le dos.

Les petites maladies

Il n'empêche que certains enfants sont plus souvent malades que d'autres. Si tel est le cas pour le vôtre, évitez de le confiner dans un état de fragilité, de vulnérabilité. Évitez d'en faire le petit malade de la famille et de dire (en tout cas devant lui) : « Ah, toi ! Tu nous as toujours fait quelque chose. Tu es toujours malade » – ce qui le conforterait dans son identité de « petit souffreteux ».

Évitez également de lui répéter : « Ah, tu fais des angines, comme tante Ursule, avec sa gorge fragile. » Vous risquez de l'enfermer de façon quasi permanente dans la maladie.

Raisonnez-vous : votre enfant ne risque absolument rien, donc ne dramatisez pas. Quand il s'agit du premier enfant, on est tenté d'appeler le médecin dès que le thermomètre dépasse 37,6. Plus tard, avec plusieurs bambins à charge, on relativise... Et on ne fait appel au médecin qu'en cas de fièvre persistante et supérieure à 38 degrés ! Évitez également de surprotéger votre enfant et de vous lamenter, du style : « Mon pauvre poussin, comme tu es malheureux... »

Ne modifiez pas votre comportement à outrance. Si vous surprotégez et débordez d'affection envers votre enfant seulement quand il est malade, inconsciemment vous stimulez en lui l'envie d'être malade. Une petite voix en lui susurrera : « Ah, c'est si bon ! Quand je suis malade, maman s'occupe tellement mieux de moi. On dirait qu'elle m'aime plus... »

Votre enfant est constamment malade, constamment sous antibiotiques ? Vous êtes épuisé(e) ; vous jonglez comme un(e) forcené(e) entre vos horaires de bureau, la crèche, les rendez-vous chez le médecin ? Rassurez-vous. D'ici à quelque temps (souvent à partir de 3 ans), il n'y paraîtra plus. Votre enfant souffrira de temps à autre d'une petite « bricole »... Et vous penserez avec soulagement à cette période où vous jouiez au (à la) garde-malade.

Discutez-en avec lui

Les petites maladies sont absolument indispensables, on ne peut pas les éviter. Petit Rouge, lui, a une angine blanche. D'autres enfants ont mal au cœur ou mal au ventre... Le corps a les moyens de combattre la maladie : il devient tout chaud. La fièvre prouve que le corps lutte contre le microbe.

Quand on a de la fièvre, on se sent tout faible, tout fatigué, tout seul et parfois inquiet. Tout semble différent. Les bruits sont assourdis ; la lumière est plus vive ; et on a froid. Mais il n'y a pas lieu de s'inquiéter. On guérit très vite : il suffit de se reposer. Finalement il n'y a rien à faire d'autre que ça : se reposer et prendre ses médicaments pour guérir encore plus vite.

Quand on est malade, parfois les mamans sont inquiètes, et souvent elles le sont sans raison. Parce que les petites maladies d'enfant disparaissent aussi vite qu'elles sont arrivées.

Poussin à l'hôpital

C'est décidé, Poussin entre à l'hôpital.
Depuis quelque temps déjà, il a une grosse boule dans la gorge.
On appelle ça « les amygdales ».
« Tout le monde en a,
mais, parfois, elles nous embêtent,
alors on les enlève, voilà tout.
Hop, fini, terminé ! »
dit le docteur.

Du plus loin qu'il s'en souvienne,
Poussin a toujours eu mal à la gorge.
Peut-être même quand il était dans l'œuf ?
Aujourd'hui encore, ses petits yeux sont tout rouges
et son duvet tout blanc.
« Mon petit poulet, te voilà bien fagoté, dit Maman Poule.
Cette intervention va te faire le plus grand bien. »
Elle sourit mais, comme toutes les mamans poules,
elle est un peu inquiète, l'air de rien.
Il faut dire qu'elle couve ses six poussins
sous son aile à longueur de journée.
Alors, en voir un partir à l'hôpital, ça fait quelque chose.

Et Poussin, lui, pense que, finalement,
le vrai bon moment de cette histoire,
ce sera après...
Après quoi ? vous demandez-vous.
Après l'opération, quand il aura le droit de sucer
des glaces à la vanille et au citron.
Quand il ferme les yeux, Poussin imagine
plusieurs montagnes devant lui :
une montagne de glace, une montagne de chantilly,
et une énorme montagne de sucre au chocolat.
« C'est souvent comme ça, dans la vie, lui dit sa maman.
Il y a les bons moments et les moments difficiles.
Tu vois, tu vas subir cette opération
et tu auras un petit peu mal à la gorge après.
Mais ensuite, tu mangeras de la glace. C'est pas beau, ça ? »
Et hop ! elle lui donne une petite caresse de l'aile pour le réconforter.

Dès le lendemain, Poussin a rendez-vous
dans la salle d'attente de l'hôpital.
Il y a là une bonne douzaine de petits poussins duveteux,
à peine sortis de l'œuf.
Et ça piaille, et ça piaille !
Poussin s'efforce d'être sage.
Il grignote ses petits biscuits dans son coin
et lit une histoire sur un petit garçon qui va à l'hôpital.
« Tiens, pense-t-il, ça n'arrive pas qu'aux poussins,
ces histoires-là ! Ça arrive aussi aux humains... »
Il rêve...
« Maman, est-ce que c'est vrai ?
J'aurai droit de manger autant de glaces que je voudrai ?
— Peut-être, peut-être, dit maman d'un air malicieux.
Nous verrons bien ce que dira le docteur. »

Quand c'est son tour, le docteur le fait allonger sur la table
et lui pose des tas de questions :
« Fais "Ah !". Ouvre la bouche. As-tu mal au dos ?
Es-tu allergique aux cacahuètes ? As-tu mal aux dents ?
Dis "Trente-trois" et tousse un petit coup. »

Voilà tout ce que le docteur Coq lui fait faire.
C'est bizarre, mais c'est comme ça, les docteurs.
On ne comprend pas toujours
pourquoi ils font les choses.
Poussin pense à ce que lui a dit son papa :
« Fais-leur confiance, car ils connaissent leur métier
sur le bout de leurs pattes. »
Quand la consultation est terminée,
c'est au tour de Poussin
de poser des questions :
« Est-ce qu'on va m'endormir ?
— Bien sûr que oui ! répond le docteur Coq.
Ainsi, tu ne sentiras rien, rien, rien.
— J'ai encore une question, dit Poussin.
Pourrai-je encore parler pendant mon sommeil ?
— Bien sûr que non ! assure le docteur Coq en souriant.
Comment veux-tu parler endormi ?
Et puis, tu nous gênerais pendant notre travail.
— J'ai encore une question, dit Poussin.
Est-ce que je peux me réveiller avant que ça ne soit terminé ?
— Bien sûr que non, répond le docteur Coq.
Le produit magique qui va t'endormir
te réveillera juste au bon moment.
Ni trop tôt, ni trop tard. »
Mais Poussin veut encore savoir :
si maman, le matin, parvient à le tirer du lit
par un seul petit coup de bec,
alors, forcément, un petit coup de bistouri va le réveiller.
« C'est parce que tu n'es pas endormi aussi profondément.
Moi, grâce à mes médicaments magiques,
je vais t'endormir comme un prince...
Tu ne sentiras rien et tu te réveilleras bien. »
Et Poussin demande encore :
« Est-ce que c'est comme d'être mort ? »
Dans le fond de la pièce, Maman Poule bat un peu de l'aile.
« Voyons, voyons, fait le docteur Coq.
Voilà une question bien curieuse.
Si tu te réveilles, c'est que tu n'es pas mort, n'est-ce pas ?

— C'est vrai, admet Poussin qui demande encore :
Est-ce que j'aurai le droit de manger
des glaces au citron et à la vanille ?
— Brave petit gourmand, va ! fait le docteur.
Bien sûr, tu auras de la bonne glace... »

Dès le lendemain, Poussin est endormi...
Et se réveille comme prévu, dans un petit lit tout blanc.
Tout le monde est là : maman, papa...
Et le docteur Coq, avec sa blouse et son chapeau vert.
« Je suis très content de toi, Poussin.
Tu vas pouvoir rentrer à la maison ce soir.
Ta petite gorge est très belle, et tu ne tomberas plus malade.
En attendant, j'ai une question très importante à te poser :
préfères-tu la glace au citron ou à la fraise ? »

L'expérience de l'hôpital

Que ce soit pour une opération des amygdales ou des végétations, ou pour une intervention plus délicate, votre enfant doit aller à l'hôpital. L'expérience n'est pas forcément traumatisante.

Ce qu'il faut faire

Première chose : tâchez de savoir si vous pourrez bénéficier d'un lit d'accompagnateur. Cela vous permettra de rester dormir dans la chambre de votre enfant, au moins avant l'intervention.

Expliquez très clairement à votre enfant ce qui va se passer.

À commencer par les raisons médicales de cette hospitalisation.

Pour le retour à la maison, faites preuve de patience. Après un long séjour hospitalier (plus de deux semaines), l'enfant va devoir se réacclimater à sa maison. Pas de panique s'il semble odieux, coléreux, ou « bébé ». En réalité, il est un peu perdu et donc malheureux. Aidez-le à retrouver ses repères, tout en douceur. L'expérience de l'hôpital ne s'oublie pas du jour au lendemain. Acceptez ses sautes d'humeur, ses petites régressions. Ne tirez pas un trait sur cette vie à l'hôpital, comme si rien n'avait existé. Il faut en parler souvent, faire sortir les souvenirs de la cachette où l'enfant les a relégués.

Dans *Points forts*[1], Terry Brazelton préconise d'installer un petit hôpital miniature à la maison, où sa poupée et son ours revivraient les mêmes expériences que lui : « Cela lui permettrait d'exprimer ses peurs et son angoisse dans la sécurité de son foyer. La terreur, la douleur, la crainte que tout ne recommence peuvent ainsi être dites au grand jour. Vous pourrez le rassurer, et il pourra se rassurer lui-même sur le fait qu'il a tout surmonté avec succès. »

---

1. *Point forts*, vol. 1 et 2, LGF, 2004.

Discutez-en avec lui

• Expliquez-lui et rassurez-le :

Pour pouvoir répondre à ses questions, interrogez très précisément les médecins sur ce qui va se passer. Et répercutez ensuite les informations. Soyez de toute façon très clair(e) sur le déroulement de l'opération. Ne commencez pas à édulcorer la réalité, car il vous en voudrait par la suite. S'il doit avoir mal au réveil, dites-le-lui.

Dites et répétez que vous avez entièrement confiance en les médecins qui vont se charger de lui.

Réglez son sentiment de culpabilité. Non, il n'a rien fait de mal parce qu'il s'est retrouvé à l'hôpital. Ce n'est pas de sa faute...

• Détournez ses préoccupations :

Racontez-lui – même si cela vous semble un peu dérisoire – les bénéfices qu'il tirera de l'intervention : nouveaux amis, nouvelle école (quand il y a), nouveaux espaces de jeux, et tout ce qu'il pourra raconter ensuite à ses copains.

Proposez-lui de commencer une collection, comme par exemple une collection de cartes envoyées par ses copains de classe. Faites-lui conserver des souvenirs de cette période délicate de façon à ce qu'il puisse les retrouver par la suite, car il est essentiel de ne pas étouffer ses souvenirs. Parlez ensemble de son expérience hospitalière.

Connexions : *Lola quitte l'hôpital, Petit Rouge est malade*

Lola quitte l'hôpital

Aujourd'hui, c'est un grand jour :
Lola rentre à la maison !
Sylvie, l'infirmière du matin, est arrivée,
les yeux brillants, dans la chambre de Lola.
« Es-tu prête, ma puce ? Tu n'as pas oublié ?
C'est aujourd'hui que tu quittes l'hôpital. »
Lola fait « oui » de la tête.
Comment aurait-elle pu oublier ? Après deux mois passés ici...
Lola a beaucoup de mal à parler.
En elle, il y a un concentré de mots.
Trop de mots, collés ensemble,
qu'elle ne peut pas séparer les uns des autres.
Quand Lola essaie de calmer tous ces mots,
de les mettre les uns derrière les autres,
en file indienne, voilà ce que ça donne :
« Je me sens très bizarre.
Quand on a passé deux mois quelque part,
ça fait tout drôle de partir.
Je ne me sens pas aussi heureuse que je devrais l'être. »
En l'aidant à natter ses cheveux, Sylvie lui dit :
« Tu sais, ça va te faire tout drôle, de rentrer à la maison ! »
Et elle lui donne un cadeau en souvenir :
c'est une de ses barrettes en forme de petit poussin jaune et blanc.

Sylvie l'attache autour de la natte de Lola.
« Moi aussi, tu sais, ça va me faire tout drôle
de ne plus te voir tous les matins. »

Lola a terminé sa valise.
Elle a même vidé l'aquarium et rangé Barnabé, son poisson rouge,
dans le petit sachet en plastique rempli d'eau
que lui avait donné le marchand d'animaux
pour « le jour où tu l'emporteras », avait-il dit.
Et il lui avait dit aussi :
« Emporte aussi les pierres de couleurs
et le tourniquet qui fait des bulles.
Ce sont ses repères, et même un poisson rouge a besoin de repères. »
Barnabé, c'est son copain d'hôpital.
Il est là depuis le premier jour, avec elle.
Elle l'a nourri tous les jours ;
il a senti les mêmes odeurs d'hôpital ;
il s'est ennuyé un peu, comme elle ;
et il va rentrer avec elle à la maison.
Lola attend, assise sur son lit,
dans sa petite veste rouge, son pantalon en coton beige.
Elle ne sait pas quoi faire de ses mains ;
elle ne sait pas quoi faire de sa tristesse.
Elle a dit au revoir à tout le monde.
Au docteur Bertrand, à sa copine Hélène,
qui sort la semaine prochaine.
« Alors pourquoi es-tu triste ? se demande Lola,
comme si elle se parlait à elle-même.
Tu vas revoir Hélène et tu emportes Barnabé.
Et en plus, tu vas revoir tes parents et toutes tes poupées. »

Elle entend la voiture, dehors. Oui, c'est la voiture de papa !
Papa klaxonne trois petits coups,
comme quand il vient la chercher à l'école.
C'est leur signe de ralliement.
Elle le reconnaîtrait entre dix mille, ce klaxon.
Mais Lola se sent fatiguée.
Et ce bruit de klaxon tonitruant la fatigue encore plus.

C'est sûr, c'est fatigant de rentrer de l'hôpital.
Il va falloir tout dire, dans les moindres détails.
Raconter toute la vie à l'hôpital.
Et dire merci pour les livres, les cadeaux,
les cartes et les bonbons.
Tout cela épuise Lola d'avance,
comme si elle avait couru un cent mètres !

Maman arrive dans la chambre :
« Alors, ma chérie, c'est le grand jour ?
Comme je suis heureuse !
Donne-moi ta valise. Porte ton Barnabé, c'est bien assez.
Tu ne dois pas te fatiguer.
— Ça va, ça va... »
Et maman papote :
« Tu sais, je t'ai préparé tout ce que tu aimes :
une bouchée fourrée au crabe, un crabe à la mayonnaise, du pâté en croûte.
Mais tu mangeras bien aussi un peu de haricots verts ?
Et en dessert, hmm...
en dessert, une surprise pour ma Lola.
— J'ai pas faim, murmure Lola. Pour l'instant, j'ai pas faim. »
Mais maman poursuit :
« Oh, et puis j'ai prévu aussi un goûter, cet après-midi, avec tes copines.
Elles sont si excitées à l'idée de te retrouver !
Tu es contente de retrouver
Sonia, Charlotte, Alizée et Chloé ? »

Dans la voiture, Lola retrouve les odeurs d'avant.
Elle a l'impression qu'ils vont tous partir en voyage, en vacances d'été !
Mais non, elle rentre vers la vie d'avant, la vie ordinaire, celle d'avant l'hôpital.
La vie dans sa chambre, à l'école, avec ses copines, ses devoirs.
Comme si rien ne s'était passé.

Sa chambre est bien rangée ; il n'y traîne rien.
Comme elle a voulu y rentrer avant de se faire opérer !
Lola n'en revient pas de voir la vie passer comme ça.
On est malade, on va à l'hôpital,
on revient, comme si de rien n'était,
et la chambre n'a pas changé !
Mais ce n'est pas rien d'aller à l'hôpital.
Lola s'enferme dans sa chambre pleine de silence, et elle dit :
« J'ai pas faim. Je ne veux pas aller à table.
— Mais... et le pâté en croûte ? dit maman.
Et la tarte aux fraises en forme de poupée ? »

Mais Lola s'enferme dans sa chambre,
elle colle le panneau « DÉFENSE D'ENTRER ».
Derrière la porte, elle entend un brouhaha,
des paroles tristes qui disent :
« Qu'est-ce qu'elle a, Lola ? Elle n'est pas bien ?
Tu penses qu'elle ne voulait pas rentrer ? Elle nous en veut ?
Peut-être devrait-on parler avec elle de l'hôpital ?
de ce qui s'est passé ?... »
Lola s'allonge sur son lit.
Elle tient très fort sa poupée par le cou.
Non, elle n'en veut à personne ;
elle ne veut parler à personne.
Elle essaie simplement très fort
de redevenir la Lola d'avant l'hôpital.
Ce n'est pas facile, et il faut juste un peu de temps.
« J'ai simplement grandi trop vite... »

Connexion : *Poussin à l'hôpital*
Fiche pratique : voir *Poussin à l'hôpital*

Conte de la reine Jacinthe qui pleurait des rubis

Un jour, cela arriva d'un coup,
on ne sut pas trop comment,
dans sa cuisine pavée de diamants,
la reine Jacinthe eut un gros mal au cœur.
Était-ce l'hiver, qui avait été très rude ?
ou une royale fatigue ?
ou la tristesse d'avoir perdu son père ?
ou bien tout simplement un chagrin
pour de rien ?

« Chez les reines, qui sont si fragiles,
parfois un bébé donne envie de pleurer
les tout premiers instants », dit le docteur.
Mais la reine Jacinthe n'attendait pas de bébé.
« La reine Jacinthe n'est pas enceinte, dit le docteur.
La reine Jacinthe n'a pas mal au ventre ;
la reine Jacinthe n'a pas mal aux yeux. »

Le roi Archibald, qu'on appelait Archie,
et le petit prince Émile, qu'on appelait Mimile,
étaient très attristés

par le mal au cœur de la reine
qui dura le lendemain,
et encore le lendemain,
le lendemain du surlendemain,
et les autres jours encore.
Sans que l'on sût
ce qu'elle avait.

La reine se mit à pleurer,
et à pleurer, et encore à pleurer.
Et chaque larme qu'elle pleurait
se transformait en pierre précieuse.
Une larme en rubis, une autre en lazuli,
une autre en béryl, une autre en diamant.
La reine ne pleurait pas à chaudes larmes,
ni à larmes amères.
Elle pleurait à larmes froides et glacées
comme des pierres précieuses.
Jamais on ne connut dans le royaume
de chagrin si précieux.

Tout ceci était une telle curiosité
que la reine Jacinthe en conçut de la honte.
Le cinquième jour, elle s'enferma elle-même
dans le plus haut des donjons.
Généralement on vous y enferme
quand vous n'êtes pas sage :
on vous y punit.
Ou on vous y protège
parce que l'on craint de rencontrer
une vieille qui vous endort pour cent ans.
Mais la reine Jacinthe
voulait sans doute se punir elle-même.

Elle passa ainsi trois, et même quatre mois,
à verser des larmes de rubis, de diamant,
de lazuli, d'or et d'argent.
Elle ne faisait plus que ça.

C'était devenu son occupation.
Pleurer, pleurer, pleurer.
Personne ne pouvait venir la voir,
pas même son fils le petit prince.
On lui disait :
« Maman est malade.
Maman pleure des larmes de rubis. »

Comme ces larmes ne pouvaient tomber dans les douves,
ni s'infiltrer entre deux pierres,
ni disparaître entre les fentes du château,
elles s'accumulèrent dans le donjon.
Bientôt, l'espace rétrécit,
et la reine n'eut même plus assez d'espace pour pleurer
— ce qui était la pire des punitions.

Elle voulut s'empêcher de pleurer,
mais sa gorge se serra tant
qu'elle crut avoir gobé une pierre précieuse.
Il n'y avait qu'une solution :
chaque matin, un valet venait faire la vidange des larmes.
Il rapportait trois, quatre et parfois dix
énormes malles de pierres précieuses.
Comme le chagrin de la reine était immense,
les larmes étaient superbes.
Le roi n'osait pas les jeter.
Il fit sertir sa couronne
d'une multitude de petits brillants et de six sublimes émeraudes
que la reine avait pleurées un jour de terrible chagrin.
Comme cela il participait à sa douleur.

Un beau jour, on ne sut pas trop pourquoi,
la reine sortit du donjon.
Elle ne pleurait plus.
Elle n'avait plus mal au cœur, ni envie de pleurer.
Elle ressortit, les joues roses comme des rubis,
les yeux verts comme des émeraudes,
les dents brillantes comme des diamants.

Elle soupira et dit au roi et au petit prince :
« Comme le printemps arrive tôt, cette année !
Comme le vent est doux ! Comme le soleil est chaud ! »
Elle ne se souvenait plus de rien.
Devant la centaine de malles de pierres précieuses,
elle s'étonna d'avoir tant pleuré.
« Que ces malles disparaissent, ordonna la reine.
Cachons-les dans les douves, dans les oubliettes.
— Il n'en est pas question, dit le roi.
Vous avez trop souffert, et moi, je le sais. »
Et ils érigèrent une gigantesque tour
faite de rubis, de diamants et de saphirs.
C'était la plus belle tour qu'on n'ait jamais vue.
Une tour faite de rubis et de saphirs,
d'émeraudes et de diamants.
C'était une tour si belle qu'en la regardant,
on avait envie de pleurer.
Sans doute parce qu'elle avait été faite
des larmes les plus précieuses.
La reine, de temps en temps, se rendait dans la tour.
Simplement pour penser et pour dire :
« Mon Dieu, comme cette tour est terrible.
Et comme je suis heureuse, aujourd'hui ! »

La maladie des parents, la dépression

Toute maladie des parents – et la dépression en est une – fissure le beau rêve d'harmonie dans lequel est plongé l'enfant. En général, il déteste voir ses parents malades ! À vrai dire, nous ne sommes même pas autorisés à être souffrants....

Ses réactions

Devant un parent malade, l'enfant peut voir son appétit diminuer ; il peut recommencer à se réveiller quatre fois par nuit. Il n'est pas rare non plus de le voir fuir devant la réalité : il ne demande pas de nouvelles de ses parents ; il s'enferme dans sa bulle. Parfois, il rejette même totalement son parent malade, non par méchanceté, mais simplement pour se protéger.

Tout d'abord, expliquez-lui ce qui se passe ! Quand on ne leur dit rien ou pas assez précisément, les enfants peuvent se mettre à culpabiliser, à prendre à leur compte la maladie de leurs parents, et à s'en sentir responsables. C'est pourquoi – surtout dans le cas d'une dépression ou d'une fatigue nerveuse – il est bon de clarifier les choses : « Tu sais, ça n'a rien à voir avec toi. Si je pleure, si je suis fatigué(e), tu n'en es absolument pas responsable. »

Quand la mère est malade, l'enfant le ressent plus douloureusement, car elle ne peut plus lui prodiguer autant de soins et d'attentions. L'enfant risque d'en souffrir. Si la maman est hospitalisée et que l'enfant est tout petit, il est conseillé de lui laisser un objet appartenant à sa mère, comme un foulard ou un album de photos.

Discutez-en avec lui

« Quand on est petit, on pleure beaucoup, parce que l'on tombe ou parce qu'on se dispute avec son frère ou sa sœur. Quand on grandit, on apprend à ne plus pleurer. Pourtant, de temps en temps, tu vois bien, certains grands se mettent à pleurer, sans aucune raison précise. On dit qu'ils font une "déprime" ou, quand c'est plus grave, une dépression nerveuse. Ce n'est pas parce qu'ils sont méchants ou en colère contre toi. C'est simplement parce qu'ils sont fatigués.

Comment faire ? C'est parfois très ennuyeux, car on ne sait pas guérir très vite les dépressions. On ne sait pas quoi faire pour eux, et eux se sentent très embêtés car ils ne peuvent plus vraiment jouer comme avant avec leurs enfants.

Quand va-t-il/elle guérir ? Il faut attendre un petit peu. Bientôt, tout redeviendra comme avant. Si ta maman ou ton papa pleure pour un rien, dis-toi que c'est comme si elle/il était malade. Il faut attendre que la maladie passe. Bientôt, tu riras à nouveau avec elle/lui. »

Connexions : ***Anatole le vampire est déprimé,***
Le Gros Mal de ventre du roi Dur-à-cuire

Le Gros Mal de ventre du roi Dur-à-cuire

Au royaume des Dur-à-cuire,
le roi-pirate se tordait de douleur.
Il avait très, très mal au ventre.
Et pourtant, crois-moi, ce n'était ni un roitelet, ni un pitre !
C'était un pirate qui avait remporté
toutes les grandes batailles à la force de ses biceps.
Il avait gagné tant de louis d'or
qu'il avait fait remplacer sa jambe en bois vermoulu
par une gambette en or massif !
Avec le reste des sous, il avait acheté
la couronne et le royaume des Dur-à-cuire,
les grands chambellans,
les valets de main, de pied et de jambe (de bois, bien sûr),
un parc immense où il avait planté quelques épaves de bateaux
pour faire joli...
Tout ça amusait follement la reine Hortense
et le petit Victor, son fiston de sept ans.

Et voilà que lui, l'homme le plus fort,
le plus riche et le plus puissant,
se mettait à souffrir comme un bébé !

« Quelle honte, pensait-il.
Moi qui n'ai jamais versé une larme... »
Tout à l'intérieur, ça se tordait ; ça brûlait ; ça hurlait...
« Aïe, aïe, aïe, faisait le roi Dur-à-cuire.
Ouille, ouille, ouille », criait-il.
Après trois jours de « ouille » et de « aïe », on appela les médecins.
Tu connais les rois-pirates :
moins ils voient leur médecin et mieux ils se portent.
Le médecin l'examina avec soin,
du bout de l'oreille jusqu'au petit orteil.
« Avez-vous bu de l'eau-de-vie à 150 degrés ? »
Le pirate grogna un faible « non ».
« Peut-être est-ce une indigestion de louis d'or ? » dit le médecin,
car il connaissait l'appétit féroce des pirates
pour la menue monnaie.
Mais le pirate grogna encore.
Le médecin prit un cliché
et remarqua une petite boule de rien du tout,
entre l'estomac et l'intestin.
Mais une petite boule tout de même.
« Deux centimètres de diamètre, apprécia ce grand spécialiste.
Je pensais que c'était une bague ou un louis d'or,
mais c'est tout bêtement une boule, décréta le médecin.
Bref, une méchante boule qui n'a rien à faire ici.
Il faut l'enlever ! »

La reine Hortense sortit son mouchoir
car elle n'aimait pas du tout les petites boules malpolies
qui viennent se loger dans le corps,
sans y avoir été invitées.
Le petit Victor, lui aussi, était ému de voir son papa malade.
Comment cela ? Il arrivait aussi ces choses-là aux rois-pirates ?
Les rois-pirates peuvent-ils aussi mourir ? Et pourquoi lui ?
« Est-ce que je reverrai mon papa ? se demandait le petit Victor
qui avait la tête pleine de questions.
— Fais-lui confiance. C'est un super-pirate »,
répondait la reine Hortense
en se mouchant dans son mouchoir.

C'est ainsi que le roi-pirate se retrouva à l'hôpital,
dans des draps brodés de fils d'or.
Pour le distraire, on lui passait douze fois par jour le film *Titanic*,
car les pirates pleurent volontiers devant les histoires d'amour
quand elles sont tristes.
Le médecin retira cette vilaine petite boule
qui n'était ni un Smarties, ni un louis d'or,
ni un bijou, ni le trésor de Rackham le Rouge.
« Il faut vous bagarrer maintenant, dit le docteur,
car vous avez un grand ennemi en vous.
Si vous le laissez faire,
il va vous donner plein de petites boules partout !
Et moi je ne veux pas.
Faites comme si vous étiez sur votre bateau !
dit le docteur. Combattez !
Moi, je vais vous donner des médicaments pour éviter
que la petite boule ne revienne.
— O.K. ! toubib, fit le roi-pirate. Un Dur-à-cuire, c'est un dur à cuire. »
Alors, on lui donna des médicaments très amers.
Et voilà que, maintenant, il n'avait plus mal au ventre,
mais un terrible, un gros, un énorme mal de cœur.
« Bouh, je suis une vieille épave ; je vais sombrer !
La vieillesse est un naufrage,
faisait le roi Dur-à-cuire, blanc comme son caleçon.
— Allons, mon ami, un peu de cœur », répondait la reine Hortense
en trompettant dans son mouchoir.

Les médicaments du docteur
firent tomber les poils, les sourcils, les cheveux du roi-pirate,
et même sa moustache touffue de pirate,
car c'étaient des médicaments ultrapuissants,
aussi forts qu'un millier de petits sabres !
Tu imagines un pirate sans moustache touffue ?
sans sourcils broussailleux ?
Victor n'avait plus envie d'embrasser son papa.
Il ne le reconnaissait plus.
Pour cacher son crâne tout nu,
le roi Dur-à-cuire se fit fabriquer par le joaillier du royaume

une super-casquette incrustée de diamants.
Il en était très fier.
« Une belle jambe en or massif
pour la bataille des joyaux de la reine,
une belle casquette en diamants
pour la bataille contre la petite boule,
dit-il en faisant des mines devant son miroir.
Pas de doute, c'est moi le plus fort ! »
Et la reine Hortense sourit dans son mouchoir.

C'est ainsi que le roi-pirate guérit.
De retour chez lui, il attrapa son sabre,
exécuta quelques mouvements de guerre.
« Toi, la petite boule de rien du tout,
tu n'as pas intérêt à remontrer le bout de ton nez. Compris ?
Sinon, tu auras affaire au grand Dur-à-cuire.
Si j'étais toi, je ne referais pas surface ! »
Ce soir-là, on organisa une fête
en l'honneur du roi-pirate
qui avait gagné encore une fois.
On but, on mangea, on dansa,
on se coucha tard.
Quelques jours après,
une superbe moustache touffue repoussa
sur la lèvre du roi-pirate.
Ce cher Dur-à-cuire se sentit comme avant.
« Mon papa, c'est le plus fort, pensa Victor.
Il sait se battre contre les méchants à l'extérieur, sur la mer,
et aussi à l'intérieur de lui.
C'est à ça que l'on reconnaît les vrais pirates ! »

Les parents malades

On hésite, bien sûr, à dire à un enfant qu'un de ses proches (parent, grand-parent) est malade. Pourtant, il le faut, pour la simple et bonne raison qu'il va le deviner lui-même. Car l'ambiance de la maison change, et nos enfants ont des antennes pour percevoir tout changement.

Dire la vérité

Françoise Dolto, on le sait, a toujours été radicale dans son souci de dire la vérité aux enfants. Voici ce qu'elle dit des maladies graves : « Il faut le dire aux enfants et les préparer à la mort éventuelle de leurs parents. Exemple : "Ta mère a une maladie très grave, on espère qu'elle pourra guérir, mais ça n'est pas certain." Bien évidemment, chacun adaptera son discours en fonction de l'âge et de la personnalité de l'enfant, car tout ceci semble tout de même très dur à entendre... » « Les mères, disait encore Dolto, sont très soulagées quand elles peuvent parler de leur maladie à leur enfant. »

Tout ce que l'on peut dire ici, c'est que l'enfant a besoin de vérité. Et que les maladies ne doivent en aucun cas faire partie des secrets de famille.

D'après Françoise Dolto, il serait bon, dans ce cas, qu'il y ait un consensus pour savoir quelle « direction » la mère voudrait voir son enfant prendre.

Les enfants peuvent parfois avoir une attitude de rejet devant un proche malade. Cela peut sembler injuste, bien sûr. Mais c'est normal : ils se protègent eux-mêmes...

Discutez-en avec lui

« Tu vois, un pirate, c'est quelqu'un de très fort, parfois même d'invincible. Mais ça ne l'empêche pas, malheureusement, de tomber malade. Ça peut arriver à n'importe qui, et ce n'est la faute de personne. Parfois (à cause de la fatigue ou de la vieillesse, tout simplement), il arrive que le corps tombe malade. Ce peut être une grippe, un rhume, ou quelque chose de plus grave. Le roi Dur-à-cuire, lui, a un cancer.

Le petit prince Victor a très peur pour son papa, d'autant plus qu'il ne le reconnaît plus. Quand son papa perd ses cheveux, ses sourcils, sa moustache, Victor s'inquiète : le reverra-t-il un jour comme il était ? Pourtant, évidemment, le roi n'a pas changé en vrai. C'est la maladie, la fatigue qui changent un visage, un corps. Mais la personne, elle, reste la même.

L'important c'est d'être courageux, comme le roi Dur-à-cuire, et de ne jamais baisser les bras en disant : "C'est fini, je ne guérirai pas !" Tu vois, à la fin de l'histoire, le roi a totalement guéri. »

Connexions : *Conte de la reine Jacinthe qui pleurait des rubis, Anatole le vampire est déprimé*

Anatole le vampire est déprimé

Que se passe-t-il chez les Nezpointu ?
On entend pleurer, renifler, pleurnicher.
Anatole le vampire est tout tristounet.
Il a le teint vert ; il soupire à fendre l'âme.
Et quand arrive le soir, il ne veut même pas sortir de son lit-cercueil.
On l'entend même gémir à l'intérieur :
« Je ne suis qu'un bon à rien, je n'arrive à rien. Je n'ai plus envie de rien. »
Autour de lui, tout le monde est surpris.
Comment cela ?
Anatole, le vampire en chef, celui qui sème la terreur
dans tout le pays,
Anatole le vampire pleure comme un bébé !
La petite Vampirella voit son papa pleurer avec ses yeux tout roses,
et ça lui fait des tire-bouchons à l'intérieur du ventre.
Il a même perdu quelques cheveux, et ses dents ont rapetissé.
« Et dire que papa était le plus grand égorgeur de crapauds du monde, soupire la petite fille.
Que s'est-il passé ? »
Vampirella se souvient qu'il n'y a pas si longtemps,
elle jouait à cache-vampire avec son papa, entre les cercueils.
Qu'est-ce qu'elle rigolait !
« Qu'est-ce qu'il a, papa ? demande Vampirella.

— Anatole est fatigué.
— Il a trop travaillé.
— Il ne dort pas assez », répondent sa maman, son oncle, et son grand frère.
Mais Vampirella ne comprend pas.
« Moi, quand je suis fatiguée, je dors.
Papa n'a qu'à dormir
pendant deux jours, trois jours, et même plus.
Quand il se réveillera, on recommencera la belle vie.
— Si seulement ! soupire sa maman.
Tu parles comme une enfant.
Parfois, on est si fatigué qu'on n'arrive même plus à dormir.
On ne peut plus que pleurer.
On appelle ça "une dépression nerveuse".
On dit que ce sont les nerfs qui lâchent.
Ça arrive aussi à des gens très forts, tu sais !
À des sorcières, à des fantômes, à des ministres,
à des sportifs, à des alpinistes, à des directeurs d'école... »
Sa maman n'a pas assez de ses longs doigts
pour énumérer tous les gens qui peuvent tomber malades.
Mais ça ne console pas la petite fille vampire.
« C'est terrible de voir mon papa pleurer, pense Vampirella.
Surtout quand c'est un papa vampire
si fort qu'il n'a même pas peur de la nuit ! »
Il lui vient d'ailleurs des pensées terribles, à Vampirella.
Elle déteste ce papa qui pleure, oui, elle le déteste !
Ce n'est plus le sien.
Ce monsieur-là, dans sa boîte, tout seul,
elle ne veut plus jamais le voir !
Il pleure et il est méchant.
Vampirella s'aperçoit qu'elle déteste les gens qui ne sourient pas,
qui ne jouent pas et qui ne cabriolent pas après les crapauds.
« Ceux qui pleurent sont des méchants »,
se répète-t-elle.
Et elle ne comprend pas :
« Une tristesse, comme ça, pour du beurre,
pour du rien du tout,
qu'est-ce que ça veut dire ?

Les tristesses, ça ne peut pas arriver pour un rien.
Moi, je suis triste quand on me vole mes jouets,
quand on me donne une fessée.
Un point, c'est tout. »

Dans la famille vampire, on se mobilise.
Il faut aider Anatole !
Les grands-pères, les grand-mères, les grands-oncles,
tout le monde défile et frappe à la porte du cercueil.
« Anatole, remue-toi ! »
On lui apporte des friandises délicieuses,
des petits gâteaux de chair fraîche,
des bouteilles de sang frais, de 1990, un bon cru !
« C'est plein de vitamines, ça va te donner un coup de fouet ! »
Anatole répond en pleurnichant.
Il est vraiment dans son monde, enfermé dans sa boîte !
« On ne peut pas forcer quelqu'un à sortir de sa boîte,
soupire le docteur.
Il faut attendre... Un jour, il sortira.
En attendant, je vais lui préparer une potion magique
pour qu'il dorme un peu pendant la journée. »
Car un vampire qui ne dort pas pendant la journée
devient doux et mou comme un mouton.
Pendant quelques semaines, c'est ce qui se passa.

Un soir d'été, Vampirella entendit les crapauds.
Et elle pensa à son papa
qui aimait tant partir à la chasse aux crapauds la nuit.
(Car, tu le sais, rien n'amuse tant les vampires
que de courir après les crapauds, la nuit.)
Elle se dit :
« Ce n'est pas possible que ce papa-là ait disparu.
Ce papa-là est dans une boîte, tout seul. »
Vampirella prend son courage à deux mains
et cogne, très doucement, contre la porte.
Elle entend encore renifler.
« Papa, papa ! C'est moi, Vampirella.
Je viens te voir parce que j'entends les crapauds

qui sautillent et cabriolent.
Tu sais, papa, c'est l'été.
Tu te souviens de la chasse aux crapauds ? »
Vampirella entend alors un long, long soupir, derrière le cercueil.
Anatole entrouvre tout doucement la porte de sa boîte.
Et il y a comme une vague.
Il regarde sa petite fille qui se tient devant lui.
Il entend le murmure de la nuit – c'est un très doux soir d'été.
Et soudain, il a envie de sortir, doucement,
de sentir le vent chaud de la nuit, le souffle du vent...
Il a aussi envie de pleurer, mais juste un peu,
parce que c'est une nuit pleine d'étoiles.
Une nuit à crapauds, une de celles qui plaisent le plus aux papas vampires.

Et c'est ainsi que Vampirella retrouva son vrai papa...
Longtemps, elle se posa la question :
pourquoi certaines grandes personnes se mettaient-elles à pleurer sans aucune raison, comme ça ?
et à s'enfermer dans le noir
sans qu'on les ait punies ?
« Les grands sont vraiment difficiles à comprendre »,
pensait Vampirella.

Fiche pratique : voir *Conte de la reine Jacinthe qui pleurait des rubis*
Connexions : *Conte de la reine Jacinthe qui pleurait des rubis, Le Gros Mal de ventre du roi Dur-à-cuire*

4

Les événements difficiles

Grand-Père Souris est mort

Chez la famille Souris, depuis quelques semaines,
on n'entendait pas un frétillement de queue de souris,
ni un grignotement de dents,
ni un grincement de fauteuil à bascule,
ni même l'ombre d'une chamaillerie.
Il fallait faire silence pour Grand-Père Souris.
De temps en temps, maman chuchotait,
en agitant sa petite main : « Chut, les enfants. »
Et le silence retombait, comme un nuage.
C'était pour Grand-Père Souris, disait-on.
Il était très fatigué et il devait se reposer.
C'est une habitude à prendre, le silence.
Il faut marcher sur le bout des doigts de pied,
en faisant bien attention à ne pas laisser tomber
la moindre miette de pain.
« Car, disait maman, Grand-Père Souris a très mal partout.
Il a mal à la tête, et mal aux jambes, et mal aux poumons.
Il doit dormir beaucoup, pour oublier son mal. »
Siméon le souriceau faisait, lui aussi, bien attention.
Bien sûr, en rentrant de l'école,
il avait envie de courir à toutes pattes,
de souffler dans sa trompette,
de taper dans son ballon.

Toutes ces choses qu'on aime faire
quand on a six ans.
Mais il savait aussi que, quand on a mal quelque part,
le silence est comme un médicament.

Ce jour-là, en rentrant de l'école, Maman Souris était très pâle.
Elle serra les petites menottes de Siméon dans les siennes.
Ses yeux étaient bordés de rose.
« C'est fini. Grand-Père Souris est parti.
— Parti ? demanda Siméon. Est-ce qu'il est guéri ?
— Non, mon chéri. Grand-Père Souris a disparu.
— Disparu ? demanda Siméon. Mais il est peut-être reparti chez lui ? »
Maman Souris soupira :
« Non, tu n'as pas compris.
Grand-Père Souris est mort. Il ne reviendra plus. »
Siméon regarda par terre. « Mort », c'était très grave.
Mais qu'est-ce que c'était, la mort ? Il ne savait pas.
À la récré, pensait Siméon, on jouait à se tuer.
On tombait par terre, de tout son long, sans bouger.
Et puis, on se relevait.
« Est-ce qu'on se réveille une fois qu'on est mort ?
demanda Siméon, bien qu'il connaisse la réponse.
— Non. »
Et Maman Souris attrapa encore les mains de son fiston.
« Tu ne dois pas y compter.
Jamais Grand-Père Souris ne se lèvera à nouveau. »
Cette fois-ci, une onde de chagrin pénétra
dans le ventre de Siméon.
Il détourna la tête, car, même à six ans,
on est capable de s'interdire de pleurer...
Maman Souris entraîna Siméon dans la chambre.
Siméon regarda son grand-père,
qui était très beau et très pâle,
avec ses yeux baissés.
Il eut très envie de faire du bruit avec sa trompette
cette fois-ci rien que pour le réveiller,
de taper tout autour avec ses poings
rien que pour qu'il se lève.

Il avait envie de dire :
« Assez joué, grand-père ! Maintenant, tu te relèves. »
Mais grand-père avait les mains jointes sur sa poitrine,
comme s'il dormait.
« Je suis sûr qu'il dort, chuchota Siméon.
— Non, Siméon, dit maman fermement.
Son cœur s'est arrêté de battre.
Son cœur, ses jambes, son esprit...
la vie s'est arrêtée en lui.
Nous allons lui dire au revoir. »
Siméon se mit à pleurer
parce qu'il aimait son grand-père,
et que son grand-père lui avait appris beaucoup de choses,
comme déjouer les pièges à souris, échapper aux griffes du chat.
Il pleurait aussi
parce qu'il ne voulait pas que Maman Souris s'en aille, elle aussi.
Il avait l'impression que tout le monde allait mourir tout d'un coup.
Le monde entier, et tout le monde aussi.
Ce qui était bien évidemment faux.
Car pour mourir, il faut être généralement
très vieux ou très malade,
et ça n'arrive pas tous les jours.
« C'est un événement très exceptionnel dans une famille »,
dit encore maman.

Siméon pleura beaucoup
et, quand il eut l'impression
que toutes les larmes étaient sorties de son corps et de ses yeux,
il s'arrêta de pleurer.
Il se sentait bien.
Il était reposé, comme grand-père était reposé, sur son lit.
Et il se sentait tout rempli d'amour pour lui.
Alors, il s'approcha de son grand-père et il chuchota :
« Tu es parti, mais moi, je ne t'oublierai pas.
Je regarderai des photos et je penserai à toi.
Avec papa et maman, nous parlerons de toi
quand tu étais grand-père, papa, et petit garçon.
Pour moi, tu ne seras jamais mort. »

L'enfant face à la mort

À quel âge l'enfant a-t-il conscience de la mort ?

Entre 8 et 12 mois, au moment de la première « crise de séparation » avec la mère, l'idée de la « fin » fait son chemin chez le tout-petit.

À 2 ans, il commence à prononcer le mot « mort » dans ses jeux, à travers le fameux « Pan ! T'es mort ! », qui nous fait sursauter, nous, les parents. Nous pensons tous : « Déjà !... » Bien sûr, cette notion, encore confuse dans son esprit, représente une mort toute poétique. C'est encore la mort des contes de fées, un grand sommeil dont on peut sortir par un baiser de prince, dont on est délivré par une parole magique : « Ça y est, tu peux te relever ! On ne joue plus ! »

Vers 6 ans, l'enfant prend conscience du caractère irréversible de la mort. Un mort ne revient jamais. Il se pose ses premières questions existentielles... Et il nous les pose aussi !

Vers 8 ans, il réalise que la mort est universelle et il prend conscience de la sienne propre. C'est la destinée de chacun.

Dire la vérité

Dans tous les cas, il est important de lui dire la vérité, de ne pas laisser place au doute. Car plus on ose aborder le sujet, moins il devient tabou, et moins l'enfant se met à « fabriquer du faux ».

Pour certains psychologues, camoufler la mort – priver l'enfant de l'expérience de l'enterrement de ses grands-parents, par exemple – peut lui infliger un terrible traumatisme. C'est pourquoi il peut être conseillé (surtout si l'enfant en fait la demande et qu'il a plus de 7 ans) de l'emmener à l'église. Autre solution : on peut aussi l'accompagner sur la tombe du défunt un peu plus tard. Autant d'expériences qui lui permettront de faire son deuil.

Discutez-en avec lui

En lui parlant, situez la mort dans le phénomène des générations : « Le grand-père de Siméon ou le grand-père d'Amadou, ou encore le lapin de Flora étaient arrivés à la fin de leur vie. Il est dans l'ordre des choses que chacun meure, mais les plus vieux partent avant les plus jeunes... Il te reste encore beaucoup de temps ; tu n'as pas fini ta vie. »

Si vous le sentez très accablé, n'hésitez pas à lui répéter qu'il n'est pas responsable. Les enfants vivent dans un monde magique. Ils sont capables de penser que la mort est la réalisation d'un de leurs vœux : « La mort, ce n'est de la faute de personne. Tout le monde meurt un jour ; c'est la loi de la vie. »

En réponse à ses questions...

• « Est-ce que toi aussi tu vas mourir ? »

Vous pouvez répondre : « Oh, mais il me reste beaucoup de temps encore. Il nous reste encore énormément de temps ! On meurt quand on est très vieux. Nous allons passer encore beaucoup de temps ensemble, ne t'inquiète pas. » Ou bien : « Quand j'aurai fini ma vie, toi, tu seras un adulte. »

• « Que devient-on quand on est mort ? »

Il est plus aisé d'y répondre quand on est croyant, en parlant de la survie de l'âme. Dans le cas contraire, on peut évoquer le souvenir, le rôle de la transmission, la continuation par la mémoire des autres : « Ton grand-père est mort, mais tu penseras souvent à lui. Il restera vivant en toi. Il t'a appris énormément de choses ; tu as eu de la chance de le connaître. »

Évitez les phrases du type : « Il est parti pour un long voyage » ou « Il dort, voilà tout ». Il vaut mieux ne pas entretenir la confusion sommeil-mort à un âge où l'enfant peut spontanément connaître ce genre d'angoisses : « Si je m'endors, vais-je me réveiller un jour ? »

Connexions : *Amadou le petit Africain* (legs et transmission), *Pomme qui vivait dans un monde tout rond* (tabou lié à la mort et nécessité de connaître la vérité), *Mon Petit Lapin est mort*

Le roi Archimède est au chômage

Le roi Archimède Ier était très satisfait.
Pour l'instant, sa vie était un conte de fées.
Comme son papa le lui avait prédit,
il avait épousé la plus belle princesse,
et ils avaient eu ensemble le plus mignon des enfants,
le prince Émile, dit Mimile.
Et tous trois coulaient des jours heureux
dans leur château en or massif,
en respirant le parfum des roses – la passion du roi –
qu'une armada de jardiniers surveillait d'un œil avisé.

Le petit Émile dit Mimile adorait son château
doté d'une porte en or massif et de douves remplies
de trésors et pierreries.
Il jouait aux billes avec de superbes diamants à facettes.
La famille royale roulait sur l'or,
d'autant plus que les roues du carrosse
étaient elles aussi dorées à l'or fin.

Pourtant, même quand on est roi,
il arrive que, parfois, le ciel vous tombe sur la tête.
Et un jour, le roi Archimède Ier reçut la visite du chef des rois
qui ne cessa, en buvant son thé, de tortiller

ses longues moustaches grises.
« Eh oui, dit le chef des rois. C'est la crise et on dégraisse.
En plus, personne ne veut plus de rois.
On dit que c'est un poste condamné. »
Le chef des rois tapa un grand coup dans le dos d'Archimède :
« Ne t'inquiète pas. Tu es malin et tu trouveras vite à te recaser ! »
Et il ajouta :
« Sois heureux qu'on ne t'ait pas coupé la tête. »

C'est ainsi que le roi se retrouva au chômage.
Il quitta le château et loua une petite maison,
avec tout le confort mais pas tout le tralala !
Il n'y avait plus que trois téléphones (au lieu de vingt-six)
et, au lieu de ses soixante-quinze serviteurs,
il n'avait plus qu'un valet de pied tout vieux et toussotant,
dont la seule fonction était de lui apporter le journal
et un bouquet de roses tous les matins.
Car tous les matins, Archimède Ier consultait les petites annonces.
Partout, on réclamait des chefs d'ordinateurs,
des fabricants de saunas, des spécialistes en robots,
des éleveurs de poneys, des parfumeurs et des nettoyeurs.
Mais de roi, point ! Il décrochait pourtant son téléphone.
On lui demandait :
« Quels métiers avez-vous déjà faits ?
— J'ai déjà fait roi, disait le roi.
— Oui, et moi je suis le pape », lui répondait-on.

Bientôt l'argent manqua dans la petite maison.
Il fallut faire des sacrifices,
et le roi cessa d'acheter des roses et des croissants
– ce qui était son luxe –,
mais pas les journaux, car il devait tout de même
chercher du travail.
On ne pouvait plus vivre sur les réserves.
Il fallut donc vendre le trésor du royaume, les roues dorées à l'or fin,
et les billes-diamants à facettes du petit Émile dit Mimile.

Le petit prince était très inquiet.
« Jusqu'où cela ira-t-il ?
Bientôt, notre vieux valet de pied nous quittera.
Que deviendrons-nous ? Aurons-nous encore à manger ? »
Et le petit prince pensait avec nostalgie
au jardin rempli de trente-six mille roses
qui était toujours dans son cœur.
Quant au roi Archimède, il était encore plus triste que triste.
« Je ne suis plus qu'un roitelet de rien du tout.
Plus personne ne veut de moi », disait le roi.
Il disait à la reine :
« Ne construisons pas de château en Espagne.
Je suis vieux, personne ne me veut !
Je ne trouverai jamais de travail. »
Et il traînait à la maison, dans ses chaussettes tristes,
sans s'être rasé et sans sa couronne.
En quelques mois, il avait rapetissé de quinze centimètres !

Le soir, au coin du feu, il sortait sa couronne,
l'époussetait tristement, en souvenir du temps de sa splendeur...
Et il respirait la dernière rose séchée que l'on n'avait jamais jetée...
À force d'être roi, il avait l'impression de n'avoir jamais été
rien d'autre qu'un roi !
Il avait tout oublié.
Tout son passé avait été aspiré par son chagrin.
Il avait tout oublié.
Et comme aujourd'hui il n'était même plus roi, eh bien,
il n'était plus rien...
Il est toujours difficile de voir son papa triste comme ça.
Le petit prince Émile essaya de lui changer les idées,
mais ça ne marchait jamais.
À l'école, ça ne marchait plus non plus comme il voulait.
À force de voir son papa triste comme ça, Émile le devint aussi...
Et quand on est triste, il est difficile de bien travailler.
À l'école, il ne récolta plus que des « bien »,
puis des « assez bien » et enfin des « vu ».
En cours de dessin, Mimile ne dessinait plus
que des tours terribles,

toutes noires, avec des ennemis masqués à l'intérieur,
ou des monstres avec de terribles dents,
qui terrassaient de minuscules rois sans couronne.

Le roi Archimède prit le taureau par les cornes,
et essaya d'aider son fiston Émile dit Mimile.
En calcul, le roi n'était pas très fort,
lui qui n'avait jamais réussi à compter les roses de son jardin.
Pour le cours de dessin, le roi acheta des tubes de gouache,
et dessina un château rose et bleu.
Tout en peignant, son cœur s'ouvrait.
Il ne pouvait plus s'arrêter !
Et il se mit à barbouiller, barbouiller, barbouiller...
Il accrocha toutes ses toiles sur tous les murs de la maison.
La reine se pâmait devant les œuvres d'Archimède,
qui retrouva ses dix centimètres et la joie de vivre.
Il courait dans le jardin en criant :
« Je suis un peintre ! Je suis un grand peintre ! Alléluia ! »
Sa couronne ? Il la vendit au marché du coin
et s'acheta à la place un beau chevalet tout neuf.
Quant au valet de pied, il était ravi !
Désormais, il s'occupait de laver les pinceaux et aussi de poser.
Quand Archimède avait envie de peindre une paire de pieds,
ou un gros orteil, ou encore un cavalier romain, il prenait la pose.
Et tu sais ce qu'il dessinait le mieux ? Les roses.
Il lui suffisait de se rappeler son jardin aux mille senteurs...

Le petit prince Mimile était heureux de voir
que les toiles rapportaient des sous à la maison,
et surtout que son papa avait repris du rose aux joues.
« Fiston, lui dit le roi, j'ai compris une chose.
Dans la vie, on n'est pas qu'un roi.
On est aussi peintre et tout ce que l'on veut encore.
Car si je le voulais, je pourrais être astronome, pianiste
ou parfumeur – qu'en penses-tu ? »
Le petit prince ne répondit rien,
mais il pensa simplement que son papa avait repris confiance en lui
en reprenant du travail. Et c'était l'essentiel.

Si tu croises un jour Archimède, tu le reconnaîtras forcément.
Non pas à sa couronne, car il l'a vendue.
Mais il y a tellement de lumière au fond de ses yeux verts
que certains disent que c'est de l'or qui brille...

L'expérience du chômage

Avec 10 % de victimes en France, le chômage est devenu une réalité sociale. Difficile moment, qui s'accompagne forcément d'une période de doute et de remise en question. Même quand on a naturellement confiance en soi et en ses possibilités, on passe forcément des moments à broyer du noir, surtout quand on a des enfants ! Or, les angoisses, les inquiétudes... les enfants les ressentent avec beaucoup d'acuité. C'est pourquoi il vaut mieux tout leur dire clairement, au lieu de les faire fantasmer.

Gardez une attitude positive

Confiez-vous à lui, calmement, sans exprimer une angoisse trop pesante, sans vous apitoyer sur votre sort, et sans dérouler une théorie macroéconomique. Dites-lui : « Je quitte mon travail et je vais en chercher un autre. » Ayez l'air avant tout positif. Ne jouez pas à celui (celle) qui est rejeté(e). Votre enfant aurait du mal à le supporter et sans doute réagirait-il mal.

S'il sent votre angoisse et votre malaise, peut-être aura-t-il une réaction de rejet à votre égard les premiers temps ? C'est normal : il se protège sous sa carapace. Inutile, donc, d'en concevoir du dépit ou une tristesse supplémentaire. Non, il ne vous abandonne pas ; il ne vous rejette pas : il essaie tout simplement de se protéger.

Dans la mesure du possible, évitez de le traîner à l'ANPE, de le « matraquer » avec vos angoisses, de craquer devant lui, ou de faire preuve d'amertume. Retenez-vous de dire : « Personne ne veut plus de moi », « Je suis trop vieux (vieille), bon(ne) à rien », et de nourrir une éventuelle angoisse par rapport à l'avenir. Le piège serait que vous lui parliez dorénavant du monde du travail comme d'une jungle et que vous lui mettiez la pression : « Si tu ne réussis pas, tu verras, il t'arrivera la même chose qu'à moi », etc.

Concernant les résultats scolaires, tout est possible. L'enfant peut, bien sûr, accuser le coup, et ses notes sont susceptibles de fléchir. D'une part, son énergie est phagocytée par l'angoisse du chômage, et d'autre part, il prend à son compte l'échec du parent chômeur. Mais il peut aussi s'investir à fond dans l'école. Elle devient une sorte d'exutoire, un lieu de toutes les compensations, où tout est possible.

Montrez-vous battant(e), autant pour vous que pour lui. Parlez de vous en termes positifs ; racontez-lui vos rendez-vous, vos espoirs, vos contacts futurs. Évitez de traîner le matin et habillez-vous comme quand vous travailliez. Les mères profitent peut-être plus facilement de cette période « blanche » pour revenir à la maison, s'investir encore plus dans l'éducation de leurs enfants, savourer le bonheur de les chercher à la sortie de l'école, etc.

Discutez-en avec lui

« On a beau être roi, prince ou chef d'entreprise, on peut aussi perdre son travail. Si tout se passe bien, la période de chômage est courte, car on retrouve un autre travail.

Ça arrive de plus en plus fréquemment. As-tu des copains, des camarades, qui ont vécu ça, chez eux ? C'est un moment difficile à passer, une période où les parents ne sont ni très gais, ni de très bonne humeur.

Parfois, ce moment de chômage peut sembler très long, et alors on s'inquiète : "De quoi allons-nous vivre ?" C'est peut-être ce que toi, tu as dans la tête ? On s'imagine alors des choses terribles. On se voit dans la rue, en train de mendier, sans le sou. Ce sont des angoisses que le petit prince a connues aussi. Mais tu vois, son papa a retrouvé un métier, très différent de celui qu'il exerçait. Tout est possible, il ne faut pas désespérer. »

Mon petit lapin est mort

Ce matin-là, comme tous les matins avant de partir pour l'école,
Flora apporta son petit-déjeuner à Ben,
son lapin gris aux oreilles blanches.
Pour le petit-déjeuner, Ben mangeait trois feuilles de laitue,
trois cents grammes d'épluchures de carottes
et de pommes de terre,
et un quignon de pain.
Flora portait tout cela bien soigneusement dans un panier à salade,
et sifflotait en se dirigeant vers la cabane de Ben.
D'habitude, les deux longues oreilles blanches du lapin
frétillaient de gourmandise à l'approche du repas.
Mais aujourd'hui, tout était calme.
Aujourd'hui, aucune oreille blanche en vue,
aucune moustache frétillante.
Quand Flora approcha, elle vit le petit lapin,
couché sur le côté, dans la paille, les yeux fermés.
« Ben ! Ben ! chantonna la petite fille. Tu dors encore ?
Petit paresseux, veux-tu bien te lever ? »
Avec un petit morceau de laitue,
elle lui chatouilla le cou,
tira tout doucement le bout de son oreille droite.
Aucune moustache qui frétille, aucun œil qui brille.
Ben ne voulait pas se lever.

Flora s'interrogea : était-ce une grippe ou une otite ?
Flora n'avait jamais vu son Ben malade.
En fait, elle ne s'était jamais imaginé
qu'un petit animal comme ça pouvait tomber malade.
Mais pourquoi pas, après tout ?
Les fourmis aussi pouvaient attraper des rhumes et des angines.
Elles aussi étaient des êtres vivants !
Flora approcha son visage de celui de Ben.
« Je vais chercher papa. Il te donnera des médicaments. »

Quelques instants plus tard, le papa de Flora
toucha les oreilles de Ben et glissa sa main sous son museau.
Il dit :
« Ce n'est pas la grippe
et nous n'appellerons pas le docteur.
Ton lapin ne respire plus. »
La main changea de destination.
Papa caressait les cheveux de Flora.
« Tu dois être courageuse, ma Flora,
ton petit lapin est mort, il a cessé de vivre.
— Mais on peut à nouveau le faire respirer,
dit Flora, d'une toute petite voix.
Les docteurs sont là pour ça.
Appelle le docteur, papa, dépêche-toi ! »
Papa tourna lentement la tête.
« Ben est mort depuis longtemps.
Ce n'est pas la peine, tu sais.
— Est-ce qu'il a eu la grippe ? ou un rhume ?
Il n'était pas malade, même pas hier soir
quand je suis venue lui dire bonsoir !
— Tu sais, Ben avait sept ans.
C'est très vieux, pour un lapin !
Il a eu une belle vie, avec une petite fille comme toi.
Ben est mort parce qu'il a fini de vivre, c'est tout. »

Flora comprit, soudain,
que son lapin ne ferait plus jamais frémir ses moustaches
ni frétiller ses grandes oreilles.

Une partie d'elle-même se disait :
« Ce n'est pas possible ; il faut faire quelque chose »,
et l'autre partie d'elle-même
savait qu'on n'y pouvait rien changer.
Flora envoya rouler à ses pieds le panier à salade,
tandis qu'un flot de larmes montait à ses yeux.
Dans sa tête, il y avait beaucoup de questions :
« Qu'est-ce que Ben va devenir ? Faut-il le laisser là ?
Est-ce que je dois encore lui apporter à manger ?
Est-ce que, vraiment, il n'existe plus ? »
Son papa et sa maman essayèrent de trouver les mots
pour lui expliquer tout cela, mais ce n'était pas facile.
Maman proposa :
« Nous allons faire un enterrement à ton lapin.
Ce sera comme une fête et un adieu. »
Flora ne savait pas trop, au juste,
ce qu'était un enterrement,
mais maman lui expliqua :
« C'est la façon qu'on a de dire au revoir aux gens que l'on aime,
de montrer que l'on fait attention à eux.
On commence par mettre le corps dans une petite maison,
dans un petit lit fermé de tous les côtés
pour qu'il puisse dormir tranquillement.
C'est ce que nous avons fait,
quand ton arrière-grand-mère est morte.
Elle a continué à se reposer dans son cercueil. »
Maman réfléchit :
« Il nous faut une petite boîte pour ton lapin. »
Flora courut dans sa chambre,
et récupéra la boîte dans laquelle elle avait rangé ses bottes de pluie.
Voilà qui serait tout à fait parfait.
Elle glissa dedans quelques gouttes de son parfum,
et puis aussi une écharpe en laine pour l'hiver.
Ensuite, le plus délicatement possible,
maman et Flora allongèrent le corps de Ben dans la boîte,
et Flora le recouvrit de l'écharpe en laine rose.
Elles déposèrent la boîte dans un trou du jardin
et la recouvrirent de terre.

Flora dit ensuite, du fond de son cœur,
un petit poème pour Ben aux oreilles blanches.
« Tu vois, chuchota maman,
maintenant, ton lapin est tout tranquille, sous la terre.
Rien ne peut le déranger.
Ni le bruit que l'on fait, ni la pluie, ni le froid.
Ton petit lapin, expliqua maman, ne sent rien du tout.
Il n'a pas mal, il n'a pas froid, il n'a pas faim.
C'est pour cela qu'on le met sous la terre.
Dans la boîte, son corps va rejoindre la nature.
Il va redevenir tout petit, tout petit,
se recroqueviller sur lui-même.
Quand il sera tout desséché, il redeviendra de la poussière.
Mais toi, tu ne verras pas tout cela.
Ce que tu garderas dans tes yeux,
c'est toujours l'image de ton lapin vivant. »

Sur la tombe de Ben, Flora dressa un petit écriteau.
Elle dessina une tête de lapin et deux longues oreilles blanches,
comme cela.
Et elle écrivit :
Petit lapin qui dors,
Ton silence vaut de l'or.

Tous les matins, pendant quelques semaines,
avant d'aller à l'école,
Flora déposait une carotte et une feuille de laitue
sur la tombe de son lapin.
Elle regrettait ses oreilles qui frétillent
et le bout de sa queue qui brille,
mais elle ne l'oubliait pas.

Fiche pratique : voir *Grand-Père Souris est mort*
Connexions : *Grand-Père Souris est mort, Amadou le petit Africain, Pomme qui vivait dans un monde tout rond, Noémie et son Arrière-Grand-Mère* (sur la vieillesse)

Amadou le petit Africain

Dans le village d'Amadou le petit Africain,
les familles entières habitaient dans des cases.
Il y avait le papa, la maman et les enfants,
mais aussi le grand-père, la grand-mère,
la tante, les oncles, les cousins.
Quand papa et maman
travaillaient dans les champs,
souvent les enfants restaient avec leurs grands-parents.
Après l'école, quand il ne faisait pas trop chaud,
Amadou et ses petits copains étaient autorisés à rester seuls.
Ils jouaient dans une vieille voiture délaissée dans le village.
« En voiture ! » criait Amadou.
Et tout le monde le suivait,
car Amadou était le chef !
Un jour, pendant qu'Amadou jouait dans la vieille guimbarde,
sa maman vint le chercher :
« Amadou, j'ai quelque chose de très,
très important à te dire. »
Elle lui tendit la main, et sa main tremblait.
Amadou sentit sa gorge faire un gros nœud.
Dans le village d'Amadou,
il y avait peu de choses importantes :
c'était un bébé qui naissait, un vieux qui mourait,

une école qu'on allait construire,
une voiture qui se remettait à marcher.
La maman d'Amadou s'arrêta sur le chemin
et s'assit sur le tronc d'un fromager, à l'ombre.
Elle prit Amadou tout contre elle.
« Amadou... Ton grand-père a cessé d'être malade.
Aujourd'hui, il est parti pour toujours.
Il a fermé les yeux et ne les ouvrira plus. »
Amadou ne sentit pas tout de suite les larmes, sur ses joues.
Ses yeux étaient pleins d'images.
Il y avait les bras puissants de son grand-père,
qui l'avaient élevé si souvent devant lui.
Ses joues qui piquaient, sa voix un peu sourde
quand il l'appelait « petit homme »,
ses yeux noirs et brillants.
C'était comme si la terre s'était mise à trembler.
« Je ne veux pas vivre dans un monde sans mon grand-père.
Je ne veux pas ! »
Amadou shoota dans une pierre sur le chemin.
Il avait envie de se faire mal,
rien que pour oublier sa peine.
Sa maman le serra fort dans ses bras,
si fort qu'il sentait ses bras à elle
durs comme une corde,
comme un lien qui lui faisait chaud au corps.
« Écoute-moi, Amadou.
Tu es grand, et je ne peux pas te raconter d'histoire.
Ton grand-père ne reviendra pas, mais moi, je suis là.
Tout le monde est autour de toi.
Tu ne seras jamais seul. »
Amadou se mit à pleurer.
Il pensait :
« À quoi cela sert-il donc d'avoir un grand-père s'il s'en va ?
Il m'a appris à m'habituer à lui ! Je le déteste ! »
La maman d'Amadou était un peu fée
comme toutes les mamans,
et elle comprit tout ce qu'Amadou ne disait pas :
« Tu auras d'abord du chagrin

parce qu'on ne peut pas faire autrement.
L'année prochaine, quand tu fêteras tes sept ans
et que ton grand-père ne sera pas là,
tu le regretteras. Tu le regretteras très fort.
Mais tu sais, ajouta sa maman,
tout ce qu'il t'a donné va rester en toi.
Ça, ça ne mourra jamais.
Ton grand-père n'est pas perdu.
Nous continuerons à le faire vivre,
nous tous, dans nos cœurs. »
Amadou réfléchit à travers ses larmes.
Son grand-père lui avait appris à tirer l'eau du puits,
à reconnaître chaque feuille des arbres de la savane,
à apprendre à distinguer le pas des tigres,
à monter sur les éléphants.
Il lui avait appris aussi à lire et à jouer à l'awalé.
C'est son grand-père qui lui avait tout appris,
quand son papa travaillait dans les champs.
La colère qui grondait en lui
se mit à se calmer doucement.
« Ta colère, expliqua maman,
se transformera en chagrin.
Et puis le chagrin se transformera en souvenir.
Quand tu penseras à lui, ça te fera tout chaud
au plus profond de ton cœur.
Chaud et triste à la fois. »

Amadou fut très malheureux pendant quelque temps.
Quand il était trop triste,
il parlait à son grand-père, à mi-voix :
« Petit homme, lui disait-il,
tu m'as appris à devenir grand.
Alors sois fier de moi,
car aujourd'hui, grâce à toi,
j'ai décidé d'être le chef. »

Les années passèrent, et jamais Amadou
ne cessa de penser à son grand-père.
Même quand le temps l'emporta
très loin de la vieille guimbarde,
de l'école et de son enfance.

Fiche pratique : voir *Grand-Père Souris est mort*
Connexions : *Grand-Père Souris est mort, Mon petit lapin est mort, Pomme qui vivait dans un monde tout rond, Noémie et son Arrière-Grand-Mère* (sur la vieillesse)

Pierrot Lapin change de terrier

Un beau matin de printemps,
Pierrot Lapin décida de changer de terrier.
« Ce n'est plus possible, dit-il à Maman Jeanne.
Nos six lapereaux ont grandi.
Il n'y a plus de place pour bouger le bout d'une oreille. »
Ils avaient choisi ce terrier
quand ils étaient encore un jeune couple sans enfant.
Et puis Émile, Arsène, Onésime,
Edgar, Apolline et Léopoldine étaient arrivés.
Et aujourd'hui, on slalomait entre les jouets,
les doudous et les livres,
et on glissait sur les épluchures de carottes.
« Non, ça ne peut plus durer, dit-il à Maman Jeanne.
Les petits se chamaillent et nous étouffons.
Il nous faut de l'espace ! Il leur faut leur petit nid à eux. »
Il fourra des boules Quiès tout au fond de ses grandes oreilles,
s'installa à sa petite table, attrapa sa plus belle plume, et écrivit :

Cherche terrier spacieux, calme et douillet
pour famille nombreuse.
Loin des chasseurs et des fusils.
Si possible proche tous commerces et carottes.

Quelques jours après, leur voisine la taupe vint leur rendre visite.
Ses enfants étaient partis dans le champ voisin,
et sa galerie était devenue trop vaste.
« Et si nous échangions ? demanda-t-elle. Vous y gagnez ! »
Les moustaches de Pierrot Lapin et Maman Jeanne
frétillèrent de joie.
Aussitôt dit, aussitôt fait.
La famille au grand complet visita la nouvelle maison.
Nos six lapereaux étaient ravis :
les maisons des taupes sont pleines de petits recoins...
Il y en avait sept : un pour chacun des enfants, et un dernier pour la chambre d'amis.
« Moi, j'interdirai à tout le monde de venir dans ma chambre,
dit Onésime, le grand frère, qui avait pas loin de sept ans.
— Moi, je vous inviterai à prendre le thé au persil,
chuchota Arsène Lapin, le petit frère.
— Moi, je mettrai de la musique toute la journée,
annonça Léopoldine Lapine, la petite sœur, qui jouait du violon.
— Et moi, je n'en ferai qu'à ma tête », dit Apolline, qui avait une tête de mule.

Ils emménagèrent dès le surlendemain.
À l'étage supérieur, ils aménagèrent une grande salle de jeux pour inviter leurs copains.
Au fil des jours, une nouvelle vie s'organisa.
Certes, il fallait s'habituer à un nouveau cadre :
la maison était plus sombre,
parce que les taupes creusent profondément,
mais elle était plus calme aussi.
On n'entendait jamais un fusil !
L'odeur n'était pas la même non plus.
Ici, ça sentait le chèvrefeuille ; là-bas, ça sentait la noisette.
Onésime Lapin s'en plaignit.
« C'est normal, soupira Maman Jeanne.
Il faut du temps pour qu'une maison change d'odeur ! »
Quand Arsène Lapin pensait à son ancien terrier,
parfois, son cœur se retournait. Il pensait :
« Là-bas, j'avais tous mes copains.

Et aujourd'hui... snif... nous avons une chambre d'amis,
mais pas un copain pour y dormir ! »
C'était pareil pour Joséphine,
et aussi pour Léopoldine, qui faisait de nombreux cauchemars depuis le déménagement.
Elle avait peur, toute seule, dans sa nouvelle chambre.
« Avant, pensait-elle, on était tous les six serrés bien au chaud.
Avoir sa chambre, c'est bien... mais on est tout seul. »
Quant à Edgar, qui avait toujours été le plus sentimental de tous,
il regrettait tout : le parfum de noisette, le plafond de feuilles,
les racines du gros chêne qui leur servaient de petit banc,
la lumière, le chant des oiseaux du petit matin... Absolument tout !
« Il faut du temps pour s'habituer », répéta encore Maman Jeanne.
Car pour elle, ça n'était pas facile non plus !
Ses petits lapereaux étaient tous nés dans le petit terrier...
Et aujourd'hui, elle avait l'impression de tourner la page.
Cette maison ressemblait à un palais de glace.
« Il y manque un peu de chaleur, de rires, de chants, de cotillons,
songea Pierrot Lapin. J'ai une idée !
Pourquoi ne pas organiser une grande fête
pour inviter nos anciens et nos nouveaux voisins ? »

Le dimanche suivant, tous les anciens copains arrivèrent.
Et madame la taupe aussi fut conviée, avec ses enfants.
En arrivant, elle regarda son ancienne maison qui avait tant changé
et elle pleura dans un coin,
en cachant soigneusement les larmes
tout au fond de ses yeux de myope.
Et elle pensa :
« Mon Dieu, comme c'est difficile de changer de maison !
J'étais si heureuse ici ! »
Maman Jeanne, qui la vit toute seule dans son coin, la consola...
Elle se dit que, décidément,
il n'était facile pour personne de changer d'adresse !
Pourtant, cette fête pleine de rires, de chansons et de cotillons
apporta à la maison ce qui lui manquait :
un peu de chaleur et d'amitié.
Quant aux petits lapereaux, ils ne tardèrent pas, évidemment,

à se faire de nouveaux amis,
à explorer et à connaître les meilleurs coins secrets dans le jardin, les endroits pour jouer à cache-cache.
Et petit à petit, leur maison leur sembla la plus belle du monde.
« Comme ça sent bon, ici !
— Comme on est bien ! Comme il fait chaud ! »
Et Léopoldine dit aussi :
« Comme je suis heureuse de dormir toute seule dans ma chambre !
— C'est normal, répondit Maman Jeanne.
Vous êtes tous devenus grands.
Et moi, je suis si fière de vous voir grandir ! »

Le déménagement, plaisir ou épreuve?

Pour l'enfant, la maison représente le ventre maternel, la petite niche bien douillette où il fait bon se reposer. C'est pourquoi les déménagements sont à la fois source de joie et de peine. Une joie ? Parce que ça répond au besoin de surprises dont ils sont si friands. Une peine ? Parce que le déménagement fait partie de ce que l'on pourrait appeler « l'expérience de la séparation ». L'enfant a besoin de repères, et soudain, les voilà fluctuants, mobiles... Il a un mini-deuil à faire, encore plus s'il est né et a grandi dans la maison qu'il quitte.

Ce qu'il faut faire

Évoquez les avantages du déménagement, l'aspect « cadeau » : l'endroit est plus animé, la maison plus spacieuse ; il aura une chambre à lui...

Ne le forcez pas à « tirer un trait » sur son ancienne vie. Il doit pouvoir revoir, au moins pendant la période d'acclimatation, ses anciens amis, même si ça représente un long trajet. Il n'a pas changé de vie ; il a simplement changé de maison.

Acclimatez-le au nouvel endroit. S'il change d'école, attendez-vous à une période d'adaptation un peu plus longue, et prévoyez d'y consacrer un peu plus de temps. L'idéal serait que vous veniez le chercher, de temps en temps, au début du moins, pour l'assister dans ce moment où il n'a pas encore d'amis, et que vous liiez connaissance avec les enfants ou les autres parents.

Ne le bombardez pas de questions tous les jours (« Tu t'es fait des copains ? Pas encore ? Mais tu parles aux enfants, au moins ? Et dans la cour, tu joues avec qui ? ») – ce qui serait assez stressant. Encouragez-le à continuer à voir ses anciens copains, à faire une petite fête avec les anciens et les nouveaux copains. Une bonne façon de lier l'ancienne et la nouvelle vie.

Discutez-en avec lui

« Es-tu content(e) d'avoir changé de maison ? Penses-tu parfois à l'ancienne maison ? Regrettes-tu certaines choses, là-bas, ou bien es-tu très content(e) d'avoir déménagé ?

Les enfants Lapin, eux, trouvent que l'odeur, les bruits, la lumière de la galerie ne sont pas les mêmes. Penses-tu qu'ils regrettent vraiment leur ancienne maison ? Peut-être est-ce simplement un peu de tristesse, qui passera bien vite quand ils se seront habitués à la nouvelle maison ? »

Connexion : *Sept Jours pour se faire un copain*

Noémie et son Arrière-Grand-Mère

« Ma paire de bottes de pluie rouges,
mon écharpe toute blanche, toute douce,
ma poupée et mes petits livres... »
Aujourd'hui, Noémie boucle sa valise.
Elle va passer les vacances chez sa Granny,
son arrière-grand-mère.
C'est vieux, une arrière-grand-mère.
Granny a au moins quatre-vingts ans.
Noémie boude un peu, dans son coin.
Elle n'a pas tellement envie de dormir là-bas.
Oh, bien sûr, Granny est très gentille avec elle.
Elle sent bon le savon à la lavande ;
elle fait des tartelettes aux framboises, et,
quand Noémie arrive dans la maison de Granny,
elle retrouve sa collection de petits cadeaux Kinder.
Pourtant...
Noémie se demande au plus profond d'elle-même
si Granny n'est pas un peu sorcière.
Son nez est long et pointu,
avec une espèce de verrue dessus,
et ses mains sont toutes tordues.
Elle a une petite voix bizarre qui chevrote
comme celle de la sorcière Camomille.

Et quand elle avale sa tisane au miel,
ça fait un gros bruit (gloups).
Et, comme si ça ne suffisait pas,
Granny vit avec ses deux chattes noires,
Presbyte et Astigmate. Des chats de sorcière...
Dans sa salle de bains, Granny a des fioles
et des tas de choses bizarres,
et même un dentier dans son armoire.
Noémie l'imagine la nuit,
en train de fabriquer sa potion magique,
devant des nuages de fumée bleus, roses et jaunes,
en ricanant, toutes dents dehors !
Enfin, pour couronner le tout, dans le salon,
il y a une photo de Granny dans une église.
Elle est habillée en noir ;
elle porte un chapeau tout pointu de sorcière ;
et elle a l'air en colère.
Plus Noémie y pense, plus elle en est convaincue :
son arrière-grand-mère est une sorcière.
Mais comment le dire à maman ?
Elle se fâcherait ou elle se moquerait d'elle.
Alors, Noémie se tait.

Comme d'habitude, Granny l'embrasse
avec un gros baiser qui éclate comme un ballon,
et, d'une petite voix toute chevrotante,
elle lui dit, comme d'habitude :
« Mon Dieu, comme tu as grandi ! »
Granny dit toujours cela quand elle la voit.
C'est un peu comme dire bonjour.
La gorge de Noémie se serre
à entendre cette petite voix pointue.
Elle ne veut pas que sa maman parte !
Et si elle allait, comme ça, brusquement,
être transformée en citrouille, en souris rose, en éléphant ?
Quand maman reviendrait,
elle ne trouverait personne dans la maison.
Rien qu'une petite souris rose effrayée qui couinerait

et que personne ne reconnaîtrait !
Quand maman est partie,
Granny a entendu Noémie pleurnicher dans sa chambre.
Elle arrive ; elle frappe à la porte, le visage bouleversé.
« Ma petite pitchounette ! Que t'arrive-t-il ? »
Tout d'abord, Noémie ne veut pas répondre.
Puis elle lâche :
« Je me demande si... si tu n'es pas un peu sorcière. »
Contrairement à ce qu'elle a imaginé,
Granny ne rit pas du tout.
Elle hoche la tête à plusieurs reprises :
« Une sorcière ! Mais c'est terrible ! dit Granny.
Je comprends que tu sois terrorisée.
Raconte-moi donc pourquoi... »
Et Noémie raconte : la voix, la bosse, les rides,
les petites fioles et les dents dans la salle de bains.
« Hmm, hmm, fait Granny, perplexe.
Bien sûr, bien sûr...
Pourquoi n'y ai-je pas pensé plus tôt ?
Je crois que tu n'as pas l'habitude du tout
des très vieilles dames, n'est-ce pas ?
Quand on est vieux,
on devient parfois un peu... bizarre. »
Et Granny pose son index sur son visage ridé.
« La peau se craquelle, comme celle des éléphants.
Les cheveux grisonnent et blanchissent.
Et parfois on est un peu tordu !
Ma toute petite fille, c'est cela, devenir vieux.
On perd un peu sa voix de jeune fille,
et aussi ses mains et un peu ses dents. »
Granny rit.
« Pourtant, je n'arrive toujours pas
à transformer les beaux princes en crapauds ! Pas de chance !
— Et tes mains toutes tordues ? interroge Noémie.
— C'est parce que j'ai beaucoup appris le piano
que mes doigts jouent la valse ! répondit Granny.
Tu vois, quand j'avais l'âge de ta maman,
j'avais de très, très jolies mains !

On disait même, en parlant d'elles :
"des mains de pianiste".
— Et ta voix ? interroge Noémie.
Ta drôle de voix qui tremble, comme celle d'une sorcière ?
— C'est parce que j'ai trop chanté.
Trop chanté, trop parlé, beaucoup trop ri.
Quand on chante comme un serin pendant quatre-vingts ans,
ma petite fille, on a la voix qui continue à seriner ! »
Granny rit, puis demande :
« Veux-tu me voir, quand j'étais petite ? »
Et Granny se lève en s'appuyant des deux mains
sur les accoudoirs du fauteuil en cuir.
Elle revient avec un album de photos tout poussiéreux
et, de ses doigts tremblants,
montre du doigt une petite fille
avec de très longs cheveux bouclés.
« Là, regarde... Cette petite fille, c'est moi.
Tu vois, je n'ai pas encore les cheveux blancs,
ni du poil au menton ! »
La voix de Granny tremble un peu.
Celle de Noémie aussi
car elle ne reconnaît pas du tout, du tout
son arrière-grand-mère.
Ainsi donc les très vieilles dames
ont été elles aussi de toutes petites filles ?
Ainsi, elles faisaient des bêtises ;
elles avaient peur du noir aussi ;
et avaient de longs cheveux ?
« C'est tout de même curieux, pense Noémie.
On devient quelqu'un d'autre, en vieillissant. »
« Il y a encore quelque chose, dit Noémie.
La photo, là, sur le piano...
Tu sais, celle avec le chapeau pointu ?
On dirait une réunion de sorcières, à l'église. »
Granny soupire :
« Oh oui, ce jour-là, j'ai dû dire au revoir à ton grand-papi.
Tu vois, ce jour-là, c'était l'enterrement, à l'église.
Je me suis habillée en noir et j'ai porté un chapeau.

Et j'étais triste, si triste, au fond de moi,
que j'avais un peu l'air d'une sorcière... »
Noémie voit briller une larme dans ses yeux.
« Méchante petite fille, se dit-elle.
As-tu déjà vu une sorcière pleurer ? »
Et elle se jette dans les bras de Granny.
Elle comprend que Granny a beaucoup, beaucoup vécu,
et qu'elle porte tout ce temps, toute cette vie, tous ses souvenirs
sur son visage, sur ses mains et sur son dos.
« Tu sais, Granny, murmure Noémie,
maintenant que j'y réfléchis,
je pense que tu es plutôt une fée.
Une gentille fée qui sent bon la lavande ! »

La vieillesse

« Mamie, elle est vieille ? Et toi, t'es vieille ? » « Pourquoi mamie, elle est vieille ? »

Les enfants se posent des questions sur la mort, mais aussi sur la vieillesse. Leur regard lucide voit tout, remarque tout : les petites rides au coin des yeux, la peau qui s'affaisse, la voix qui chevrote... Ce sont pour eux autant de signes d'étonnement. Tous ces visages, devenus étrangers à eux-mêmes, leur font parfois un peu peur.

Accepter l'autre

Les enfants ont parfois du mal à accepter l'autre et ses différences, les morphologies et les couleurs de peau différentes. N'oublions pas qu'ils vivent dans un monde « magique », le monde des sorcières, des nains, des ogres et des princesses. Il est donc normal qu'ils montrent une légère réticence devant ce et ceux qui leur apparaissent radicalement étrangers.

Rappelez-vous : n'avez-vous pas en mémoire le souvenir des mains abîmées de votre grand-père, du visage marqué de votre grand-mère ? un gros plan qui vous revient en mémoire, comme un boomerang ?

Toujours est-il que c'est une grande chance pour les enfants d'avoir leurs grands-parents, et pour certains leurs arrière-grands-parents. Ils peuvent constater *de visu* le phénomène du temps et des générations. Dans *Les Chemins de l'éducation* [1], Françoise Dolto suggère aux grands-parents de raconter l'Histoire à leurs petits-enfants : les anecdotes, les histoires de famille... Tout ce qui peut leur donner une idée, à la fois de la « petite musique » familiale et de la profondeur du temps qui passe.

Discutez-en avec lui

« Quand on grandit, le corps se transforme. Quand on vieillit aussi. La peau s'affaisse au fil du temps. On perd un peu de ses muscles et de sa force. C'est normal, ça arrive à tout le monde.

Les personnes âgées ont vécu beaucoup, beaucoup de temps. C'est pourquoi elles ont tant de choses, tant d'histoires à raconter. »

1. *Les Chemins de l'éducation*, Gallimard, 2000.

5

Disputes et divorce

Malou, la petite sorcière triste

On dit que les petites sorcières sont ricanantes et insolentes,
qu'elles ont plus d'un tour dans leur balai.
Mais elles ont aussi un cœur
plein de joies et de chagrins.
Malou avait un regard noir de tristesse.
Il faut dire que son papa et sa maman,
le sorcier Tamalou et la sorcière Mamalou,
se disputaient à longueur de journée.
Ils s'envoyaient des boules puantes dans la maison,
des bouillons de sorcière venimeux,
des araignées par poignées au visage.
Et les balais valsaient dans la maison !
Sous son chapeau pointu,
les oreilles de Malou vibraient sous les insultes.

Un jour, un horrible matin,
au moment de préparer son cartable-citrouille
pour l'école des sorcières,
elle entendit quelque chose de terrible :
« Tu sais, je pense que nous ne nous entendrons jamais.
Il faut que nous vivions désormais séparément.
Il va falloir penser au divorce. »
C'étaient des mots terribles,

même pour un petit cœur de sorcière.
Ce qui effrayait le plus Malou,
c'était ce qu'elle allait devenir.
N'allait-elle pas être balayée par cette rage terrible ?
Elle pensait :
« Peut-être vont-ils me transformer en courant d'air
et m'aspirer avec l'aspirateur ?
Peut-être vont-ils me transformer en tabouret,
en crapaud, en bougie décorative ?
ou en rayon de lune ? »
Son monde de petite sorcière s'effondrait.
Elle avait l'impression de ne plus exister.
C'était logique, dans sa tête de sorcière :
elle était née grâce à l'amour de son papa et de sa maman.
Alors, s'ils ne s'aimaient plus, eux,
est-ce qu'elle allait encore avoir une petite place sur la Terre ?
« Dommage, pensait-elle, que je ne sois pas une fée !
Je prendrais ma baguette magique, et hop !
avec ma poudre de fée,
je les transformerais en beau prince et belle princesse.
Et ils retomberaient amoureux l'un de l'autre. »

Comme Malou était une brave petite sorcière,
elle lut dans *Le Grand Livre de magie*
tous les sorts qu'il fallait jeter à ses parents
pour qu'ils s'aiment à nouveau.
Elle fit tout ce qui était en son pouvoir, et plus encore.
Et tu sais pourquoi ?
Parce que, tout au fond d'elle-même,
elle se demandait si, comme ça, sans le vouloir,
ce n'était pas elle, Malou, qui leur avait jeté un sort.
Rien qu'à y penser, elle en avait froid dans le dos.
« On ne sait pas, se disait-elle.
Peut-être qu'un jour, j'ai pensé à des choses comme ça...
Et peut-être que ça s'est réalisé ! »

Malou appliqua les conseils du *Grand Livre de magie*.
Elle cuisina un bouillon de crapaud,
tira six fois la queue du chat à minuit un soir de pleine lune,
elle récolta vingt-quatre escargots un jour de pluie,
fabriqua trente-six arcs-en-ciel le premier jour de l'hiver,
célébra le mariage de soixante-douze rats crevés,
cousit deux chauves-souris ensemble
avec de la moustache de chat.
Elle était vraiment prête à tout,
mais ses parents voulaient toujours se séparer.

Alors, elle se rendit chez la Grande Sorcière.
« Mes pouvoirs ne suffisent pas, lui dit celle-ci.
Tu sais, tu ne peux pas tout guérir.
Les papas et les mamans qui ne s'entendent plus,
cela arrive à beaucoup d'autres petites sorcières.
C'est un peu triste, bien sûr,
mais ce n'est pas une catastrophe,
parce qu'ils continuent à t'aimer plus que tout. »
Et la Grande Sorcière lui dit encore :
« Va voir Mamalou. Elle t'attend. »

Quand Malou arriva dans sa chambre,
sa maman était déjà là.
Il faut te dire qu'une sorcière entend toujours
quand son enfant a du chagrin,
même quand il n'en parle pas.
Mamalou avait posé son chapeau pointu à côté d'elle,
et la petite fille put lire beaucoup de tristesse dans ses yeux.
« Malou, ton papa et moi
ne vivrons plus ensemble dans la même maison. »
Mamalou ajouta :
« Tu ne dois pas en être triste !
Ce sont des choses qui ne regardent pas
les petites sorcières de cinq ans. Tu ne dois pas t'inquiéter. »
Malou baissa son petit nez pointu.
« Qu'est-ce que je vais devenir ?
— Eh bien, une belle petite sorcière !

répliqua Mamalou en souriant.
Tu auras deux maisons,
une chez moi, l'autre chez Tamalou.
Et tu viendras nous voir tous les deux.
— Ce n'est pas très drôle, répliqua Malou.
— Non, mais c'est déjà mieux
que de se transformer en vilains crapauds baveux !
Et si nous continuons à nous disputer, c'est ce qui nous attend. »
Malou et Mamalou continuèrent à discuter un peu.
Dans son cœur, la petite fille était soulagée.
Elle avait compris qu'elle n'avait plus rien à faire
pour améliorer la situation, et c'était mieux comme cela.

Tu sais comment l'histoire se termine ?
Mamalou offrit à sa petite fille
un balai supersonique préprogrammé.
« Quand tu seras à la maison
et que tu auras la nostalgie de ton papa,
tu pourras le voir en deux secondes et trois dixièmes.
Quand tu seras chez ton papa
et que tu voudras me faire un câlin,
tu feras le chemin inverse. »

Le divorce

Rappelons-le : en province, un couple sur trois divorce ; à Paris, un couple sur deux. Les enfants sont les premiers à souffrir de cette décision, d'autant plus s'ils ne la comprennent pas.

Comment le lui annoncer

Lorsque vous avez pris la décision de divorcer, annoncez-le à votre enfant le plus simplement et le plus rapidement possible. Précisez, bien entendu, qu'il n'est pour rien dans cette décision. Que, si vous n'êtes plus mari et femme, vous n'en continuez pas moins à être ses parents... et à l'aimer.

Répétez-lui qu'il est un enfant de l'amour, que, si vous aviez à recommencer cette histoire, vous le referiez aussitôt. Il est l'enfant dont vous rêviez.

Parlez toutefois sans vous épancher. Aujourd'hui, on a un peu tendance à croire les enfants plus évolués et précoces qu'avant. Peut-être, mais ils ne doivent pas devenir pour autant un confident, une oreille, un thérapeute.

Préférez vous éloigner quelques jours (en confiant, par exemple, votre enfant à une grand-mère ou une tante) pour faire le point.

Discutez-en avec lui

• Soyez extrêmement clairs avec lui : votre décision est irrévocable.

« Malou essaie de faire tout ce qu'elle peut pour réparer la situation. Mais crois-tu qu'elle est capable de le faire ? Non, car ses parents ont déjà pris la décision de se séparer. Tout ce qu'elle fera n'y changera rien. De la même façon, tout ce que tu ferais ne changerait rien à notre décision. »

• Soyez attentifs à ses préoccupations et à ses interrogations qui relèvent *a priori* de l'anecdote : ses vêtements, sa maison, son doudou, son cartable, la personne qui viendra le chercher à l'école, les jours de papa et de maman, les week-ends, les vacances... Dès que vous en savez plus, offrez-lui un luxe de précisions.

• Dédramatisez tout de suite vos relations avec l'autre parent :

« Toi aussi, tu auras deux maisons, et nous ferons tout ce que nous pourrons pour que tu vives cela le mieux possible et le plus légèrement du monde, comme Malou avec son balai supersonique. »

Connexions : *Ils m'ennuient avec leurs histoires, Le Royaume de la Chamaillerie, Le petit nuage qui avait divorcé de lui-même, Les Deux Maisons de Josepha, Le Gros Câlin de Benjamin, L'Ombre de mon père*

Les Deux Maisons de Josepha

La cloche de l'école a sonné, les vacances arrivent.
Dans la cour de récréation,
Manon, Caroline et Josepha parlent de leur prochain été.
Qui aura les plus belles vacances ?
Qui aura la plus belle maison ?
« Moi, cette année, je vais en Bretagne, dit Manon.
Nous allons faire du bateau,
et peut-être aussi du ski nautique.
— Cette année, nous passons l'été
au cap d'Agde dans le Midi », raconte Caroline.
Josepha, elle, se tait.
Cette année, pour la première fois,
Josepha passera l'été dans deux maisons :
celle de son papa et celle de sa maman.
Sa maman a décidé ça :
« Nous ne nous entendons plus ;
nous nous battons comme des chiffonniers.
Cet été, tu iras dans deux maisons différentes.
La maison bleue, celle de ton père.
Et puis la maison jaune, la nôtre. »
Maman a caressé doucement les cheveux de Josepha.
« Et puis, je vais te dire quelque chose :
je suis tombée amoureuse.

J'ai rencontré un autre homme que ton papa.
C'est comme ça. »

Josepha soupire et rêve.
L'année dernière, eux aussi, ils pouvaient dire « nous ».
Josepha disait alors :
« Nous, nous partons en Italie, à Rome.
Tous ensemble, tous les trois. »
Mais cette année, les choses ont changé.
Dans la maison jaune, pleine de soleil,
il y aura des rires, de la lumière,
des murs tout blancs et tout frais,
des grandes pelles en métal rouge.
Et dans la maison bleue, qu'y aura-t-il ?
Un papa tout triste, des livres, des bateaux,
des vendeurs de beignets pour oublier maman.
Et rien qu'à y penser, Josepha a le cœur abominablement gros.

Mais Caroline la tire de son rêve.
« Et toi, Josepha ? demande Caroline.
Où pars-tu cette année ? »
Josepha sourit.
« Oh, moi, j'ai beaucoup de chance !
Cette année, je vais dans deux maisons.
D'abord, j'irai dans ma maison bleue,
au bord de la mer, en Grèce.
Puis je reprends l'avion
et je vais dans ma maison jaune,
chez ma maman qui est amoureuse.
Elle en a de la chance, ma maman !
Elle n'a jamais été aussi amoureuse de sa vie.
En plus, je vais avoir une nouvelle copine.
C'est la fille de l'amoureux de maman.
— Deux maisons de vacances ! Deux avions !
Une nouvelle copine ! Tu en as de la chance.
— Eh oui, dit Josepha, d'un ton important.
Et vous savez pourquoi j'ai encore plus de chance ?
Parce que ma maman et mon papa,

ils n'aiment pas du tout les mêmes choses.
Avec maman, je fais de l'escalade, du vélo
et de la chasse aux papillons.
Avec mon papa, je fais du dériveur et du canoë.
Parce que papa, c'est un vrai marin.
— Toi, tu as vraiment de la chance.
C'est Josepha qui a le plus de chance », décrète Caroline.

Josepha sourit en elle-même.
Et après tout, pourquoi pas ?
Pourquoi ne serait-elle pas la plus heureuse ?

Et elle rêve.
À la maison bleue. À la maison jaune.
Aux deux maisons ensemble.
Josepha pense que bleu et jaune mélangés, ça fait vert.
Vert comme l'espoir.
La maison verte est au fond de son cœur,
et ça, personne n'ira le lui retirer.
Josepha s'endort dans la maison verte.

Après la séparation, les vacances

Après avoir décidé de vous séparer, arrivent les premières vacances passées chacun de son côté. Bien sûr, ce n'est facile pour personne, encore moins pour les enfants. Pendant l'année scolaire (et l'année « bureau »), le rythme est imposé de l'extérieur. Mais, en vacances, période de retrouvailles, la séparation se fait beaucoup plus sentir.

Communiquez

Ne rêvons pas : il y aura forcément des périodes de nostalgie, des pleurs subits... Soyez clair(e) avec vous-même. Si la situation est définitive (vous ne reviendrez jamais ensemble), il est inutile de vous bercer – vous et votre enfant – de faux espoirs. Autant dire les choses carrément (lire la fiche pratique de *Malou, la petite sorcière triste*).

Si c'est une séparation à l'essai, vous risquez d'entendre les interrogations : « Quand va-t-on voir papa ? Quand allez-vous revenir ensemble ? » Une fois encore, si vous envisagez le divorce, ne maintenez pas de faux espoir chez votre enfant.

Entretenez la communication pendant les vacances. Il est bon pour l'enfant de pouvoir joindre l'autre parent (lettres, petits mots, e-mail, fax, etc.).

Comment lui présenter « le remplaçant » ?

Ne rêvons pas non plus. Tous les partenaires qui arrivent sont fatalement mal perçus par l'enfant. Pour la première rencontre, évitez précisément de le présenter comme « le remplaçant ». Les enfants ont comme tout le monde besoin d'une période d'acclimatation.

Discutez-en avec lui

« Tu n'es pour rien dans cette décision. Rassure-toi : ce n'est ni à cause de toi, ni pour toi que nous avons décidé de passer les vacances séparément. Tu seras peut-être un peu triste parfois. Mais rassure-toi : nous ne serons pas loin l'un de l'autre. Nous allons nous écrire, nous envoyer des cartes postales tous les jours ou tous les deux jours. Tu pourrais même commencer une collection de cartes ? Tu vas m'écrire et m'envoyer des dessins de tout ce que tu auras découvert. Et quand nous nous retrouverons, nous aurons beaucoup de choses à nous raconter. »

Fiches pratiques : voir *Malou, la petite sorcière triste*, *L'Ombre de mon père*.
Connexions : *Malou, la petite sorcière triste, L'Ombre de mon père, Le petit nuage qui avait divorcé de lui-même, Ils m'ennuient avec leurs histoires, Le Royaume de la Chamaillerie*

Ils m'ennuient avec leurs histoires

« Tu ne vas pas commencer ! cria papa.
— Je commencerai si je veux ! répondit maman.
— Eh bien, commence. Je t'écoute », dit papa.
Paul soupira. C'était reparti pour les chamailleries !
Paul jouait dans sa chambre,
sa belle chambre en forme de bateau,
avec des draps imprimés de bateaux à voiles.
Il était en train de fabriquer un char avec ses Lego « 5-7 ans ».
Un char, avec des petites roues et un énorme canon rouge au centre.
« Tu as vu l'heure ! Non, mais tu as vu l'heure ! cria maman.
— Arrête de hurler comme une poissonnière ! glapit papa.
Le petit va t'entendre ! »
Le ton des parents grimpa un peu plus.
C'était le grand déballage.
Il était question d'amis qu'on ne voyait plus,
des grands-parents, des poubelles non descendues
et des paroles non dites.
Ah, ces parents !
On aurait dit des camelots déballant une grande valise
au beau milieu de la pièce.
Et ça criait de plus en plus fort.
Son copain Samuel avait dit un jour à Paul
que, parfois, les cris étaient si forts et si aigus

qu'ils pouvaient faire voler les vitres en éclats.
Les vitres, les lampes, les verres en cristal.

Paul aimait sa chambre en forme de bateau,
mais il aurait voulu être ailleurs.
Ça y est, maintenant, maman commençait à pleurer.
C'était toujours comme ça.
« Tu es un mur, un mur de briques cimenté, sanglotait maman.
Rien ne passe à travers toi. Tu es sans cœur. »
Mais, dans la chambre de Paul,
les cris pénétraient à l'intérieur de lui
comme des coups d'épée au niveau du ventre.
Paul se boucha les oreilles, les mains pleines de Lego.
Maintenant, il entendait tout en sourdine.
Les cris dans du coton.
Ce qu'il ne voulait pas entendre, surtout pas,
c'étaient les pleurs de maman.
Depuis quand tout cela avait-il commencé,
ces disputes et ces chamailleries ?
Peut-être deux ou trois mois ?
Peut-être était-ce depuis bien plus longtemps ?...
Paul se fit tout petit, tout petit,
jusqu'à disparaître sous son lit.
Il ferma les yeux et enfonça ses doigts dans ses oreilles.

La porte s'entrouvrit,
et un visage passa entre deux bateaux sur le mur.
C'était le visage de maman.
Paul la regarda.
Elle avait le bord des yeux rose, le nez rouge.
Elle s'approcha de Paul, s'assit sur le lit
et voulut articuler quelque chose.
Paul ôta les mains de ses oreilles.
Et elle lui prit la main.
« On est idiots. On se chamaille,
et toi, tu es à côté.
Ah, je ne me le pardonnerai jamais. »
Paul avait envie d'enfouir son visage

dans le creux de son cou...
Mais c'était difficile.
Sa maman était toute raide.
Il attrapa son pouce
comme ça lui arrivait encore
dans des circonstances extraordinaires.
Quand il se couchait tard, quand on le disputait.
Maman tordait son mouchoir entre ses doigts.
« On... on est fatigués tous les deux, tu comprends ?
C'est à cause du bébé.
Et quand on est fatigué, on fait des bêtises, dit maman.
— Quand on est fatigué, on ne pleure pas.
Quand on est fatigué, on fait dodo », répondit Paul.
Maman sourit :
« Tu parles comme un sage, comme un enfant sage.
Mais tu peux bien comprendre. »
Paul baissa la tête :
« Non, je ne peux pas comprendre.
Vos histoires, elles m'ennuient.
Ça ne me regarde pas.
Moi, j'ai d'autres choses à faire.
Alors, la prochaine fois, quand vous vous disputez,
je préfère être ailleurs.
Chez Clémence ou chez Samuel. »
Et Paul leva les yeux :
« JE NE VEUX RIEN AVOIR À VOIR AVEC ÇA. »
Maman se remoucha tout en riant :
« Promis, mon ange.
Mais il n'y aura pas de prochaine fois.
Car la prochaine fois, tu viendras nous voir
et tu nous diras : "Arrêtez tout de suite",
et nous nous arrêterons. »
Paul n'y croyait pas trop.
Mais il se sentait tout de même plus léger,
comme si la grosse pierre, au fond de son estomac, s'était envolée.
« Ce n'est pas un tremblement de terre, pensait-il.
Ils sont fatigués. »

Avec ses Lego « 5-7 ans »,
il entreprit de construire un bateau.
Un bateau à moteur, qui filerait loin, avec quatre roues
et avec un énorme canon rouge, au centre,
pour détruire tous les cris de la Terre.

Le Royaume de la Chamaillerie

Il était une fois, il y a très, très longtemps,
un vaste royaume appelé « le royaume de la Chamaillerie »,
où habitaient le roi et la reine de la Chamaille.
C'était un château très cossu,
avec ses cinq tours grimaçantes,
ses deux ailes parsemées de peaux de bananes,
son donjon au sourire cruel, ses oubliettes remplies de bouderies.
Dans ce beau décor, une fois par semaine au moins,
un cataclysme naturel foudroyait le château.
Le roi Charles-Henri et la reine Aliénor de la Chamaille
se disputaient comme des chiffonniers,
hurlaient comme des poissonniers,
s'étripaient comme des charcutiers.
Cela faisait un bruit terrible !
Les vitraux tremblaient ; les épaisses murailles vacillaient.
Les assiettes en porcelaine fine
et les services à thé décorés de fleurs de lys
volaient dans tous les coins.
On entendait des choses comme :
« Répète un peu ce que tu viens de dire. »
Ou :
« Espèce de roi de pacotille !
Ôte ta couronne. Il n'y a rien dessous !

— Regarde-toi, dans ton peignoir de soie !
Je te préférais, endormie sur ton lit, devant ton fuseau !
— Et toi, tu aurais dû rester crapaud toute ta vie ! »
On entendait encore :
« J'ai envie de divorcer ! Je n'en peux plus de toi !
— Eh bien, qu'attends-tu ? Le pont-levis est grand ouvert ! »
Il s'en fallait de peu
que l'on s'administre des coups de sceptre sur la tête
et que l'on se fiche des coups de brodequin dans les fesses.
Dans tout le royaume de la Chamaillerie,
les valets ne chômaient pas !
Ils avaient tant à faire pour arbitrer les disputes.
Il y avait les récureurs de rancœurs
qui nettoyaient les murs,
les ramasseurs de gros mots
qui remplissaient des poubelles pleines
d'horribles, énormes, et savoureux gros mots,
les attrapeurs de coups de pied,
les décrêpeurs de chignon,
les vidangeurs de cris et hurlements,
les rattrapeurs de regrets,
les essoreurs de larmes amères...
J'en passe et des meilleurs !
Toutes ces activités monopolisaient
pas moins de cinq cents valets !
Ce qui coûtait d'ailleurs
un argent fou au royaume...

Le roi et la reine de la Chamaille
avaient un fiston du nom de Courtois,
qui avait tout juste sept ans.
Quand arrivait le cataclysme,
Courtois fermait la double porte de sa chambre,
se réfugiait sous son lit à baldaquin,
et enfonçait dans ses oreilles
des petites boules en or massif.

Puis il sortait son château fort en or et en diamants,
et il faisait comme si de rien n'était.
Avec les boules, il entendait tout en sourdine,
simplement quelques syllabes :
« É pè dun beu... »
Ou : « É bè ce de... »

Grâce à ses boules de silence en or,
il évitait ainsi tous les gros mots.
Car s'il y avait quelque chose qu'il ne supportait pas,
c'étaient bien les gros mots !
Ça lui sifflait dans les oreilles ;
ça lui tourneboulait tout à l'intérieur ;
ça lui faisait des coups de marteau dans le crâne.
Et puis, il y avait autre chose :
Courtois ne supportait pas du tout les pleurs de la reine.
Il faut dire que la reine avait la larme facile.
Quand elle se mettait à pleurer, c'était un vrai raz de marée !
Il y avait de grandes vagues d'eau salée dans tout le royaume.
Les épongeurs de larmes, eux, épongeaient, épongeaient !
Le seul qui ne disait rien, c'était Courtois, le petit prince.
Il restait silencieux.

Un jour, alors que les larmes continuaient de couler,
que les vitraux tremblaient encore,
Courtois entendit la reine pleurnicher :
« Tu ne me regardes plus comme ta petite reine !
— À te voir, on te prendrait plutôt pour une sorcière ! »
répondit le roi de sa voix sardonique.
Cette fois, Courtois perdit son sang-froid.
Il descendit d'un pas ferme dans le couloir,
frappa discrètement trois coups à la porte.
Il se retrouva alors devant la reine Aliénor et le roi,
tous les deux rouges et décoiffés
tant ils avaient crié.
Courtois fronça les sourcils :
« Le premier qui hurle ira au coin ! »
Le roi et la reine se regardèrent, interloqués, estomaqués !

Quant aux chambellans, ils se rongeaient les ongles jusqu'au sang.
Qu'allait-il se passer ?
Allaient-ils enfermer le jeune Courtois dans les oubliettes,
ou le soumettre au régime pain sec et eau ?
Eh bien non, les chamailleries cessèrent derechef.
Hop, terminé ! Le roi et la reine toussotèrent,
rougirent de honte,
et chacun s'en retourna à ses royales affaires.
Et tout rentra dans l'ordre.

Une semaine après, pourtant,
la Chamaillerie résonna encore de geignements.
Les volées d'insultes montaient, montaient...
La reine hurla :
« Qui a glissé un petit pois dans mon lit,
sous mes douze matelas ?
— Un petit pois ? ricana le roi.
Tu ne l'as pas dans ton lit, tu l'as dans ta tête ! »
Comme d'habitude, la reine redoubla de pleurs.
Et le royaume fut inondé !
« Bouhouh ! Espèce de Barbe-Bleue !
— Espèce de Peau-d'Âne ! »
C'en était trop.
Courtois fit le tour du château
et entra violemment dans la bibliothèque.
« Vous recommencez ?
À la prochaine dispute, j'en prends un pour taper sur l'autre.
À moins que je ne vous enferme dans les oubliettes du château.
Non, mais franchement ! Quel âge avez-vous ? »
La reine suffoqua de surprise
devant cet enfant de sept ans
qui se permettait de hausser le ton.
Le roi, lui, arracha ses trois poils de barbe, en grognant :
« Mais oui, au fait, quel âge ai-je ? »
Finalement, ils réfléchirent à cette histoire d'âge,
même après le départ de Courtois.

Ils avaient compris que le plus grand, le plus raisonnable,
c'était leur petit Courtois.
Ils se fixèrent rendez-vous dans le donjon central,
et discutèrent calmement :
« Ma mie, ça ne peut plus durer.
Quand nous nous disputons,
nous nous comportons comme des gosses de deux ans,
deux gosses insupportables !
Et notre Courtois de sept ans est plus grand que nous !
Ça ne peut plus durer. »
Et la reine répondit :
« J'ai une idée.
Habitons chacun dans une aile du château,
et donnons-nous des rendez-vous d'amour.
Ainsi, nous cesserons de nous disputer pour toujours ! »

C'est ainsi qu'Aliénor et Charles
cessèrent leurs mauvaises habitudes.
Quand ils se donnaient rendez-vous,
ils ne se disputaient pas,
et quand ils sentaient que la chamaillerie
montait en eux comme la mer,
ils se réfugiaient chacun
dans une aile du château.
Les valets suivirent des cours de recyclage.
Ils devinrent ramasseurs de rires,
confectionneurs de petits mots de politesse,
inventeurs de rendez-vous d'amour.

Quand le roi et la reine de la Chamaille
sentaient qu'une petite querelle couvait sous leur couronne
– car on ne peut tout de même pas vivre sans JAMAIS se disputer –,
ils se donnaient rendez-vous dans le donjon central, fortifié,
aux murailles si épaisses qu'il n'en sortait pas un mot !
Ainsi, les cyclones disparurent à jamais du château.
Quant au royaume, on le rebaptisa, en l'honneur du petit prince,
« Royaume de la Courtoisie ».
Et c'était beaucoup mieux ainsi.

Les disputes

Pour l'enfant, le couple parental est un bloc uni et puissant. Il y a toujours en lui une conscience, nette ou confuse, d'être un « enfant de l'amour », d'avoir été conçu par l'entente fusionnelle entre deux personnes. C'est pourquoi, quand cette belle dyade se fissure, il se sent menacé. C'est comme un microtremblement de terre en lui.

Analysez la situation

Il existe deux niveaux de disputes :

• On peut être atteint de « disputes chroniques » qui consistent à se chamailler constamment, tout en s'aimant. Même si chaque dispute reste pour l'enfant une épreuve et que ses parents lui apparaissent en position infantile, il comprend que l'avenir du couple parental n'est pas en jeu.

• Après une période de calme, la tempête fait rage. Que ce soit à cause de la fatigue, de la maladie ou de toute autre épreuve, il y a dégradation des relations conjugales. L'enfant le perçoit, et c'est alors qu'il faut clarifier les choses. Et ce d'autant plus que les enfants sont, d'après 60 % des femmes, la principale cause de disputes du couple. Cela dit, il ne doit pas culpabiliser pour autant.

Comment faire ?

Tout d'abord, évitez de hurler devant lui. Certains couples se donnent des rendez-vous précis (par exemple, au restaurant une fois par semaine) pour faire des mises au point « à froid ». Chez les catholiques, on l'appelle « le devoir de s'asseoir ». Il paraît que cela marche !

Ne salissez pas l'image de l'autre parent, même s'il vous exaspère. Du style : « Ton papa, je le déteste. Tu sais ce qu'il a encore fait, comme bêtise ? » Ce serait très déstabilisant. D'ailleurs, les enfants ont horreur de ça !

Au contraire, parlez-lui calmement. Dites-lui la vérité sur ce que vous vivez dans votre couple. Cela pourra désamorcer des angoisses trop importantes et les sentiments de culpabilité sous-jacents, voire des attitudes symptomatiques : agitation fébrile à l'école ou inhibition...

Enfin, ne vous comportez pas vous-même comme un enfant. Et restez le parent rassurant et solide sur lequel on peut s'appuyer. Les psychologues assistent aujourd'hui à un nouveau symptôme : l'adultisme de l'enfant. Les parents considèrent de plus en plus souvent leur bambin comme un petit adulte tout en se comportant eux-mêmes comme de véritables enfants.

Discutez-en avec lui

« Papa et maman se disputent ? C'est normal. Vivre ensemble, même quand on s'aime, ce n'est pas facile. On le voit bien entre frères et sœurs, entre copains... Pour les adultes aussi, ce n'est pas facile. Ça ne signifie pas qu'on est fâchés à vie ou que l'on va se séparer. Même si on crie très fort, ce n'est pas la fin du monde !

Les parents se chamaillent beaucoup pour leurs enfants. C'est normal : c'est parce qu'on les aime. On se soucie beaucoup d'eux, et on n'est pas forcément d'accord sur les solutions à prendre. Mais, bien sûr, ce n'est jamais la faute des enfants !

C'est vrai, les parents devraient toujours éviter de se disputer devant les enfants. C'est extrêmement difficile : parfois on ne peut pas résister, même si on sait qu'il s'agit d'une bêtise. Mais comme tu le sais, un papa et une maman ont droit à l'erreur. Ce ne sont pas des êtres parfaits.

Enfin, ce n'est pas parce que nous nous disputons beaucoup que nous ne nous aimons plus. Nous sommes toujours un couple de parents. Et nous t'aimons, toi, toujours autant. »

Connexions : *Ils m'ennuient avec leurs histoires, Malou, la petite sorcière triste, Le petit nuage qui avait divorcé de lui-même, Les Deux Maisons de Josepha*

Le petit nuage qui avait divorcé de lui-même

Tapi dans un coin de ciel bleu,
un petit nuage noir se faisait un sang d'encre.
Son papa, un cumulonimbus,
était parti par un vent frais de printemps.
Parti où ? Dans le grand ciel bleu, vers le printemps, sans doute.
Pour quelle raison ? Difficile à dire.
Il arrive qu'un vent de force 4
emporte tout sur son passage.
« Les nuages sont faits pour voler et se promener,
lui avait raconté son père.
Pas pour rester toujours à la même place, dans le grand ciel bleu.
Tu comprends ?
C'est contraire à la loi de la vie.
Un nuage qui stationne dans le ciel, le soleil a vite fait de l'avoir.
Il se fait dissoudre, manger par lui.
Alors, moi, je m'en vais.
Mais ça ne veut pas dire que je ne t'aime pas.
Ne crains rien ! Je reviendrai ! »
Et puis, son papa s'était transformé
en une vague traînée d'avion blanche dans le ciel.

Ce qui signifie, en langage nuage :
« *Ciao* ! les amis, la famille, j'y vais. »

Petit Nuage ne désespérait pas du tout
de retrouver son papa.
Car les petits nuages croient mordicus
tout ce que racontent les cumulus, stratus et cumulonimbus.
Toutes les nuits, dans ses rêves,
il voyait un groupe d'énormes nuages noirs qui se retournaient mais...
ce n'était pas son papa.
Tous les jours, il partait gambader tout seul, dans le grand ciel bleu.
Il lui arrivait de héler un ou deux gros nuages, de loin,
mais... ce n'était pas son papa.
Car les nuages se ressemblent tous, surtout les cumulonimbus,
qui sont noirs et gorgés de pluie.

Depuis cette sinistre histoire, sa maman,
un délicat nuage cotonneux,
était devenue fine comme de la gaze.
On voyait le ciel à travers elle.
Elle ne pleurait pas – parce que certains nuages
ne sont pas faits pour ça,
mais ils s'affinent, s'affinent... jusqu'à disparaître.
Ils se transforment en serpent, en araignée,
en Père Noël avec son traîneau.
Mais aussi en chapeau de lutin, en mouton noir ou mouton blanc.
Tu sais, ce sont tous les nuages que tu vois
quand tu t'allonges sur la terre.
Ils se transforment en n'importe quoi !

C'est pour cela que Petit Nuage maintenant
se faisait un sang d'encre.
Il craignait que sa maman ne s'efface, dans le grand ciel bleu.
Elle était si fragile.
Que deviendrait-il si, à sa place,
il n'y avait plus qu'un morceau de ciel bleu, le grand vide ?
Petit Nuage avait maintenant peur de tout.

Peur qu'un avion, en passant, ne lui déchire les entrailles,
peur qu'un cyclone ne détruise la belle harmonie du ciel.
Et enfin, il redoutait qu'un coup de vent ne l'emporte.

Il s'était mis à le détester,
ce vent qui lui avait pris son papa.
Petit Nuage restait donc immobile, calé dans un coin du ciel,
de crainte que les choses ne bougent, que les choses ne changent,
aspirant à l'immobilité absolue.
Parce que, si les choses bougeaient un tant soit peu,
il avait l'impression que tout le monde en mourrait.
Le ciel, pour lui, était devenu gris. Gris et froid.
« Cache-toi ! » disait-il à son copain le soleil.
« Va-t'en ! » disait-il à la brise de printemps.
« Ouste, dehors ! » faisait-il à la rosée du matin.
« Du balai ! » maugréait-il à l'arc-en-ciel rose, mauve et jaune,
qui rend pourtant les petits nuages tout joyeux.
« Allez voir ailleurs si j'y suis ! »
En réalité, Petit Nuage se sentait tout divorcé à l'intérieur.
Divorcé, ça veut dire « séparé de lui-même ».
Il voulait et ne voulait pas que son papa revienne.
Il aimait terriblement et détestait énormément ce papa.
Il était devenu deux nuages en un seul.
Un qui aimait, l'autre qui détestait.
Un qui était blanc, l'autre qui était noir.
Un qui était avec sa maman, l'autre qui était avec son papa.
Peut-être était-il tout divorcé en lui-même
parce que ses parents n'avaient pas vraiment divorcé ?
que les choses n'étaient pas réglées ?

Un jour de printemps, un coup de tabac ramena le papa
de Petit Nuage.
Il était temps.
Petit Nuage sentit son cœur se gonfler...
Mais le papa ne voulait pas rentrer à la maison.
Le papa et la maman discutèrent très longuement.
Il y eut un cyclone, une dispute, un raz de marée,
un peu de tempête

et un orage terrible cette nuit-là.
C'est ce que l'on appelait vraiment « divorcer »,
et c'était ainsi beaucoup mieux que le monde de silence,
blanc et gris,
dans lequel Petit Nuage était enfermé.

Le Papa Nuage repartit,
et les parents se partagèrent le grand ciel bleu.
Pendant le printemps, d'un côté de la Terre,
Petit Nuage irait chez sa maman.
Pendant l'hiver, Petit Nuage irait chez son papa
de l'autre côté de la Terre, là où c'est encore le printemps.
Car c'est ainsi que l'on se partage le temps et la vie.
« Quel chanceux ! Chez moi, tu verras toujours le printemps,
et chez ton père aussi », fit Maman Nuage.
Et elle lui dit encore : « Moi, je t'attendrai,
mais je serai heureuse parce que tu vivras toujours au soleil.
Nous nous enverrons des messages :
un vol de papillons, une petite hirondelle.
On s'écrira ! »
C'est ainsi que Petit Nuage cessa de divorcer de lui-même,
et qu'il ne fit plus qu'un.
Un nuage qui voyageait.
Et c'était très bien comme cela.

Comment éviter le « traumatisme du divorce »

Les situations de divorce ne sont jamais faciles, même quand les parents parviennent à garder une certaine entente. L'enfant, témoin de la séparation, ne doit pas être négligé. Quand le divorce est réussi, il peut engendrer chez lui une autonomie accrue ; quand il est conflictuel, il peut déclencher une légère déprime.

Premier objectif : la sécurisation affective de l'enfant

Il est très important de respecter l'autre, son partenaire, le père / la mère de l'enfant. Ne le critiquez pas, même si cela vous brûle les lèvres. Essayez de maintenir une communication cordiale, à distance. De la même manière, ne vous interposez pas si possible, et même si c'est très difficile, entre l'enfant et sa nouvelle « belle famille ». Toutes les situations de guerre ne feront qu'augmenter le malaise de l'enfant.

Ne maintenez pas votre enfant dans l'illusion que le couple se reformera. C'est ce qu'il souhaite le plus au monde (et vous le savez), donc il va décrypter le moindre signe à son avantage. Si vous continuez à vous voir, en simples amis, soyez bien clairs avec votre enfant : le couple ne se reformera pas parce que vous êtes allés au cinéma ou au restaurant ensemble.

Faites-lui également comprendre que la décision est irrévocable, qu'elle a été prise par une tierce personne : le juge, et qu'il est donc sous la protection de la loi. L'image du juge, comme celle du médecin, renvoie à une instance supérieure, à la Loi, au Bien. C'est un symbole très important pour l'enfant.

En ce qui concerne la « double vie »

« Et ce week-end je vais chez qui : chez papa ou chez maman ? » Difficiles transitions... Il faut gérer sa double vie avec souplesse et fermeté.

De la souplesse si l'un des parents de l'enfant a des difficultés avec son emploi du temps. Telles ou telles vacances l'arrangent ?

Essayez de ne pas vous chamailler pour les dates. Faites preuve de compréhension et arrangez les choses au lieu de les envenimer. Les enfants ont tout à gagner de votre entente.

Enfin, entretenez la communication pendant les vacances. Il est bon pour l'enfant de pouvoir envoyer des lettres, petits mots, e-mail, ou fax à l'autre parent.

Discutez-en avec lui

« Pourquoi le petit nuage est-il triste et se sent-il tout partagé ? Est-ce qu'il serait plus heureux s'il savait où était son père ?

Quand ses parents se remettent à discuter et même à se disputer, il se sent mieux. Parfois, quand les situations ne sont pas claires, on ne sait pas où on va. Il vaut mieux parfois prendre des décisions définitives, plutôt que de vivre dans le flou...

Quand les parents ont décidé de ne plus vivre ensemble, la meilleure décision que l'on puisse prendre, c'est que les enfants continuent à voir leur papa et leur maman. De se partager le temps comme au pays des nuages on se partage le ciel. »

Connexions : *Malou, la petite sorcière triste, Les Deux Maisons de Josepha, Ils m'ennuient avec leurs histoires, Myrtille la chenille*

6

Des histoires de mamans

Les mamans sont des fées et des sorcières

« Moi, disait petit Tom à sa maman,
je crois que les mamans sont des fées et aussi des sorcières.
Quand elles préparent un bon goûter avec du chocolat chaud,
tout noir tellement il y a de chocolat dedans,
avec des gaufres au sucre blanc, comme s'il avait neigé dessus,
c'est comme si elles avaient agité leur baguette magique.
Mais quand elles nous confisquent nos M&M's,
parce que ce n'est pas l'heure,
soudain il leur pousse un long nez, une verrue,
de longs doigts crochus sur les mains.
Quand les mamans nous prennent dans les bras
pour nous endormir
ou qu'elles nous racontent l'histoire qu'on voulait juste entendre,
elles ont des bras tout chauds et une voix toute douce
comme les petites fées des montagnes.
Mais quand elles nous donnent une fessée,
c'est avec des mains dures et poilues
comme celles des sorcières.
Quand on est sur leurs genoux,
le nez dans leur cou tout doux qui sent un parfum tout chaud,

parce qu'on pleure et qu'elles nous consolent
(surtout si c'est avec un cadeau),
ce sont des fées.
Quand elles nous hurlent dessus, parce qu'on ne fait pas assez vite,
parce qu'elles sont fatiguées, énervées, en rentrant le soir,
ce sont des sorcières qui disent "non" pour un rien.
Quand elles sont en retard à l'heure des mamans,
c'est parce qu'elles ont eu une panne de balai volant.
Quand elles viennent nous chercher
alors qu'on ne les attendait pas,
c'est grâce à leur baguette magique ! »
Tom regarda sa maman en coin
car, bien sûr, il venait de se disputer avec elle.
« Nous, les mamans, nous en avons de la chance
d'être deux personnes en une seule.
Dis-moi, Tom, préfères-tu que je sois une fée ou une sorcière ? »
Tom haussa les épaules.
« Une fée, bien sûr ! Une fée gentille et jolie.
— Je te comprends, répondit sa maman.
Il me semble que, moi aussi, je préfère être une fée.
Et, à vrai dire, je déteste, mais vraiment je déteste
être une sorcière telle que tu la décris.
— Ah ? interrogea Tom.
— Le monde est si simple, répondit maman en riant.
Moi, je déteste les sorcières, et tu les détestes aussi.
Si tu es sage comme un ange,
jamais tu ne me transformeras en sorcière.
Enfin, presque jamais.
Parce que parfois, bien sûr, on s'énerve un petit peu pour rien.
Mais si tu te transformes en démon,
je suis obligée de te punir et, donc, de me transformer en sorcière.
Alors, on joue à l'ange et à la fée ? »
Tom promit et ils se serrèrent la main pour conclure le marché.

Tu devines la suite ? Tom était parfois un ange
et parfois un démon, malgré tous ses efforts...
Parfois, c'était le contraire :
maman était un peu énervée, fatiguée.

Alors, elle devenait un tout petit peu sorcière
et elle transformait Tom en un petit démon.
Car les sorcières donnent naissance aux démons
et les démons aux sorcières.
Mais, après cinq ou dix minutes à se disputer et à pleurnicher,
Tom demandait :
« Maman, s'il te plaît, reprends ta baguette de fée.
Je vais remettre mes ailes d'ange. »

Les mamans qui crient

« Je suis obligée de crier / de sortir de mes gonds / de menacer pour me faire entendre... » Qui n'a jamais prononcé ces phrases ? Même les femmes en apparence les plus douces avouent que, parfois, elles ne peuvent pas faire autrement.

Pourquoi donc crions-nous pour nous faire entendre ?

Interrogez-vous : peut-être, au fond de vous-même, manquez-vous de fermeté ? ou perdez-vous patience ? ou criez-vous pour appeler au secours ? ou reproduisez-vous un modèle déjà entendu pendant votre enfance ? Essayez d'analyser la raison profonde qui vous fait sortir de vous et vous serez mieux à même de la combattre.

Car crier, tempêter et menacer sont des solutions très perverses. Quand on commence à crier ou à menacer, on entre dans un cercle vicieux : les enfants ne nous entendent plus quand nous parlons normalement. Nous sommes donc obligées de crier encore plus fort, de plus en plus fort. Et nous entrons dans la surenchère !

Si vous vous en rendez compte, essayez de rompre le cercle vicieux. Abaissez progressivement le « seuil des cris », comme si vous baissiez le bouton du volume. Vous vous apercevrez que l'enfant vous écoute un peu plus. Et vous reprendrez de bonnes habitudes. Facile à dire, bien sûr, mais il faut essayer afin de ne pas se transformer en sorcière trente-six fois par jour...

Car les cris ne sont pas une solution. L'enfant risque d'être légèrement déstabilisé, dérangé dans la permanence du modèle qu'on lui offre : maman gentille / maman méchante. Il ne sait plus vraiment où il en est ; or, il a terriblement besoin de sécurité, de permanence, de limites stables. Autre effet pervers : l'enfant risque de ne concevoir ses relations avec autrui que comme des rapports de force.

Comment asseoir votre autorité

Ayez plus confiance en vous. Les interdits que vous édictez sont indispensables. Votre enfant en a besoin. Donc, ne parlez pas sur un ton pseudo-interrogatif, mais très nettement affirmatif, voire impératif. Les enfants, bien évidemment, sont sensibles à ces petits détails.

Au lieu de crier, regardez-le dans les yeux et parlez fermement en articulant.

Réitérez deux ou trois fois votre demande, pas plus. S'il n'a pas obéi, vous pouvez toujours opter pour la solution archiclassique : « Attention ! je compte jusqu'à trois : un, deux... » Généralement, ça marche.

Discutez-en avec lui

« As-tu remarqué ? Quand tu m'écoutes bien, je ne gronde jamais. Je préfère que tu me dises : "D'accord, maman, j'ai compris." Mais ne fais pas la sourde oreille.

Il est plus agréable de vivre en bonne entente. Je te propose un marché. Nous allons chacun faire des efforts. Toi, tu m'écouteras plus, et moi, je crierai moins. »

Connexions : *Toutes les Mamans du monde, Une journée sans maman, Comment tuer un monstre*

Toutes les Mamans du monde

Tous les petits chats, tous les petits chiens ne se ressemblent pas.
Tous les oiseaux sont différents. Eh bien, les mamans aussi.
Il y en a des grandes, des petites, des maigres et des grosses,
des mamans qui aiment jouer
et d'autres qui n'aiment que travailler,
des mamans gourmandes qui font des gâteaux sublimes
et celles qui t'emmènent au McDo manger des *nuggets* au poulet.
En voici quelques exemples. Peut-être reconnaîtras-tu la tienne ?

— Les mamans pipelettes : elles chuchotent, elles sourient, elles rient sous cape... Elles s'arrêtent à tous les coins de rue avec leurs copines et racontent tout ce qui passe dans nos têtes (c'est énervant) et même les pires bêtises qu'on a faites. Plus tard, quand on a une fiancée, tout le quartier est au courant. Résultat : avec la maman pipelette, on arrive toujours en retard à l'école. N'empêche que, grâce à elle, on sait tout de la vie de l'école. Elle sait où la directrice achète son pain et quel est le coiffeur de la jolie maîtresse, et pourquoi le prof de gym a eu une dépression nerveuse.

— Les mamans « récup' » : elles ramassent tout ce qui leur tombe sous la main pour confectionner des jolies choses (des vieux spaghetti séchés, des grains de riz, des marrons sans aucun intérêt, des cartons à chapeau, des vieux papiers d'ordinateur...). Avec tout ça, on prépare de jolis cadeaux pour la fête des Pères. Comme ils ont de la chance !

— Les mamans des petits génies (enfin, c'est ce qu'elles pensent) : elles nous font lire à six mois sur les bouteilles de lait ; elles ne perdent jamais une occasion de nous apprendre à compter (« Deux fraises Haribo plus trois Smarties, ça fait combien ? »). Quand elles rencontrent une autre maman sur le chemin, elles ne cherchent qu'une chose : les persuader qu'on est surdoué, du genre « Devine ce que mon Pierre a fait ? Il a sauté en parachute à trois ans et demi ! Et ma Charlotte a réussi à réparer la machine à laver ! »
— Les mamans rondes et enrobées : elles sont vraiment très gourmandes. Pendant les goûters d'anniversaire, elles dévorent toutes les assiettes de Smarties et de fraises Haribo. Elles confectionnent des gâteaux au chocolat et des tartes aux pommes (« pour les enfants », disent-elles). Elles terminent notre assiette de coquillettes et notre Danette au chocolat (mais pas la soupe au potiron). Elles disent : « J'ai horreur de jeter. » Il n'y a qu'une chose qui les fasse maigrir : c'est quand nous, on ne mange rien. Là, elles deviennent toutes blanches, toutes maigres. Rien ne peut les rendre plus malheureuses.
— Les mamans toutes minces : elles font des régimes dix fois par an. Elles avalent trois feuilles de salade (sans la vinaigrette), du chou-fleur à la vapeur. Elles calculent tout : le chou-fleur devient 20 mg de calcium ; le bifteck haché se transforme en protéines et matières grasses... Elles oublient souvent le beurre dans les gâteaux. Ça, c'est pas très rigolo !
— Les mamans étourdies : de vraies têtes de linotte ! Le jour de la rentrée des classes, on est encore en vacances. Elles oublient d'acheter les bougies d'anniversaire, les cadeaux d'anniversaire, de glisser les affaires de piscine dans le cartable. Quand on est au CP ou au CE1, elles croient qu'on est encore à la maternelle. Parfois, elles oublient même de venir nous chercher à l'école. Mais comme on est au courant, on ne s'inquiète pas. Même quand on se retrouve au commissariat !
— Les mamans « dodo » : elles viennent nous chercher à l'école en robe de chambre rose à dentelles, chaussées d'une paire de pantoufles à pompons, en serrant leur doudou dans les bras. Leurs signes distinctifs : elles bâillent trente fois par minute et arrivent en retard à l'école. On les retrouve dans le dortoir, en train de ronfler pendant la sieste. Le week-end, on les adore ! Parce qu'elles

nous disent : « Demain matin, tu peux regarder la télé jusqu'à 11 heures. À condition de ne pas faire de bruit. » Pendant ce temps, bien sûr, elles se recouchent.
— Les mamans bizarres : elles ne ressemblent pas du tout aux autres. Elles ont parfois les cheveux bleus, ou verts, ou avec des mèches roses et rouges. Elles circulent à moto (et nous derrière elles), et quand elles viennent nous chercher à l'école, elles ont du cambouis sur les mollets. Elles fument le cigare ; elles portent un perroquet sur l'épaule. Parfois, on a un peu honte, alors on les fait passer pour la grande sœur ou la nounou.
— Les mamans pressées : elles circulent en hélicoptère, en rollers, en saut à l'élastique quand elles habitent dans une tour. Elles portent une montre à quatre cadrans à chaque poignet. Le matin, elles descendent en parachute pour nous déposer à l'école. Parfois, elles sont tellement pressées qu'elles oublient de nous dire au revoir dans la cour.
— Les mamans fâchées : elles ont toujours l'air en colère parce qu'elles ne prennent pas le temps de sourire. Dès le matin, elles hurlent parce que le thé n'est pas assez chaud, parce qu'il est trop chaud, parce qu'il n'est pas bon, parce qu'on a bu trop vite ou pas assez vite. Avec elles, les claques partent vite, et les fessées encore plus. Mais on leur pardonne parce qu'elles ont beaucoup de choses à faire.
— Les mamans inquiètes : elles viennent habiter en face de l'école rien que pour nous regarder avec une longue-vue et voir si on se fait écraser comme une mouche par les plus grands. Si c'étaient des fées, elles se transformeraient en poussière de craie ou en plante verte, rien que pour pouvoir nous surveiller dans la classe. Quand on a un peu de fièvre (38), c'est un tremblement de terre à la maison : elles appellent les pompiers, et il faut nous emmener à l'hôpital le plus proche.
— Les mamans sportives : elles mettent le réveil à 5 heures du matin pour nous emmener escalader la tour Eiffel. À partir du mois de décembre, elles nous accompagnent à l'école à skis (à roulettes), et dès le printemps, elles nous emmènent pour faire le tour de la Seine en aviron. Le mercredi, elles nous ont inscrits au judo, à l'escrime et à la piscine. Avec elles, on ne va jamais au cinéma ; on ne fait pas de cuisine. Mais on a de ces muscles !

— Les mamans à la mode : on les aime bien parce qu'elles sont toujours très jolies, bien habillées, avec du rouge à lèvres. Mais on aime moins quand elles veulent nous habiller, nous. Tous les soirs, elles rentrent avec de nouveaux vêtements, des petits pantalons bien serrés, des petites chemises, des petites robes et des barrettes. Tous les samedis, il faut aller acheter des vêtements ou des chaussures. Nous, on préfère traîner en baskets et en jogging.

Et puis, il y a aussi les sévères, les têtes à claques, les « claqueuses » de têtes, les hurlantes, les maîtres-chanteuses (une cuillère de chou-fleur contre un épisode des *Animutants*), les panoramiques (quand on tourne la tête, où que l'on soit, elles nous regardent toujours, elles ont toujours l'œil sur nous, on ne leur échappe pas !). Il existe des milliers et des milliers de mamans. Une chose est sûre : elles ne sont pas parfaites, mais au bout du compte, on n'échangerait pas la sienne contre une autre !

Les relations mère/enfant

Traditionnellement, les mamans représentent la douceur, la tendresse, la « mère consolatrice ». Dans les faits, elles sont bien obligées d'être sévères et de poser des limites – en particulier quand il n'y a pas d'homme à la maison.

Fée et sorcière...

C'est bien là la difficulté ! Une mère ne doit pas tout laisser faire à son enfant même si, dans son cœur, elle a terriblement envie que son enfant lui manifeste son amour avec moult sourires et câlins, ou en lui disant : « Maman, je t'aime » ou « Tu es la plus belle », etc. Ce que les enfants disent en général quand on leur donne une sucette, un cadeau ou toute autre friandise...

Les enfants savent merveilleusement jouer du chantage affectif, en particulier en comparant leur destinée à celle de leurs copains : « Chez Léo, on a le droit de regarder la télé le matin », « Jean a une Game Boy. Ses parents sont gentils, eux », « Chez Fanny, tu te rends compte, ils vont tous les samedis manger au McDo », etc.

Discutez-en avec lui

(bien sûr après une dispute)

« Parfois, les mamans méritent des 2/10, un zéro pointé et même un bonnet d'âne. Quand elles crient et qu'elles donnent des claques, ou même une fessée, on se dit que ça n'est pas juste. On devient rouge de colère, on bougonne dans son coin, et on a envie de lui faire la même chose.

Peut-être t'arrive-t-il de penser : "J'ai la maman la pire du monde !" ? Peut-être te dis-tu : "Je voudrais échanger ma maman contre une autre" ? Tu as toujours l'impression que la tienne est plus sévère, plus injuste qu'une autre ? Détrompe-toi : toutes les mamans ont leurs lubies, leurs petites manies, leurs trucs à elles.

Mais toutes ces mamans ont aussi un point commun : elles adorent leurs enfants. »

Connexions : ***Une journée sans maman, Les mamans sont des fées et des sorcières***

Histoire des enfants kangourous

On dit que, bien avant d'être des hommes,
nous étions des singes.
Moi, je vais te le dire :
avant d'être des hommes, nous étions...
des kangourous !
Nos arrière-arrière-arrière-grands-pères et leurs parents
étaient des petits kangourous.
Nos têtes étaient toutes minuscules,
nos bras tout rikiki,
nos jambes toujours pliées dans l'attente du grand saut.
Et surtout, nous avions une grande poche sur le ventre.
C'était drôlement pratique.
On y rangeait le bébé, sa tétine, son doudou, le biberon du soir.
Et aussi le cartable, les cahiers et les livres d'école.
Et puis, les Playmobil, les Barbie et tous les jouets.
Et hop, hop, hop ! en quelques sauts de puce (ou de kangourou),
on était à l'école.
Tout cela était très bien.
Le seul problème,
c'est que les enfants restaient très, très longtemps
dans la poche des mamans.
Même à la très grande école, et puis après...
Ils y étaient si bien !

Mais un jour, un petit enfant kangourou,
un polisson, sauta de la poche et dit :
« Moi, je veux me dégourdir les jambes ! »
Il sauta et dit : « *Bye bye* » à sa maman.
Tous les autres le suivirent.
Depuis ce jour, la poche des mamans kangourous s'est fermée.
Depuis ce jour, nous nous sommes mis à changer :
nos cheveux ont poussé sur nos têtes ;
nos jambes sont devenues toutes droites,
nos bras et nos idées plus longs.
Nous n'étions plus des enfants kangourous,
mais des enfants tout court.
Depuis ce jour-là,
les enfants vivent à côté des mamans
et non plus dans leur ventre.
Depuis ce jour-là, les mamans,
grâce à leurs longs bras,
peuvent enlacer quand elles veulent leurs enfants,
pour leur faire d'énormes câlins.

Ça remplace un peu la poche sur le ventre,
mais c'est beaucoup mieux comme cela, n'est-ce pas ?

Laissons-les être autonomes

Difficile métier que celui de la mère, qui consiste à « fabriquer » un bébé, puis à accepter, progressivement, qu'il vole de ses propres ailes. C'est là tout le paradoxe et la nature même du rôle maternel.

Le rôle de la mère

D'après la psychanalyste Christiane Olivier, les mères sont toutes-puissantes dans l'éducation de leurs enfant, et elles devraient accepter un peu plus de déléguer leur pouvoir aux papas. « Elles ont beaucoup de mal, après la grossesse, à sortir de la “bulle” qu'elles forment avec l'enfant. Certaines n'y parviennent pas, et elles refusent même l'accès du père au berceau[1]. »

Christiane Olivier ajoute qu'il n'est pas bon que l'enfant soit « immergé dans le féminin », dans un face-à-face absolu, sans autre regard, ni autre échappatoire.

L'autonomie ne s'acquiert pas en 24 heures ou même en quelques années : elle est progressive. Elle consiste à faire confiance au bébé, à l'encourager dans ses découvertes. Cela peut commencer dès l'âge de 3 ou 4 mois, en lui laissant explorer toutes les possibilités que lui offre son corps. Puis, à partir de 8 mois, on doit arrêter le « biberon de lit » qui certes le rassure mais l'incite à chercher une aide pour s'endormir. Plus tard encore, on aura intérêt à le faire décrocher de la « totoche », une autre forme de servitude. Enfin, à partir de 7 ou 8 ans, sans toutefois le lâcher du jour au lendemain, on lui apprendra à se débrouiller progressivement dans la rue.

Discutez-en avec lui

« On a besoin de se séparer pour grandir.

Se séparer, pour l'instant, cela signifie “se dire au revoir avant d'aller à l'école, se dire bonne nuit avant d'aller dormir”. Ou “Dors bien”, “À ce soir” quand papa et moi nous sortons.

---

1. *Peut-on être une bonne mère ?*, Fayard, 2000.

Il est difficile de se séparer. Je crois même que c'est l'une des situations les plus difficiles à vivre, pour les mamans aussi.

On a un petit bébé, on l'a fabriqué dans son ventre, et soudain, le voilà devenu presque grand !

Si on vivait toujours les uns avec les autres, les uns sur les autres, ça ne serait pas très drôle. Nous n'aurions plus rien à nous raconter, le soir ! Nous ne sommes pas des petits animaux, comme les kangourous, qui vivent dans la poche de leur maman. Moi je pense que, si tu vivais tout le temps dans ma poche, tu en aurais très vite assez ! »

Connexions : ***Myrtille la chenille, Histoire du papillon qui restait collé à sa fleur, Toutes les Mamans du monde, Les Petits Lions tout rikiki***

Une journée sans maman

« Moi, disait Titus,
si je n'avais pas de maman,
je serais tranquille comme un roi.
— Ah oui ? répondit maman.
— Voilà à quoi ressembleraient mes journées,
si je n'avais pas de maman :

7 h 30
Je ne me réveillerais rien que pour le pot de Nutella.
Je mangerais tout le pot avec la lame du couteau.
Après, j'allumerais la télé avec des moustaches de Nutella
et les doigts pleins de Nutella,
et je regarderais tous les dessins animés
avec des méchants aux dents d'acier et aux yeux jaunes.
Je boirais du Coca AVEC caféine,
celui qui énerve et empêche de dormir,
les pieds sur le canapé blanc très salissant.
Avec mes doigts pleins de Nutella,
je changerais toutes les deux secondes de chaîne,
même si je comprends rien.
Et personne n'irait me demander :
"Chéri ? Qu'est-ce qui se passe à la télé ?",
ni vérifier que j'ai bien compris ce qui se passait.
Ensuite, à l'heure où il faut s'habiller pour l'école,
je me rendormirais.

10 heures
Je reprendrais un deuxième pot de Nutella
et aussi un sac entier de chips.
Les pieds nus et les ongles crasseux,
je serais heureux comme un prince.
J'attraperais un rhume parce que je n'aurais pas mis mes chaussons.
Je ne me laverais pas les dents après le petit-déjeuner.
Ni trois minutes, ni trois secondes.
Et personne ne me menacerait d'aller chez le dentiste.

Midi
J'enlèverais, peut-être, mon pyjama, mais peut-être pas,
et j'enfilerais le vieux jogging tout troué et mes baskets
qui, paraît-il, sentent la morue séchée.
Je téléphonerais à tous mes copains,
et on irait tous ensemble au McDo.
On commanderait le menu « enfant » ;
on ouvrirait d'abord le jouet
et, ensuite, on mangerait les frites froides.
On jetterait le yaourt à la fraise.

14 heures
On irait tous chez moi,
même Isidore Tètaclac et Ursule Toutenlair
qui hurlent et sont très mal élevés.
Et là, on mettrait tout en bazar.
On sortirait les jouets tous en même temps,
sans jamais ranger les vieux avant.
Et sans jamais entendre une voix derrière nous :
"Vous n'allez tout de même pas tout sortir",
alors qu'on est justement en train de tout sortir.
On ferait du bruit ; on casserait un vase sans faire exprès ;
on allumerait en même temps et très fort
la télé, la radio, la chaîne hi-fi, l'ordinateur, et le pistolet laser.
Ça ferait un bruit insupportable et on serait encore plus excités.

16 heures
On prendrait le goûter dans un lit qu'on aurait transformé
en cabane :
fraises Haribo, chewing-gums, dinosaures mous
de toutes les couleurs,
œufs Kinder et chips. Tout ça dans le désordre.
Et si on n'avait pas faim, on ne prendrait aucun goûter.

18 heures
Juste avant le dîner, on aurait forcément faim.
Alors, on mangerait et même on dévorerait
tout ce qui nous tombe sous la main,
et personne ne serait là pour nous dire :
"C'est bientôt le dîner. Ne grignotez pas,
vous allez vous couper l'appétit."
Ensuite, les mamans viendraient récupérer leurs enfants.
La couronne sur la tête
(parce que j'aurais été le roi, le roi et rien que le roi),
des bonbons collés dans mes cheveux, je les féliciterais :
"Il a été très sage. Vraiment, félicitations.
Comme il est bien élevé",
et les mamans auraient du rose sur les joues,
tellement ça leur ferait plaisir.
Le dernier copain parti,
je ne rangerais pas ma chambre. Ça, non !
Et je n'irais pas dormir non plus.

Je ressortirais de la maison.
J'irais chez Anatole et je mettrais aussi le bazar chez lui.
Et on regarderait la télé jusqu'à 1 heure du matin,
et on ne dormirait jamais.
Parce qu'il n'y aurait pas d'école le lendemain.
Parce qu'il n'y aurait jamais école le lendemain.
On serait libres. »

La maman de Titus écoutait.
« Et le surlendemain ?
— Le surlendemain, ça serait la même chose.

Parce qu'on serait libres.
— Et le jour d'après ?
— Pareil.
— Ah bon ? dit maman, en bâillant.
Tous les jours la même chose ?
Tous les jours le même bazar ?
Et le même pot de Nutella ? C'est très, très ennuyeux.
— Non, murmura Titus. On inventerait d'autres bêtises.
— Oui, et après avoir fait toutes les bêtises du monde ? »
Titus réfléchit :
« On irait dans d'autres pays pour les faire ailleurs.
En Angleterre, en Chine, en Russie.
— Ça, c'est une bonne idée, dit maman, avec sincérité.
Et ensuite ?
— Ensuite, je ne sais pas. »
À dire vrai, Titus ne savait pas comment terminer son histoire.
« Moi, je sais, dit maman.
L'histoire se terminerait parce que, tout roi que tu es,
tu te sentirais très seul.
Parce que, quand on fait de grosses bêtises tout seul,
on est triste à en mourir.
On est tellement triste... qu'on n'a même plus envie d'en faire.
Alors, tu auras très, très envie de retourner dans ton école,
pour apprendre des histoires.
Et après l'école, tu auras très, très envie aussi
de retrouver ta maman.
Ta maman qui t'aime, mais qui t'interdit de faire certaines choses,
parce que c'est mal et qu'elle ne veut pas que tu fasses mal.
Parce qu'une maman est là pour les deux :
pour aimer et interdire à la fois.
Et ça, crois-moi, c'est un sacré travail.
Ça ne veut pas dire qu'elle ne t'aime pas, bien sûr.
Est-ce que tu me crois ?
— Oui », murmura Titus.
Titus se réfugia dans les bras de sa maman
et eut, tout soudain, une énorme envie de dormir...

Les Petits Lions tout rikiki

Il était une fois, il y a très, très longtemps,
une savane tropicale pleine d'hévéas,
de moustiques géants et de koalas,
de chimpanzés farceurs, d'orangs-outangs chapardeurs.
Et qui donc était le roi de la jungle ? Le lion ?
Eh bien, détrompe-toi.
Le roi, c'était l'éléphant
avec sa trompe et ses deux défenses en ivoire,
le gros éléphant bedonnant
avec sa grosse voix de basson
qui donnait ses ordres d'un bon coup de trompette.
« Et pourquoi pas le lion ? » te demandes-tu.
Il faut te dire que, dans cette savane-là,
les lions étaient tout petits, tout rikiki,
grands comme ta main et un quart de ton bras !
Le gros problème, avec ces lions-là,
c'est qu'ils ne poussaient pas !
À huit ans, ils étaient grands comme des lionceaux de six mois.
Oh, ça ne les gênait pas plus que ça.

Un jour, ils apprirent que, il y avait très longtemps,
un grand, majestueux et terrible lion avait été roi de la jungle.
Cela leur sembla extrêmement curieux.

Était-ce vrai ? Est-ce qu'un jour,
il avait existé un lion suffisamment grand, fort, féroce et puissant pour se faire respecter ?
Depuis ce jour, les lionceaux et leurs mamans se demandaient :
« Comment faire pour être à nouveau forts comme un lion ? »
Et elles se demandaient encore :
« Que faut-il faire pour que nos bébés lions
reprennent le pouvoir ?
— Peut-être ne mangent-ils pas assez ?
suggéra la première lionne.
— Peut-être devrait-on les suspendre par les pattes
toutes les nuits de pleine lune ?
proposa la seconde lionne. Ainsi leurs membres grandiront.
— Peut-être devrions-nous les nourrir avec de la chair
de jeune girafe ? »
conseilla la troisième.
Et toutes ces mamans se grattaient la tête.
La plus sage décréta :
« Nous n'y arriverons jamais.
Il nous faut quelqu'un de fort, de courageux et de malin. »
Elles appelèrent le grand Bonobo,
le chimpanzé le plus futé de la savane.
« Pourquoi nos lionceaux restent-ils tout rikiki ?
Comment vivent les autres lions ?
— Ils se nourrissent de viande de gazelle ;
ils attaquent les buffles pour se faire les muscles, dit Bonobo.
— Comme nous ! répondit le chœur des lionnes.
— Ils se battent pour jouer ;
ils prennent des bains de soleil ;
ils se grattent le dos contre le sol ;
ils se disputent entre frères et sœurs, dit encore Bonobo.
— Comme nous ! approuvèrent les lionnes.
— Ils étudient à l'école des lions ;
ils apprennent l'art de la chasse.
— Comme nous !
— Ils écoutent les conseils des plus sages,
les vieux lions tout chenus, dit encore Bonobo.
— Comme nous !

— Et les nuits de pleine lune,
ils se frottent l'échine contre le plus vieil hévéa de la savane.
On dit que ça donne de la force.
— C'est ce que nous faisons, répliquèrent les lionnes.
— Mais, fit Bonobo avec un étrange sourire,
il y a autre chose encore...
La nuit venue, ils s'éloignent de leur maman
pour dormir dans leur lit.
— Seuls ?
— Absolument, dit Bonobo. Tout seuls ! Sans leur maman ! »
Les lionnes étaient étonnées.
Car dans cette savane-là, chaque nuit,
les petits lions venaient se réfugier tout contre leur mère,
et tous deux entraient ensemble dans le sommeil.
Bonobo expliqua :
« Ils disent là-bas que, pour grandir,
il faut dormir tout seul.
Ils disent aussi que ceux qui dorment tout le temps
avec leur maman
restent à jamais des bébés
et qu'ils ne peuvent prétendre au trône et au pouvoir. »
Les lionnes se regardèrent avec stupéfaction.
Dire qu'elles pensaient toutes agir pour le bien
de leurs petits lionceaux !
Elles pensaient toutes les protéger,
les empêcher d'avoir peur, les aider à grandir.
« C'est tout le contraire, décréta Bonobo.
Si une maman lionne reste trop près de son lionceau,
ses pattes, sa tête, son corps n'auront pas de place pour grandir. »
Et il ajouta, d'un air sage :
« Les plantes sont pareilles.
Il leur faut de la terre, de l'eau et de l'espace... »

Le soir même, chaque maman
raconta l'histoire des lions grands et forts à ses enfants.
Ils eurent du mal à admettre cela.
Ils allaient quitter le plus doux des oreillers,
la plus chaude des couvertures,

pour s'aventurer seuls dans la jungle obscure ?
Chaque maman recouvrit ses lionceaux d'une feuille de palmier
(quand je vous dis qu'ils étaient vraiment rikiki),
et leur souhaita « bonne nuit » avec un gros câlin.
Chaque maman resta à côté d'eux, mais pas vraiment tout à côté,
et les entendit s'endormir avec ravissement :
« Comme ils étaient grands, comme ils allaient devenir forts ! »
Depuis ce jour, les lions se remirent à grandir,
et bien sûr, ils redevinrent les rois de la jungle.

Pourquoi les enfants veulent dormir avec leurs parents

Qui n'a jamais eu affaire à cette demande intempestive : « Maman... Je peux rester avec toi, cette nuit ? » Inutile d'attendre le fameux complexe d'Œdipe. Ce désir de partager le lit des parents survient vers 18 mois, ou, chez les plus précoces, vers 14 mois. Est-ce le tout début des angoisses existentielles ?

L'expérience de la solitude

Dans *Tout est langage*[1], Françoise Dolto écrit : « Ils ont envie de retourner à la vie fœtale pendant le sommeil, entre papa/maman, pour ne pas éprouver la solitude d'un être qui se sait devenant-fille ou devenant-garçon, et qui demande à être complété par un autre. »

Il est vrai que ces moments entre chien et loup où l'on entre à petits pas dans le sommeil peuvent être, au départ, source d'angoisse pour l'enfant. C'est normal : ce retour au calme est vécu par lui comme une rupture, rupture avec la vie en collectivité, avec les jeux, le bruit, la lumière. Avant de dormir, même enfant, on fait la première et indispensable expérience de la solitude.

Que faire ?

Soyez clair(e) avec vous-même. Peut-être avez-vous pris l'habitude, dès le retour de la maternité, de dormir avec votre enfant ? Peut-être êtes-vous angoissé(e) par la mort subite du nourrisson ou d'autres accidents ? Ou peut-être, tout simplement, ne parvenez-vous pas à lui dire : « Non, tu dois dormir seul(e). »

C'est un phénomène de société. Les psychologues l'affirment : les parents ont de plus en plus de mal à résister à la pression et aux demandes des enfants. Il y a d'abord ceux qui travaillent et qui, rentrant tard, ont envie de faire plaisir à leur enfant au moment des retrouvailles. Il y a ensuite, de plus en plus nombreux, les parents seuls qui ne peuvent pas résister aux demandes de leur

1. *Tout est langage*, Gallimard, 2003.

petit. « Les papas séparés ou divorcés, explique une psychologue de l'École des parents et des éducateurs, ont de plus en plus de mal à jouer leur rôle d'éducateur. Difficile de dire "non", quand on voit son petit un week-end sur deux ! »

Pourtant, le lit est le symbole du couple, c'est la place des parents. Comment donner à l'enfant l'envie de grandir si vous lui montrez l'image de votre propre solitude ? Même si vous n'avez pour le moment pas de partenaire, il est important de laisser cette place vide, comme la place à venir du futur compagnon (ou de la future compagne).

Vous pensez le rassurer en le prenant avec vous ? Vous parviendrez au résultat inverse. Si vous le prenez avec vous, il comprendra : « Tes craintes sont justifiées. Je reste avec toi car tu as raison d'avoir peur. » Autre effet pervers : en dormant avec vous, il sera déstabilisé par ce manque de repères géographique et symbolique. Où est sa place ? Est-il enfant ou partenaire du même sexe ?

Discutez-en avec lui

« Il est important de pouvoir dormir seul. C'est la preuve que l'on grandit, que l'on est capable de rester seul un moment, de réfléchir tout seul à des tas de choses, d'avoir des secrets avec soi-même. On pense à la journée qui s'est écoulée, on réfléchit à ce que l'on a aimé, à ce que l'on a détesté, aux bons moments avec les copains. Et c'est un peu se construire soi-même, car quand on est tout seul, on apprend mieux à se connaître.

Celui qui dormirait tous les jours avec sa maman reste un peu à l'état de bébé. C'est comme une petite plante qui a besoin d'un tuteur pour tenir droit. Et ça empêche d'avancer, de grandir.

Papa et maman ont besoin de dormir ensemble, ils se retrouvent le soir et ils ont leur vie de grandes personnes bien à elles. Les enfants restent avec les enfants et les grands dorment avec les grands. Toi aussi plus tard, tu dormiras avec la personne que tu aimes d'amour. »

Si vous le retrouvez au petit matin coincé entre vous deux : rappelez-lui immédiatement les règles. Si l'habitude est prise : réagissez en douceur. En revanche, vous pouvez accepter un petit câlin le week-end quand vous faites la grasse matinée. Il est inutile de « sacraliser » le lit au point de l'interdire totalement. Mais faites-lui comprendre que ces moments restent exceptionnels.

Connexions : *Des histoires pour dormir, Histoire des enfants kangourous*

Maman est trop pressée

Tout commença le jour où la maman d'Ivan reprit son travail.
Elle se mit soudain à aimer passionnément sa montre.
Toute la journée, elle la regardait et elle soupirait :
« Mon Dieu, déjà 10 h 05 ?
Déjà 6 h 37 mn et 24 s ?
Déjà 8 h 28 ?
Mon Dieu, c'est épouvantable ! »
Et elle courait, les cheveux au vent,
du bureau à l'école, de l'école au bureau,
du bureau au cours de violon d'Ivan,
du cours de violon d'Ivan à son cours de chant,
de son cours de chant chez le dentiste,
du dentiste chez le boucher,
du boucher chez l'épicier...
Car elle voulait tout faire, la maman d'Ivan.
Pour gagner du temps, elle avait acheté dans un magasin spécialisé
une paire de baskets supersoniques
avec un petit moteur que l'on met en marche
en remontant un petit bouton rouge.
Ces baskets vous propulsaient à quinze kilomètres par seconde
à l'endroit où vous vouliez aller.
Tout ça avait l'air très amusant, n'est-ce pas ?
Sauf que ça ne l'était pas du tout !

Car la maman d'Ivan jugeait son fils beaucoup trop lent à son goût.
Plus elle était pressée, plus elle le trouvait lambin.
Alors, elle s'énervait et le houspillait.
Elle devenait folle de rage
devant ce qu'elle supposait être de la lenteur
mais qui était tout à fait normal.
Quand Ivan dessinait,
il fallait qu'il ait terminé en trois secondes
(essaie de dessiner un mouton ou un avion en trois secondes
et tu verras).
Au violon, il devait avoir fini ses exercices
en trois millièmes de seconde,
sinon elle soupirait et regardait sa montre
comme si elle avait un train à prendre.
« Dépêche-toi ! » disait-elle.
D'ailleurs, cela ne donnait plus que cela :
« Pêche-toi ! Pêche-toi ! Pêche-toi ! »
Et ça faisait comme un « tchouf tchouf » de petit train.
À force de courir toujours en avant,
la maman d'Ivan se mit à faire n'importe quoi.
Le matin, à 8 h 32,
elle embrassait le directeur de l'école au lieu d'Ivan
pour lui dire au revoir !
Le soir, au moment du bain,
Ivan ressortait recouvert de savon sec
(on n'avait pas le temps de le rincer) !
À la maison, on ne mangeait plus que du poisson
et de la viande crue
(pas le temps d'allumer le four) !
Un autre jour, quand elle était allée chercher Ivan
à l'anniversaire d'un de ses copains,
elle était repartie avec un autre enfant,
celui qui avait déjà lacé ses souliers !
Et bien sûr, elle oubliait les choses essentielles :
embrasser, câliner Ivan ou parler avec lui.
C'étaient des occupations qui, d'après elle,
prenaient beaucoup trop de temps.

Bref, fatalement, Ivan se mit dans la tête
que sa maman ne l'aimait plus du tout.
Alors, pour essayer de la retenir un peu,
comme on essaie de retenir de l'eau entre ses mains,
il se mit à aller beaucoup plus lentement.
Le matin, il avait besoin de vingt minutes et quinze secondes
pour lacer une chaussure. Une seule chaussure !
Quand il bâillait, le fait d'ouvrir la bouche lui prenait déjà trois minutes
(et trois minutes, c'est-à-dire cent quatre-vingts secondes,
c'est long).
Sa maman était folle de rage, mais c'était plus fort que lui.
Plus elle le pressait, plus il lambinait.
Et Ivan pensait que,
s'il parvenait à aller suffisamment lentement,
lentement, lentement,
alors sa maman prendrait aussi son temps
pour l'aimer, le câliner comme quand il était petit.
Il aurait pu le lui dire, bien sûr,
mais quand on a quatre ou cinq ou six ans,
on ne pleure plus pour obtenir ce que l'on veut.
Alors, pour s'exprimer, il avait choisi un autre chemin
que celui des pleurs.

Un jour, il arriva ce qui devait arriver :
Ivan tomba malade de lenteur.
Il dormait toute la journée ;
il bâillait, fermait les yeux et ne voulait plus rien faire,
comme si sa maman l'avait fatigué à force de courir.
Il ne pouvait plus aller à l'école
car, au moment où il finissait de s'habiller,
la nuit commençait à tomber.
La maman d'Ivan consulta un certain nombre
de médecins des urgences,
ceux qui arrivent en quinze minutes sur leur scooter.
Le premier pensa à une grippe carabinée,
le second à une infection du cerveau,
le troisième à une crise de croissance.

Et Ivan dut avaler des sirops
à la réglisse, à la framboise, à la banane.
Mais il continuait à dormir sous sa couette !

Alors, la maman d'Ivan, pour la première fois depuis longtemps,
prit le temps de réfléchir.
Elle jeta tous les sirops et s'assit à son chevet.
Sans faire de bruit,
elle éteignit ses baskets supersoniques
et les déposa au pied du lit
comme quand on attend le Père Noël.
Ivan ouvrit les yeux tout doucement
et vit sa maman délacer ses baskets.
Il sauta de son lit soudain tout à fait guéri.
« Maman, c'est toi ? Tu m'as attendu ?
Tu m'aimes un peu ?
— Mais bien sûr que je t'aime ! répondit sa maman.
Enfin, voyons, même quand je courais, je t'aimais.
Je n'ai jamais cessé de t'aimer.
Comment as-tu pu croire,
même deux millièmes de seconde,
que j'avais cessé de t'aimer ? »
La maman d'Ivan pensa que, décidément,
on ne dit jamais assez à ses enfants qu'on les aime plus que tout,
plus que son travail, plus que le bureau,
plus que le temps qui passe, plus que n'importe quoi !
Et elle serra très, très fort son fils chéri dans ses bras
pendant près de quinze minutes.
Mais, je te le promets,
elle ne regarda pas sa montre ce jour-là !
Ni les autres jours, d'ailleurs.

Une mère rêve de temps...

D'après les chiffres d'un sondage Ipsos réalisé en 1999, les femmes – et en particulier la tranche d'âge des 24-25 ans, les jeunes mères – ne rêvent ni d'un voyage à Honolulu, ni d'une maison tout confort, mais de temps supplémentaire à consacrer à leur famille. La réduction du temps de travail appliquée dans nombre d'entreprises en France va-t-elle améliorer la situation et réduire le stress maternel ?

... et elle culpabilise

Pénétrer dans l'univers des mères, c'est pénétrer de plain-pied dans le bonheur et la culpabilité. C'est ce que prétendent en tout cas la plupart des mères « à double casquette », celles qui continuent à travailler.

« Je culpabilise à longueur de journée, disent-elles. Quand je suis au travail, je pense que je ne vois pas assez mes enfants. Et quand je suis avec eux, je me rappelle que j'ai laissé tel dossier en plan au bureau ! » Alors, elles courent... Une course endiablée contre la montre pour essayer de récupérer cinq minutes avec eux.

Que faire ?

Inutile pour autant de ronger son frein. La qualité des moments que vous passez avec vos enfants est préférable à la quantité. Les enfants préfèrent de loin une maman épanouie au travail à une maman déprimée à la maison.

En revanche, si vous n'avez qu'une heure devant vous à passer avec votre bambin, ne la gâchez pas. Soyez toute à lui. Les enfants ne supportent pas, une fois que vous êtes rentrée, qu'on leur vole la vedette... Attention donc au téléphone, par exemple. Si, à peine rentrée, vous babillez pendant des heures, le combiné en main, vous allez déclencher une crise de colère. Éteignez le portable et laissez le répondeur. Vous rappellerez une fois votre enfant couché.

Ne rognez pas sur l'histoire du soir. C'est un moment essentiel à partager avec lui. De même, essayez de pratiquer « l'heure par terre », ce moment hors du temps où l'on ne fait rien qu'écouter l'enfant, son stress, ses coups de blues.

Halte au stress ! Ne le stimulez pas à outrance. Les enfants ont leur propre rythme. Ils mettent du temps à s'habiller ? Ils sont dans la lune ? C'est normal, et c'est peut-être aussi précisément en réaction à votre précipitation.

Enfin, prenez le temps de lui dire : « Je t'aime. » Les mots doux et les câlins sont essentiels pour grandir. Trop souvent, malheureusement, par pudeur, manque de temps ou négligence, on ne prend pas suffisamment le temps de le dire.

Discutez-en avec lui

« Est-ce que tu as aussi le sentiment d'être toujours pressé(e) par ta maman ou ton papa ? C'est normal. Un parent qui travaille est toujours en train de faire mille choses à la fois.

Est-ce que ça te fait de la peine ? Bien sûr, si on vivait sur une île déserte, on aurait beaucoup de temps pour vivre ensemble. Mais les mamans ont beaucoup de choses à faire : s'occuper de la maison et des enfants, prévoir les activités... Parfois, il leur arrive d'être survoltées, très agitées, et énervées.

Les grands-parents, eux, prennent plus le temps de vivre. Ils travaillent moins, voire plus du tout, et ils sont plus en rythme avec leurs petits enfants. »

Connexions : ***Comptine des petits matins, Chez eux, ça se passe comment ?, Toutes les Mamans du monde***

7

Des histoires de papas

Le Gros Câlin de Benjamin

Benjamin, ce matin-là, se réveille avec un câlin
au fond du cœur.
Un câlin bien encombrant comme un cadeau.
Il le reconnaît : c'est un câlin pour papa.
Il est plein de chatouilles, de chiquenaudes,
de chipotis et chipotas...
C'est un câlin sans chichis et qui pique.

Mais le papa de Benjamin n'est pas là.
« Comme d'habitude, d'ailleurs », pense Benjamin en soupirant.
Le papa de Benjamin habite très loin.
Ni la maison d'en face, ni le village d'à côté.
Il y a encore un an, Benjamin aurait couru
dans la chambre de ses parents
ou dans le bureau de son père.
Mais, à cette époque-là,
Benjamin n'avait jamais envie de câlin à ce point.
Sans doute parce que son papa était toujours là, disponible.
À l'époque, il suffisait de se voir,
de se tendre la main, de se prendre dans les bras,
et l'envie de câlin disparaissait aussitôt.
Mais là, aujourd'hui, que faire de ce câlin du fond du cœur ?
« Donne-le-moi ! » propose maman.

Benjamin devient rouge de colère.
« Tu veux toujours tout pour toi ! Pas question !
Tu n'auras pas mon câlin ! »
Et il voudrait lui dire :
« Un câlin pour un papa n'a rien à voir
avec un câlin pour une maman ! »
Maman soupire :
« Tant pis, je voulais seulement t'aider, mon poussin ! »
Maman dit encore :
« Et si nous téléphonions à ton papa ?
Ça ne remplace pas un câlin
mais tu pourras déjà l'entendre, non ? »
Benjamin bougonne mais attrape le combiné.
C'est loin, la Chine.
Et papa, aujourd'hui, il habite au moins aussi loin qu'en Chine.

À l'autre bout du fil,
il entend une voix grave :
« *Bonjour, vous êtes bien chez Paul.*
Après le signal sonore, vous pouvez laisser un message. »
Sur le téléphone portable, c'est la même voix et le même message.
Clic ! Benjamin raccroche.
Pas question de laisser un câlin à une machine.
« Pas question », pense Benjamin.

« J'ai une autre idée, dit maman.
Pourquoi n'écrirais-tu pas à ton papa ?
Ça lui ferait drôlement plaisir.
Si tu lui dis que tu l'aimes et que... »
Benjamin fait « non » de la tête. Non, non, non.
Maintenant, son cœur se serre,
comme si le câlin s'était fait tout petit, petit, petit...
Non, il n'écrira pas à son papa.
« Alors, cherche une autre idée », propose maman.
Benjamin, en colère, se retourne contre le mur.
Pourquoi le monde tourne-t-il aussi mal ?
Doit-on forcément programmer ses bisous
quand son papa revient de voyage,

ou écrire quand on veut faire un câlin ?
Benjamin a envie d'être méchant avec sa maman.
De lui dire : « C'est de ta faute, à toi.
Si papa part en voyage,
c'est qu'il en a eu assez de vos disputes.
C'est toi qui as tout gâché. »
Mais il se tait.

Soudain, une idée germe dans son esprit.
Il y a une petite boîte dans sa chambre.
Une petite boîte toute rouge et toute ronde
comme un baiser.
Il en retire les billes parfumées
et ferme la boîte très fort avec du ruban adhésif tout autour
de manière à la rendre totalement hermétique.
Puis il colle sur la boîte une étiquette : *Câlin pour papa*.
Bizarrement, Benjamin se sent tout léger et soulagé.
Il n'entend même pas la sonnerie du téléphone
et encore moins maman qui entre,
le combiné à la main.
« Un appel pour toi. »
Il approche le téléphone de son oreille et...
« Alors, bonhomme ? dit son papa.
Tu as essayé de me téléphoner ? »
Incroyable ! C'est la grosse voix de velours de son papa,
une voix comme un grondement de tonnerre,
mais un tonnerre gentil. Et tout doux.
Benjamin rosit de plaisir.
C'est incroyable !
Est-ce que les papas devinent tout, comme cela ?
« C'est mon téléphone qui me l'a dit », rigole papa.
Benjamin tortille le fil du téléphone.
« Papa, chuchote-t-il. Je t'ai envoyé un câlin.
Tu vas le recevoir demain.
Et si tu veux, tu peux m'en renvoyer un, toi aussi.
Il suffit que tu le mettes dans la boîte ;
tu refermes avec du Scotch ;
et tu le renvoies par la poste. »

Papa promet.
« Par retour du courrier, tu l'auras, ton câlin.
De toute façon, nous nous voyons samedi, n'est-ce pas ? »
Benjamin pense « oui ».
Mais samedi, c'est dans longtemps !
Surtout quand on est un petit enfant.
Papa promet qu'il enverra la boîte aujourd'hui.
Tout de suite, même ! C'est déjà ça...

Le rôle du père

Ils partent très tôt, rentrent tard, s'enquièrent trop peu de leurs enfants au cours de la journée... Encore aujourd'hui, les papas se comportent trop souvent comme s'ils n'étaient pas franchement indispensables à l'éducation de leurs enfants. Trop longtemps, ils ont été les pères nourriciers, ces « *bread winners* », comme disent les Américains.

Un rôle essentiel

Traditionnellement, la psychanalyse a toujours considéré le père comme un tampon entre la mère et l'enfant : le père sépare l'enfant de sa mère, l'intègre dans le tissu social, l'initie à la loi, l'introduit dans le discours. Comme si le quotidien, finalement, importait peu. Comme si les câlins, les bisous paternels étaient « monnaie de singe » !

Mais aujourd'hui, on revient un peu de ces idées passéistes. Christiane Olivier souligne et surligne le rôle essentiel du corps à corps entre père et enfant : « *In utero*, le fœtus distingue déjà l'odeur musquée du père. Et dès l'âge de 4 mois, l'enfant perçoit la différence entre le câlin de la mère et celui du père. Le père joue de façon différente, avec beaucoup plus de dynamisme, de tonicité. Il ne tient pas l'enfant tout contre lui, comme une mère, mais le tourne vers l'extérieur. Tout cela est très bénéfique pour l'enfant [1]. »

Munis de toutes ces informations, pourquoi certains pères démissionnent-ils aussi facilement ? Peut-être parce qu'eux-mêmes ont été élevés par des pères absents et que, malgré eux, ils répètent leur propre histoire dans celle de leur enfant. Parce que, socialement, un homme se doit de rester tard au bureau, de faire de la présence, etc. Peut-être aussi parce que, inconsciemment, la mère lui « barre le passage », estimant qu'elle seule a le pouvoir d'élever son enfant.

1. *Op. cit.*, p. 233.

Que faire ?

Si le père est parti, il faut essayer de compenser son absence autant que possible par une figure paternelle omniprésente : un grand-père, un parrain vont aider l'enfant (et surtout le petit garçon) à poursuivre son processus d'identification.

Parlez souvent à l'enfant de son père. Rappelez-lui des souvenirs communs, des scènes de jeux, leur complicité... Incitez le père et l'enfant à communiquer par lettre, e-mail, fax, etc. Enfin, pourquoi ne pas envisager, comme on le fait pour les mères, de laisser à l'enfant un foulard ou une écharpe imprégnés de son parfum ?

Si le père habite à la maison, mais qu'il est très occupé par son travail, incitez-le à modifier ses horaires, surtout quand ses enfants commencent à aller à l'école : partir très tôt le matin de façon à rentrer plus tôt le soir – ou le contraire. Proposez-lui de surprendre son enfant en l'attendant à la sortie de l'école, au moins une fois par semaine.

Discutez-en avec lui

« Comprends-tu l'envie de Benjamin, de faire un câlin à son papa ? Est-ce que cela t'est déjà arrivé, à toi aussi ? Penses-tu que les papas devraient voir plus souvent leurs enfants et leur parler ?

Les grandes personnes ont des choses importantes à faire comme leur travail, par exemple. C'est vrai que les pères, à partir du moment où ils ont des enfants, ont parfois envie de travailler encore plus pour gagner de l'argent, assurer leur avenir, leur offrir de belles choses. En fait, c'est une preuve d'amour...

Mais les enfants, eux, ont envie de voir leurs papas, et un coup de téléphone, ça ne suffit pas toujours ! On entend juste la voix, ce qui n'est pas la même chose que de voir la personne, de sentir son odeur, sa barbe qui pique ! Tu sais, si ton papa te manque beaucoup, tu peux aussi le lui dire, écrire ou dessiner... Les pères ne peuvent pas tout deviner ! »

L'Ombre de mon père

Il y a très longtemps de cela,
il y a des milliers et des milliers d'années,
il arrivait aussi aux parents qui ne s'aimaient plus
de se séparer.
Parfois c'était la maman qui voulait partir,
parfois le papa,
et parfois les deux ensemble.
Ils décidaient que rien n'allait plus.
Tu sais bien qu'à force de se disputer,
on finit par tout perdre : la voix, l'ouïe, le sourire.
Et le bonheur.
Alors il n'y a plus qu'à partir.
Cela arrivait aussi
aux éléphants, aux colombes,
aux lions, aux hippopotames,
aux singes blancs du Gabon, aux girafes à taches,
et à tous les animaux de l'arche de Noé.
Le problème était le même qu'aujourd'hui.
Pour les petits enfants nés de ces unions,
c'était toujours un déchirement :
« Vais-je rester avec papa ou avec maman ?
Et si j'ai envie de continuer à voir les deux ? »

Julien était très soucieux.
Il voulait rester avec maman
mais il ne voulait pas que papa disparaisse.
Alors, il se rendit chez le Gros Magicien aux boucles noires.
Le Gros Magicien l'écouta avec beaucoup d'attention
en croisant ses petits doigts boudinés sur son ventre rond.
Ensemble, ils évoquèrent plusieurs solutions :
transformer le papa en statue de sel pour qu'il ne bouge plus,
en colombe pour faire la paix,
en soleil pour rayonner de loin.
Mais tout ça ne convenait pas à Julien
qui voulait son papa avec lui.
« Mmm, mmm, dit le Gros Magicien.
Je ne vois qu'une solution :
partager ton papa en deux.
Il va partir, mais son ombre va rester. Pour toi. »

C'est ainsi que Julien se mit à vivre avec l'ombre de son père.
C'était une ombre rien que pour lui,
qui venait le voir dans sa chambre.
Dès que quelqu'un frappait à sa porte,
l'ombre s'évanouissait en un clin d'œil, comme une voleuse.
Quand il rentrait de l'école,
Julien fermait la porte de sa chambre,
et l'ombre se dessinait sur les murs.
Elle était toute frêle, toute délicate,
mais c'était son papa.
Julien faisait comme si la vie n'avait pas changé.
Quand il rentrait de son cours de judo le mercredi,
il embrassait sa maman.
Puis, dans sa chambre,
il essayait de sauter dans les bras de son père.
Mais essaie d'embrasser une ombre,
et tu verras : c'est impossible.
Il y avait certains avantages à vivre ainsi.
Jamais l'ombre ne lui demandait
de se laver les mains, de se brosser les ongles,
de se déchausser avant de grimper sur son lit.

Mais plus les jours passaient,
plus l'ombre devenait petite, maigre et transparente,
comme un souvenir qui s'enfuit.
Pour l'entendre, Julien était obligé de tendre l'oreille.
Où était le papa qu'il avait connu ?
Cette situation l'irrita.
Pour le faire réagir, Julien commença à raconter des histoires.
Un jour, il rentra en disant :
« J'ai eu 2 sur 10 à ma dictée.
— Eh ben... », fit la toute petite voix de l'ombre.
Un autre jour, Julien dit :
« J'ai eu zéro en calcul. »
Puis :
« Je vais redoubler.
— Ouh là là », fit l'ombre du père.
Le lendemain, il prétendit :
« J'ai giflé la maîtresse.
Je vais être renvoyé de l'école. »
À chaque fois, l'ombre se mettait à vaciller, à trembloter,
mais elle ne s'énervait jamais.
Pareil, quand on lui posait une question,
l'ombre devenait floue.
Quand, par exemple, Julien demandait :
« Es-tu heureux, dans ta nouvelle famille »,
l'ombre devenait si floue
que Julien plissait les yeux pour ne pas la perdre de vue.
Et puis, quand l'ombre lui lisait l'histoire du soir,
il n'y avait plus rien à entendre.
C'était un chuchotement insupportable,
un salmigondis qui ne voulait rien dire.
Ce n'était pas son père !

Un soir, Julien lança une paire de baskets contre le mur,
puis un tabouret.
Mécontent, il retourna voir le Gros Magicien.
« Cette ombre n'est pas mon père.
C'est une ombre trouillarde, fuyante.
Je n'en veux pas. Je veux mon papa fort comme avant.

— Mmm, mmm », fit le Gros Magicien aux doigts boudinés.
On réfléchit beaucoup ; on dessina beaucoup de schémas sur le tableau noir ;
et on récapitula toutes les solutions possibles.
Comment faire pour qu'un enfant continue à vivre
avec ses deux parents,
si les deux parents ne peuvent plus vivre ensemble ?
On décréta que le mieux, c'était sans doute de partager le temps :
un week-end sur deux,
plus la moitié des vacances.

Depuis, c'est ce qu'on accorde à tous les papas
qui continuent à voir leur enfant.
Julien était content.
Il renvoya l'ombre d'où elle venait
et il put à nouveau sentir la force des bras de son papa,
son parfum, sa grosse voix,
sa peau qui gratte, ses histoires du soir.
Même s'il n'y avait pas droit tous les jours,
c'était forcément la meilleure solution.

Fiche pratique : voir *Le Gros Câlin de Benjamin*
Connexions : *Le Gros Câlin de Benjamin, Le petit nuage qui avait divorcé de lui-même, Malou la petite sorcière triste*

Titou et le Marchand de sable

Comme tous les soirs, Titou attendait son papa, dans son lit,
en suçotant l'oreille droite de son vieux lapin jaune.
Comme tous les soirs, son papa rentrait tard.
Comme presque tous les soirs, maman arriva dans sa chambre
en lui disant :
« Mon chaton, tu devrais dormir. Ton papa vient de téléphoner.
Il rentrera tard. »
Titou soupira, à la fois triste et en colère.
Qui est-ce qui lui avait donné un papa comme ça ?
Pourquoi son papa préférait-il travailler
plutôt que rentrer à la maison ?
Lui, il avait envie de le voir
parce qu'il y a des choses qu'on ne dit qu'à son papa
(les mamans, elles veulent trop en savoir :
ça vous donne envie de vous taire).
Ce soir-là, Titou s'endormit très tard.

Soudain, au beau milieu de la nuit, un petit bruit le réveilla.
Un petit grincement, par terre.
« Ah, zut et flûte et crotte ! Satanées chaussures ! » gronda une voix.
Titou se frotta les yeux.
Il remarqua un drôle de petit bonhomme,
avec un énorme sourire blanc relevé sur les coins

et un gros sac sur l'épaule.
Titou sut aussitôt que c'était le marchand de sable.
« Zut et crotte de flûte et flûte de bique !
J'ai encore réveillé un client ! J'ai encore mal fait mon boulot !
Excuse-moi, petit. J'ai oublié mes chaussons en laine.
Dès que je porte ces chaussures qui grincent,
je réveille tout le monde ! »
Titou rit, émerveillé.
C'était la première fois qu'il rencontrait un marchand de sable,
en chair et en os.
Et un marchand de sable qui bougonnait en plus !
« Ne m'endors pas tout de suite, supplia Titou.
J'attends mon papa.
J'ai des tas de choses à lui dire. Depuis le temps. »
Le marchand de sable bougonna encore plus.
Il détestait les parents en retard, encore plus les papas en retard.
Les papas en retard, pensait-il, c'était une calamité.
Ceux qui rentrent le soir en soupirant : « Mon Dieu, quelle journée ! »
Et ceux qui partent au petit matin en jetant : « Allez, je me sauve ! »
après avoir bu une seule gorgée de thé
et sans avoir le temps de dire au revoir,
ces papas qui rentraient tard l'empêchaient de faire
son travail correctement.

Le marchand de sable s'assit sur le lit
et dénoua ses chaussures qui lui faisaient mal aux pieds.
« Tu sais, petit, je commence à les connaître, ces papas en retard.
Tu veux que je te dise la vérité ?
Ils veulent toujours travailler plus et encore plus.
Ils ont l'impression de mieux aimer leur famille comme ça.
— Oui, mais mon papa, parfois, il part le matin avant mon réveil. »
Le marchand de sable se sentit très triste.
Il pensait que, décidément, les grandes personnes avaient
une vie épouvantable.
Tous les deux réfléchirent quelques minutes à la triste vie
des grandes personnes.
« J'ai une idée, dit soudain Titou.
Si tu passais très, très tard dans la chambre de mon papa,
eh bien, il viendrait me voir plus longtemps et discuterait avec moi.

— Impossible ! répondit le marchand de sable.
Je dépasserais mes horaires de travail.
Car après ma tournée, moi aussi j'ai sommeil !
Et je refuse de me coucher plus tard encore.
— Et si tu me laissais un petit sac de sable ? dit encore Titou.
J'en donnerais un peu à mon papa le matin.
Il ne pourrait pas se réveiller pour aller travailler,
et il viendrait me chercher à la sortie de l'école ! »
Titou rit, tout fier de son idée.
« Pas question ! fit le bonhomme.
Il n'y a que les marchands qui touchent au sable.
Mais j'ai une solution. Tu sais, j'ai quelque part de la poudre à rêver.
Si j'en donne un tout petit peu à ton papa la nuit,
peut-être cessera-t-il de ne penser qu'à son travail ?
— Du sable qui fait rêver ? jubila Titou. Ça alors !
— Il ne m'en reste que deux ou trois grains,
reprit le marchand de sable.
Car la poudre à rêver est très précieuse,
et les grands m'en prennent beaucoup en ce moment !
C'est pourquoi, de ton côté, tu dois m'aider
à la rendre plus efficace.
Parle à ton papa.
Demande-lui de rentrer plus tôt un soir par semaine.
Ensuite, peut-être deux soirs par semaine,
simplement pour pouvoir parler un peu ensemble.
Dis-lui que c'est un conseil du marchand de sable.
Tu vas voir : avec un peu de ma poudre de rêves
et un peu de toi aussi,
tout va bien se passer. Il gardera du temps pour toi. »
Titou sentit soudain ses yeux papilloter très fort.
Sur le moment, il se demanda s'il avait envie de pleurer ou de dormir.
Il attrapa son vieux lapin mité et s'endormit aussitôt.
De loin, il entendit encore le grincement des chaussures
du marchand de sable.

Connexions : *Le Gros Câlin de Benjamin, L'Ombre de mon père*
Fiche pratique : voir *Le Gros Câlin de Benjamin*

8

Histoires de frères et sœurs

Histoire d'Élisa Souris qui voulait disparaître dans un trou de fourmi

Chez la famille Souris, 6 heures du soir avaient sonné.
Élisa Souris, cinq ans tout ronds, était en train de rêvasser,
en tournicotant un yo-yo dans le salon.
Élisa Souris s'entraînait pour la récré.
Elle aimerait être la reine du yo-yo !
Mais la voix de Maman Souris résonna :
« Élisa ! C'est l'heure du bain !
Allez, déshabille-toi, ma douce. »
Élisa grogna : « Viens m'aider, m'man !
— J'aimerais bien, ma grande,
mais je dois préparer le biberon d'Aglaé.
La petite puce va se réveiller dans cinq minutes.
Et puis, tu es une grande, maintenant, non ? »

« Ma grande », « Tu es une grande » ?
C'était bien la première fois qu'Élisa entendait ça !
C'était bien simple : depuis qu'Aglaé, sa petite sœur Souris, était née,
Élisa était soudain devenue grande, presque géante !
Grande par-ci, grande par-là.
À cinq ans, il ne faut pas exagérer, non ?
Et pourtant, songeait Élisa Souris

en trépignant de ses petits pieds,
il n'y avait pas si longtemps, elle était petite.
On l'appelait même autrefois
(c'est-à-dire quinze jours plus tôt)
Bébé Élisa.
Faudrait savoir, tout de même.
Est-ce qu'on met quinze jours seulement à devenir grande ?
« Ah, cette petite sœur, quelle chipie !
C'est à cause d'elle, tout ça... », se disait Élisa Souris.

Assise dans le salon, avec son yo-yo fluo à côté d'elle,
elle comptait sur ses petits doigts gris
tout ce qui avait changé.
Premièrement, avant, on l'appelait Bébé Élisa,
et elle était devenue « Ma grande ».
Deuxièmement, avant, quand elle appelait ses parents,
ils arrivaient toujours très vite, en souriant
(« Qu'y a-t-il, ma puce ? »).
Avec un grand sourire et des yeux lumineux.
Aujourd'hui, elle pouvait toujours courir ou crier,
ils l'interrogeaient AVANT de se déplacer :
« Qu'y a-t-il, chérie ? Parle moins fort, voyons. Elle dort ! »
ELLE, ELLE... TOUJOURS ELLE !
Et quand, enfin, ils arrivaient,
c'était avec une tête fatiguée, morose,
grise et en colère. Comme si elle les dérangeait.
Comme s'il n'y en avait que pour l'autre, la minuscule,
le morceau de « souricette » rose et sans poils.
Troisièmement, maintenant le matin, elle partait à l'école
les cheveux tout ébouriffés,
des crottes plein les yeux.
Et quand elle ne se brossait pas les dents,
personne ne disait rien.
Avant Aglaé, c'était autre chose !
Pas question d'avoir le moindre morceau de cracker
coincé entre deux dents.
Avant, on prenait le temps de lui mettre de la crème sur le visage.
Et parfois, Maman Souris nouait des petits rubans roses

sur ses oreilles.
Aujourd'hui, on la laissait être moche, moche, moche.
« Et tu sais pourquoi ? Tu sais pourquoi ? se disait Élisa.
C'est parce qu'on ne me voit plus.
Oui, je suis devenue transparente !
C'est pour ça qu'ils croient
que je suis devenue grande. »

Élisa faisait les cent pas, furieuse, dans le salon.
À mesure qu'elle se rappelait tout ce qui avait changé
depuis l'arrivée d'Aglaé,
la colère montait en elle.
Tiens, il y avait encore d'autres choses !
Les lacets qu'elle avait été obligée d'apprendre à nouer
en deux jours.
Et ce silence, qu'elle était toujours obligée de respecter.
Pas de trompette, plus de sifflet, plus de piano.
Plus rien !
Elle n'avait qu'à disparaître dans un trou de fourmi !
D'ailleurs, c'est bien ce qui allait se passer, non ?
Elle allait finir dans la rue... ou chez grand-mère.
Elle mangerait dans les poubelles,
dormirait dans les greniers.
Et puis oui, tiens, si elle partait ? Dès ce soir ?
Elle pourrait enfin mener sa vie de grande.
Et eux, ils ne se rendraient compte de rien.
« Comme ils ne me voient pas, pensait-elle,
de toute façon, ils ne remarqueront rien. »

Et voilà toutes les choses qu'Élisa imaginait,
simplement parce qu'elle n'était plus Bébé Élisa !
Mais tout ce que Maman Souris avait oublié,
c'est que les petites souris de cinq ans,
quand elles voient arriver un bébé dans la maison,
n'ont pas toujours envie de grandir trop vite.
Elles résistent tellement que, parfois même,
elles font ce prodige d'arrêter de grandir.
Elles recommencent à piquer des colères de bébé,

à manger avec leurs doigts,
et même à oublier de faire pipi dans le pot.

Quand Maman Souris arriva dans le salon,
avec le tout nouveau bébé dans le creux de ses bras,
elle vit une petite souris de cinq ans,
toute boudeuse et même pas déshabillée pour le bain,
qui donnait une série de coups de pied dans un yo-yo jaune.
« Alors, ma grande... Tu ne t'es pas déshabillée ?
— Arrête un peu de m'appeler "ma grande" ! J'aime pas. »
Et Élisa colla sa petite main sur celle de sa mère.
« Tu n'as qu'à comparer nos deux mains, et tu verras.
Est-ce que je ne suis pas minuscule, moi aussi ? »
Maman Souris posa délicatement Aglaé sur le canapé
et prit Élisa sur ses genoux.
Elle l'observa pendant de longues minutes,
bien droit dans les yeux.
Elle regarda son visage, ses petits bras potelés de souris,
ses jambes toutes fines et ses yeux tristes.
« Tu as raison, dit-elle. Je ne t'ai pas assez regardée, ces jours-ci.
Une souris de cinq ans,
c'est encore une toute, toute petite puce.
Tu vois, c'est un problème de comparaison.
Comparée à moi, c'est vrai, tu es toute petite.
Mais à côté d'Aglaé, tu es très grande
et tes mains sont immenses !
C'est ce qui m'a trompée.
Maintenant, j'ai compris.
Je te laisserai, de temps en temps, être toute petite.
Aussi petite que la plus petite des fourmis... »,
promit Maman Souris.
Elle leva le doigt :
« J'ai dit : de temps en temps ! D'accord ?
— Marché conclu, dit Élisa.
Le reste du temps, je serai la grande. »

Un petit frère, une petite sœur

Vous avez pris la décision de lui donner un petit frère ou une petite sœur. Attention ! c'est une joie pour les parents mais parfois une épreuve pour l'aîné(e) qui se sent mis(e) à l'écart.

Que faire ?

Quand l'annoncer à l'aîné(e) ? Ni trop tôt, ni trop tard. Attendez peut-être que votre ventre commence à s'arrondir pour lui annoncer la bonne nouvelle. Si vous la lui cachez pendant quelques mois, évitez d'en parler devant lui (elle) (à vos amis, à votre famille). Il (elle) se sentirait exclu(e). Il (elle) pourrait même changer de comportement, sombrer dans la tristesse, devenir grognon. À ce moment-là, n'hésitez pas : dites-la lui carrément.

Pendant la grossesse, essayez le plus possible de déléguer le papa. Évitez de répéter que vous êtes fatiguée, que vous ne pouvez plus jouer ou le (la) porter comme avant même si c'est le cas. Ce serait le meilleur moyen d'attiser son inquiétude par rapport au changement de situation. Il (elle) vous harcèlerait d'autant plus : « Maman, porte-moi ! » Notons également que tout est une question d'âge : à partir de 6 ans, moment où l'enfant « entre en socialisation », les petits drames de la jalousie ne sont plus à ce point exacerbés.

À la naissance, donnez-lui un cadeau par l'intermédiaire du bébé : « C'est le cadeau qu'il te fait. » Et rendez-vous ensemble dans un magasin de jouets : il (elle) choisira lui(elle)-même le cadeau de bienvenue qu'il (elle) offrira au bébé. Ne l'éloignez pas trop de la maison au moment de votre retour. Pour vous aider, optez plutôt pour une baby-sitter à la maison que pour les « vacances forcées » chez mamie...

Enfin, ne lui en demandez pas trop. Il (elle) n'est pas devenu(e) grand(e) d'un seul coup ! Il (elle) a encore plus besoin de son pouce, de la tétine, du doudou ? Il (elle) refait des colères ? Il (elle) ne sait plus manger proprement à table et se réveille trois fois par nuit pour demander des câlins ? C'est normal, cela s'appelle « la régression »...

Discutez-en avec lui

« Un bébé, ça prend beaucoup de temps, surtout au début. Il y a les biberons, les couches, les petites maladies... Plus on grandit et moins on a besoin de ses parents pour toutes ces choses-là. Et c'est plutôt agréable de grandir, n'est-ce pas ?

Ce n'est pas parce que nous nous occupons moins de toi que nous t'aimons moins, bien au contraire. Les parents sont fiers de voir leurs enfants grandir, et ils aiment leurs enfants tout autant ! »

Mais parfois, les enfants ne comprennent pas. Ils voient que leurs parents passent énormément de temps avec le bébé et ils pensent : « Moi, on me fait moins de câlins, moins de bisous. Ça n'est pas juste ! » Vous pouvez alors répondre : « N'oublie pas que toi aussi, tu as été un bébé, et bien avant que ton petit frère ne soit là. »

Connexions : *Kurumbe ne veut pas de petite sœur, Gaston l'écureuil ne veut plus être grand, Timmy et Tommy se disputent*

Kurumbe ne veut pas de petite sœur

Dans un village d'Afrique, près du petit fleuve de l'Axecar,
il naissait environ une fille pour dix garçons.
Ne me demande pas pourquoi,
c'était ainsi depuis fort longtemps.
Alors, tu imagines, ce jour-là,
quand une toute petite fille, toute plissée, toute chiffonnée,
est arrivée dans le village,
les femmes se sont mises à danser,
les serpents à siffler comme des fous,
les girafes à gambader,
les éléphants à faire des chatouilles avec leur trompe.
Et les gros lézards africains
qui, d'habitude, déguerpissent au moindre crissement de brindille,
restaient là, à ricaner bêtement de joie.
« Un bébé ! Une "bébée !" Une petite fille ! chuchotait le vent...
— Une fille ? Tu as bien dit "une fille" ? » chantait le toucan.

Au loin, pourtant, un petit garçon du nom de Kurumbe
donnait des coups de pied dans une boîte de conserve :
« Berk ! Pouah, elle est moche ! Je ne l'aime pas, je la déteste ! »
Kurumbe était tout chiffonné à l'intérieur.

Il aurait tant voulu un petit frère...
« Elle a une tête d'igname, un corps de rat d'égout », décréta-t-il.
En réalité, Kurumbe n'en savait rien,
car il refusait de voir le visage de sa petite sœur.
Une légende africaine disait qu'il ne fallait jamais
regarder de trop près
le visage de son ennemi.
Et Kurumbe considérait sa petite sœur comme sa pire ennemie !
« Je ne t'aimerai jamais,
et tu ne seras jamais ma sœur », jura-t-il.

Ce qui enrageait le plus Kurumbe,
c'étaient tous les mensonges des adultes.
« Tu auras un petit frère. Ici, tout le monde a un petit frère !
Tu pourras aller pêcher le requin bleu avec lui, avait dit sa tante.
— Tu joueras au foot. Tu verras comme on va s'amuser », avait dit son père.
« Mon œil ! siffla Kurumbe.
Maintenant, je suis bon à enfiler des perles avec elle. »
On lui avait dit : « Ça ne changera rien pour toi,
on t'aimera comme avant. »
« Mon œil ! » bougonna Kurumbe.
Depuis ce matin, il n'y en avait que pour elle.
Des cadeaux, des petites poupées en tissu, des « bisouillous » partout.
Berk ! Tout cela était littéralement dégoûtant.
On lui avait dit encore :
« On ira toujours se promener, chasser l'éléphant.
On s'amusera comme avant ! »
« Mon œil ! » gronda Kurumbe.
Il fallait voir la tête de son père, son visage cerné
et tout blanc de fatigue...
On pouvait dire adieu à la chasse aux éléphants
au moins pour les vingt ans à venir !
« Regarde-la donc ! disait sa maman. Tu verras son visage.
Et c'est quand on voit le visage de quelqu'un
que l'on s'attache à lui.
— Non, je ne la regarderai pas.

C'est quand on voit le visage de son ennemi
que l'on est perdu ! répondait Kurumbe.
— Ta sœur n'est pas ton ennemie, voyons,
corrigea doucement sa maman.
Personne ne peut te forcer à l'aimer,
mais le jour où tu la regarderas... »
Kurumbe se protégeait toujours du visage de sa sœur
comme s'il y avait eu un énorme danger à la regarder.
Et moins il la regardait, plus il était en colère.

Un jour, sa maman retourna travailler.
« Je laisse Kikiou ici.
Veille à ce qu'il ne lui arrive rien de mal.
Je compte sur toi. »
Mais Kurumbe avait une idée derrière la tête.
Le premier jour, sans la regarder,
il ficela la petite sœur dans un morceau de tissu
et la porta sur son dos jusque dans la maison voisine.
« Tiens, dit-il au petit garçon. Voici un cadeau pour ta maman.
Tu lui donneras pour la fête des Mères.
— Mais c'est ta sœur ! répondit le petit garçon.
Je la reconnais ! Tu es fou ! »
Le petit garçon lui remit l'enfant dans les bras :
« Maman, ce qu'elle voudrait, c'est un bébé qui naisse
dans son ventre.
Elle ne voudrait jamais voler un autre bébé.
À ta place, je serais heureux d'avoir une petite sœur.
Tu ne sais pas la chance que tu as. C'est un cadeau du Ciel ! »
« Décidément, même mes copains ne me comprennent pas », pensa Kurumbe.
Et il tourna les talons, sa sœur sur son dos.

Le deuxième jour, la maman de Kurumbe retourna travailler.
Kurumbe eut une idée.
Il enveloppa sa petite sœur dans une grande feuille de bananier.
Il était décidé à la déposer dans le village
des grands singes Bonobos.
« Tenez, voilà un bébé pour vous », dit-il.

Et il déposa le petit paquet à terre avec un sourire
qu'il voulait aimable.
« Je vous la laisse. »
Les grands singes Bonobos restaient groupés
sur une branche du fromager
et regardaient la scène avec intérêt.
Quand Kurumbe eut le dos tourné,
ils se précipitèrent sur la petite fille.
Le grand roi bonobo, appelé pour l'occasion,
renifla la petite fille du petit orteil à la racine des cheveux.
« Elle est mignonne, dit-il en langue bonobo.
Mais elle n'est pas à nous.
On ne peut pas la garder. Elle n'est bonne à rien.
— Je la reconnais, dit la reine bonobo.
C'est la petite fille qui est née dans la famille de Kurumbe. »
Et le roi bonobo attrapa le bébé dans ses pattes
et le rapporta directement à la maison,
avant même le retour de la maman.
« Allons bon... Même les singes n'en veulent pas ! »
soupira Kurumbe.

Le troisième jour, le petit Africain eut une meilleure idée.
« Je vais la vendre à la sorcière du village.
Elle, elle saura quoi en faire ! »
Et Kurumbe enveloppa sa petite sœur dans une feuille
de bananier noir
pour se rendre chez Barakala, la sorcière.
La sorcière arriva avec sa loupe.
Elle dévisagea la petite fille pendant de longues secondes,
puis hocha la tête.
« Que veux-tu que je fasse
d'une petite fille si mignonne ?
Regarde ses yeux !
Ses yeux sont ronds comme deux billes toutes noires.
Je ne peux rien faire avec ça.
Avec toi, par contre, c'est différent...
Toi, tu n'es pas gentil. Regarde-toi dans le lac.
Tes yeux lancent des éclairs et de la foudre,

et tu as l'air malheureux comme les pierres.
Avec toi, je pourrais concocter un philtre de mauvais sentiments,
de colère et de malheur. »

Kurumbe rentra chez lui à toute vitesse
de crainte que la sorcière ne le transforme en je-ne-sais-quoi.
Il était découragé. Personne ne voulait donc de sa sœur ?
Quand sa maman rentra, elle avait l'air sombre.
« Ainsi donc, dit-elle, tu n'as toujours pas regardé ta sœur ?
Si tu savais... Elle a des yeux extraordinaires.
Tu sais ce que l'on voit dans ses yeux ?
Des lunes, des petites étoiles... dorées.
Non, je dirais plutôt : une pluie d'étoiles filantes. De l'or ! »
Kurumbe, de surprise, se retourna.
Dans les yeux de sa sœur, il ne vit pas
tout ce que sa mère y avait vu.
Ni Lune, ni Soleil, ni Terre.
Ni pluie d'étoiles filantes. Ni rien.
Il vit seulement qu'il était le plus beau,
le plus grand des grands frères.
Son regard descendit un peu et il lut un sourire,
un énorme sourire de bienvenue.
Est-ce que c'était vraiment elle qu'il voulait donner à la sorcière et aux singes Bonobos ?
« J'ai dû te confondre avec quelqu'un d'autre, dit Kurumbe.
Tout le monde peut se tromper.
D'accord, d'accord. Tu es ma sœur, et on va faire la paix.
Mais je te préviens : dans deux mois,
on va ensemble à la chasse à l'éléphant !
C'est compris ? »

Gaston l'écureuil ne veut plus être grand

Gaston l'écureuil aux oreilles rousses n'est pas,
mais alors pas content du tout.
Il trépigne, bondit, grince des dents.
Il grogne, court, grimpe aux arbres !
Et ça fait quatre jours que ça dure.
À tel point que, du haut des arbres,
en grignotant leurs noisettes,
ses copains lui lancent :
« Un peu de silence ! On dirait un troupeau de marcassins
qui cavalent dans la forêt ! »
Mais Gaston re-grogne, re-grimpe, et re-grince des dents.
Et tu sais ce qui le fâche ?
Sa maman lui a dit, ce matin :
« Gastounet (et quand elle l'appelle Gastounet, c'est mauvais signe),
je t'annonce une grande nouvelle : nous allons être quatre ! »
Et comme si Gaston n'avait pas compris :
« J'attends un petit bébé écureuil, mon chéri. »
Gaston en a fait tomber tout son sac de noisettes.
Sidéré, il est resté immobile.
« Tu te rends compte, mon GRAND ?
Un PETIT bébé dans la maison ! »

Gaston grince des dents de plus belle.
Il sait bien que tous les parents font comme ça.
Tous les parents vous appellent « le grand »
dès qu'il y a un plus petit à la maison.
Gaston avait entendu les pires des choses
sur les bébés écureuils :
ils ronflent en dormant (et le pire,
c'est qu'ils dorment tout le temps) ;
ils vous réveillent quatre fois par nuit ;
ils pleurent sans arrêt,
et ils font pipi partout, tout le temps. Une vraie horreur.
« La maison va puer, pense Gaston.
On va vivre dans des crottes à longueur de journée,
et je serai obligé d'enfiler mes chaussons en feuilles de chêne
pour ne pas faire de bruit ! »
Et Gaston tempête : « Pourquoi ne m'a-t-on pas consulté ?
Personne ne m'a demandé si, moi, Gaston, je voulais un petit frère ! »

« Il va prendre ma chambre ? demande Gaston d'un air boudeur.
— Mais non, nous allons construire un petit nid
spécialement pour lui.
Au début, il dormira avec nous, et toi, tu seras dans ta chambre.
— Grrr, grommelle Gaston, c'est bien ce que je pensais.
Lui, il pourra dormir avec toi.
— Mais sois content, mon GRAND !
— Toi, au moins, tu ne fais pas tes besoins partout, fait papa.
Et puis, on ira tous les deux à la chasse aux glands
et aux noisettes...
Comme deux GRANDS, mon GRAND ! »
Gaston s'énerve,
et ses oreilles rousses deviennent toutes rouges d'énervement.
Trop, c'est trop.
« Ils ne se rendent pas compte, ces parents ? pense Gaston.
Je ne mesure même pas un mètre de haut. »
« Arrêtez de m'appeler "mon GRAND" ! crie Gaston.
Je ne suis qu'un ridicule petit écureuil,
un moins que rien. »

Maman rit :
« C'est faux, mon amour !
C'est toi le plus grand, le plus GRAND dans mon cœur !
Tu sais cueillir des noisettes, grimper aux arbres,
amasser des glands...
— Hmm..., grommelle Gaston.
— Mais, en fait, tu es encore un gros bébé sur certaines choses...
Par exemple, tu as encore besoin
de gros, gros câlins chatouilleux.
Allez, viens dans mes bras. »
Et elle lui fait son câlin-bisouteux-chatouilleux
à la manière d'un écureuil,
en se frottant le bout du nez et le bout de la queue.
« Hmm... C'est vraiment bon d'être un bébé.
— C'est vrai, dit maman.
Et même les grands ont besoin de redevenir bébés.
Redeviens bébé quand tu veux ;
il y aura toujours de la place dans mes bras...
Même pour deux écureuils. Tu me crois, n'est-ce pas ? »
Et Gaston se sent fondre, fondre, tout doucement...
Soudain, il n'a plus envie
de grimper, de grogner, de trépigner.
« Et comment il va s'appeler, le nouveau bébé ? »
demande-t-il, avec un énorme sourire. Un sourire de grand !

Fiche pratique : voir *Histoire d'Élisa Souris qui voulait disparaître dans un trou de fourmi*

Le Pays des enfants uniques et le Pays des familles nombreuses

Il y a très, très longtemps, le monde était partagé en deux :
il y avait le pays des enfants uniques
et le pays des familles nombreuses.
Les deux pays étaient séparés par une épaisse muraille,
comme deux planètes qui ne se rencontrent jamais.
Et chacun était gouverné selon des lois très spéciales.

Au pays des enfants uniques, on ignorait ce que signifiait
« petit frère », « frangin », « grande sœur »...
Tout avait été fabriqué pour trois.
Les voitures avaient une forme bizarre :
deux places à l'avant et une seule place à l'arrière.
Les fauteuils de cinéma étaient regroupés par trois.
Les grands magasins n'existaient pas.
C'étaient des petits magasins,
faits pour un enfant et ses deux parents,
où l'on n'entrait que l'un après l'autre.

Au pays des familles nombreuses,
c'était tout le contraire.
Les voitures étaient toutes minces à l'avant

et immensément élargies vers l'arrière :
deux places devant et dix ou douze à l'arrière.
Les avions, construits tout en largeur
pour y loger les parents et les enfants sur une seule rangée,
ressemblaient à des armoires volantes.
Chez le docteur, il n'y avait jamais de consultation
pour une personne,
mais pour dix en même temps
(on était obligé de partager les mêmes maladies).
Et les maîtresses ne pouvaient jamais interroger
un enfant tout seul,
ou disputer celui qui avait fait une bêtise.
Tout le monde répondait en même temps.

Les grandes personnes de ces pays-là pensaient
que les enfants uniques ne devaient surtout pas
rencontrer les familles nombreuses, et vice versa.
On pensait : « Ça va leur donner des idées. »
Ou bien : « Ils vont être terriblement jaloux. »
Au pays des enfants uniques, on avait éliminé
tous les livres, les films, les dessins animés
qui parlaient de familles nombreuses.
Les histoires de *Cendrillon* et des *Trois Petits Cochons*
étaient strictement interdites au pays des enfants uniques,
alors que *Boucle d'Or et les Trois Ours* et *Le Petit Chaperon rouge*
étaient formellement déconseillés à toutes
les familles nombreuses.

Imagine-toi qu'au pays des enfants uniques,
on avait supprimé tous les miroirs
qui renvoient le reflet de toi-même,
et te font croire un instant que tu as un frère jumeau.
Étaient interdits également les glaces à deux ou trois boules,
les cerises qui allaient par paire, les éclats de rire
(seul un éclat de rire était toléré)...
Tu vois jusqu'où on était capable d'aller !

Au pays des familles nombreuses, on se chamaillait ;
au pays des enfants uniques, on s'ennuyait.
Au pays des familles nombreuses, on aimait
les fourmis, les souris, les lapins,
et les inséparables qui jacassent dans leur cage
et se font des bisous à longueur de journée ;
au pays des enfants uniques, on raffolait
des animaux en voie de disparition
qui sont souvent à exemplaire unique sur la Terre :
un hippopotame de Sibérie orientale,
un petit renard tombé de son étoile,
un loup d'Europe au pelage rose bonbon,
et tous les animaux les plus rares, les plus précieux,
qui n'existaient même pas à deux exemplaires !

Pourtant, malgré toutes ces précautions,
les enfants uniques et ceux issus de familles nombreuses
n'étaient pas satisfaits.
Les enfants uniques pensaient à des choses tristes.
« Quand je suis né, se disaient-ils,
mes parents m'ont trouvé(e) tellement insupportable
qu'ils ne voulaient pas recommencer !
C'est pourquoi je n'ai eu ni petit frère, ni petite sœur. »
Les enfants de familles nombreuses disaient :
« Ils m'ont trouvé(e) tellement bête
qu'ils ont cherché à en faire un autre,
et puis un autre, et encore un autre.
Et jamais ils n'ont été satisfaits. »
Bref, tout le monde avait des raisons d'être mécontent
(on peut toujours trouver des raisons d'être malheureux).
Tout le monde était donc très malheureux.

Le chef du pays des enfants uniques,
à force d'entendre ce silence à longueur de journée,
se mit à faire une grosse déprime.
Il était triste, triste, triste !
Triste comme la pluie,
triste comme un silence qui dure dix ans.

« Oh, comme je suis seul, disait-il.
Le soir, j'en ai assez de rentrer dans ma maison
sans personne dedans,
ni même un miroir pour rigoler.
De rentrer ma clé tout seul dans ma petite porte,
et de ne pouvoir me chamailler avec personne. »

Le chef du pays des familles nombreuses
en avait vraiment assez d'entendre les enfants se disputer.
Il était très énervé, toujours obligé de crier...
« Oh, comme j'en ai assez, pensa-t-il.
J'ai l'impression d'étouffer.
On me prend mes jouets, on me vole tout !
Je ne sais plus qui je suis tellement il y a de bruit. »

De chaque côté du mur,
du côté des enfants uniques et des familles nombreuses,
les deux chefs décidèrent de modifier les lois
pour que la vie soit plus facile à vivre.
Le chef du pays des enfants uniques
convoqua un par un tous ses citoyens, et déclara :
« Je veux, j'exige, que chaque enfant ait un meilleur ami,
des tonnes de gâteaux,
des monceaux de fraises,
et des vacances à plusieurs. »
Le chef du pays des familles nombreuses
prit la parole, au milieu d'un brouhaha innommable :
« À partir d'aujourd'hui,
il y aura des cours de solitude, d'ennui, et de gâteries personnelles ;
des promenades obligatoires faites avec un seul enfant.
Tout ça est rigoureusement obligatoire.
Y compris le silence.
Maintenant, taisez-vous !
Je ne veux plus entendre un bruit !
Silence ! »

Il hurla fort, si fort, que l'épaisse muraille
se brisa en mille petits morceaux.
Le pays des enfants uniques et le pays des familles nombreuses
furent à nouveau réunis.
Les enfants uniques découvrirent
la joie des glaces trois boules, des chamailleries,
des foules dans les grands magasins à l'approche de Noël.
Les enfants de familles nombreuses
goûtèrent à l'ennui et au silence
– ce qui n'est pas désagréable
quand ça ne dure pas trop longtemps.
Les chefs des deux pays devinrent copains comme cochons...
et même comme des frères !
Les voitures reprirent une forme normale :
deux ou trois places à l'arrière, parfois plus,
pour y caser aussi le meilleur copain.
Les avions devinrent beaucoup plus fins,
et par conséquent deux fois plus rapides.
Et tout était pour le mieux dans le meilleur des mondes.

Les enfants uniques

Les enfants uniques ont bien mauvaise presse. On les considère comme des pourris-gâtés, des petits despotes... Ce qui est faux ! Envié par certains, le statut d'enfant unique comporte pourtant de nombreux avantages. Être le « chouchou désigné d'office », comme le signale une petite fille, n'est-ce pas exaltant ?

L'univers des enfants uniques

Il ressemble à un doux cocon protégé par les parents, un monde sans disputes, sans chamailleries, sans bruits. Et parfois, ils – enfants et parents – en sont ravis. Mais il arrive également que l'enfant souffre de sa solitude à la maison. Essayez autant que possible de réunir la famille élargie et de lui faire connaître ses cousins. Et, pourquoi pas ? mettez en place un système de baby-sitting avec une autre maman à la sortie de l'école. Les enfants pourraient être ensemble jusqu'à votre retour. Si vous ne travaillez pas, libre à vous d'organiser un roulement : vous prenez les enfants un soir ; vous laissez le vôtre le soir suivant, etc.

La position d'unique héritier peut être une charge pesante quand intervient la notion de sacrifice : « J'ai tout fait pour toi » ou « Je t'ai tout donné ». Évitez de prononcer ce genre de phrases, y compris : « Quand tu seras grand(e), tout sera à toi. » De la même façon, ne les mettez pas sous pression à l'école. On a trop souvent tendance à considérer que les enfants uniques ont un « devoir de réussite », puisque, bien sûr, ce sont les seuls héritiers...

D'après les statistiques, il paraîtrait que les enfants uniques sont plus portés vers le monde des livres et des idées pour échapper à l'appréhension précoce de la solitude. Est-ce la raison pour laquelle ils sont plus nombreux que les autres à poursuivre leurs études ?

Enfin, essayez de limiter son sentiment de toute-puissance. D'après Freud, l'*undisputed darling*, le « petit chéri », a le fantasme d'avoir eu des frères et sœurs et de leur avoir survécu. Il est vrai que, dans la réalité, personne n'est là pour limiter ses désirs... Évitez donc de l'encenser et de le transformer en petit empereur sur son île déserte.

Discutez-en avec lui

Évitez, par exemple, de prononcer ces phrases : « Tu m'as tellement comblé(e) que je ne voulais pas d'autre enfant » ou « Tu m'as donné tant de mal que j'ai renoncé à en avoir d'autres ». Faites-lui comprendre qu'il n'est pas en cause dans le fait d'être enfant unique et que ce choix est celui d'un couple.

Précisez-lui qu'il peut inviter ses amis quand il veut : « Les jours où tu te sens un peu seul(e), tu peux toujours m'en parler. Je serai toujours d'accord pour que tu invites des copains à la maison... »

Les familles nombreuses

Difficile d'avoir trois, quatre, cinq enfants sans nourrir le sentiment de « faire de l'élevage ». Une nombreuse fratrie peut être la meilleure et la pire des choses : la meilleure, car on est « blindé » pour la vie ; la pire, quand l'enfant a le sentiment d'être élevé en groupe et de n'avoir pas des petites attentions pour lui seul.

Essentielles : les attentions individuelles

Les enfants issus de familles nombreuses ont l'avantage d'avoir des compagnons de jeux sous la main ! Habitués au groupe, ils sont en général mieux armés pour se défendre en société. Ils savent gérer leurs problèmes et les relations basées sur la concurrence (en particulier par rapport aux enfants uniques). Mais, pour arriver à ce résultat, il faut avant tout que vous acceptiez de vous mettre en retrait. Ne vous immiscez pas forcément dans toutes leurs chamailleries, sinon ils vous attendront toujours pour les résoudre... Et elles vont croître et se multiplier.

Il faut accorder une attention particulière à chacun et surtout ne pas considérer l'ensemble des enfants comme un tout. Quelques conseils :

- ne cherchez pas à les habiller systématiquement de la même façon ;
- ne partagez pas le monde en groupes : le groupe des petits et le groupe des grands. Dites « tu » le plus souvent possible, et non « Les grands, allez vous brosser les dents » ;
- réservez-vous une plage de temps pour chaque enfant : une partie de tennis avec Élisa, un rendez-vous chez le médecin avec Ben (sans en profiter pour demander une ordonnance pour les cinq autres).

Dernière chose : ne couvrez pas l'aîné(e) de (trop de) responsabilités. Les adultes qui gardent un mauvais souvenir de leur nombreuse fratrie sont souvent ceux à qui l'on a demandé de prendre en charge tout ou partie des frères et sœurs. Ne lui imposez pas tant de devoirs ; ne lui volez pas son enfance. Après tout, c'est vous qui êtes responsable de votre famille !

Discutez-en avec lui
(c'est-à-dire un par un !)

Faites ressortir au fil de vos discussions (à deux) à quel point vous le considérez comme un être unique, un individu qui ne ressemble à aucun autre : « Ce que j'aime particulièrement en toi, c'est ta bonne humeur, ta capacité de travail, etc. » Dites « tu » le plus souvent possible.

Si vous le sentez un peu triste, à l'écart, prenez-le avec vous et lisez-lui une histoire. Rêvez ensemble à l'avenir, un avenir individualisé : « Qu'est-ce qui te ferait plaisir pour ton anniversaire ? » Ou : « As-tu réfléchi aux activités que tu aimerais faire à la rentrée prochaine ? »

Connexions : *Jean et Jeanne se détestent, Timmy et Tommy se disputent*

Jean et Jeanne se détestent

Il était une fois un frère et une sœur – Jean et Jeanne –
qui se chamaillaient tout le temps.
Ils se tiraient la langue, les oreilles, les cheveux ;
ils se tiraient dans les pattes.
Jean disait : « Je déteste Jeanne »
et Jeanne disait : « Je hais Jean ».
Ils avaient ainsi pris l'habitude de se détester.
C'est une habitude qui vient aussi facilement qu'une autre,
que se brosser les dents ou manger du ketchup avec des frites.
Comme Jean était petit et rond,
Jeanne l'appelait « boule de billard ».
Comme Jeanne était grande et maigre,
Jean l'appelait « haricot vert ».
Leurs disputes duraient depuis si longtemps maintenant
qu'ils ne savaient plus quand ça avait commencé.
Peut-être leur querelle avait-elle débuté dès le début ?
Quand Jean était né, Jeanne avait pincé son nez et hurlé :
« Bouh, comme il sent mauvais ! »
Et elle avait eu droit pour cette remarque
à une bonne paire de claques.
Quand Jean avait fêté son premier anniversaire,
il avait crachouillé un jet de mousse au chocolat
sur la belle robe blanche de Jeanne.

Et il avait eu droit pour cette blague
à une bonne paire de claques.
Devenus grands, ils avaient appris à se jouer
des tours plus méchants les uns que les autres.
Un jour, Jeanne avait glissé un piment-qui-brûle
dans la glace à la fraise de Jean. Résultat : Jean avait hurlé !
Un jour, Jean avait fait rentrer une colonie de fourmis dévoreuses
dans le cartable de Jeanne. Et tous ses cahiers
étaient revenus en morceaux.
Un jour, Jeanne avait placé un crabe vivant dans le lit de Jean.
Le tourteau lui avait pincé les fesses !
Un autre jour encore, Jean avait glissé un peu de Superglu dans le cartable de Jeanne.
Elle n'avait pu décoller ni sa trousse, ni ses cahiers,
ni son carnet de correspondance...
Elle était revenue avec un zéro sur dix en dictée
et un zéro pointé en soin.
Tu le vois, le frère et la sœur débordaient d'imagination
en ce qui concernait les mauvais tours !

Un beau matin – c'était un dimanche –,
alors que Jeanne s'apprêtait à introduire
quelques puces gratouilleuses dans le pyjama
de son frère endormi,
un petit bonhomme arriva dans leur chambre.
Bouh, qu'il était laid !
Il était mauve et mou comme un chewing-gum,
tout poilu avec des yeux jaunes et une odeur de rat crevé.
« Bonjour, dit-il d'une voix nasillarde.
Je suis votre mauvais génie.
Et j'arrive quand il y a de la méchanceté dans l'air,
pour corser un peu plus les disputes. »
Il frotta ses horribles mains baveuses.
« C'est grâce à moi que vous avez eu
toutes ces méchantes pensées !
Aujourd'hui, au nom du Mauvais Esprit, mon bien-aimé maître,
je viens vous féliciter. »
Et il sortit de sa poche deux images verdâtres,

représentant des mauvais génies couronnés.
Il ricana, et ses yeux jaunes brillaient dans la nuit.
« Je vous félicite. Vous avez gagné le concours
des plus odieux, méchants et insupportables frère et sœur !
Pour vous récompenser, je vous autorise un vœu horrible,
méchant et puant.
Réfléchissez bien : comme avec les bons génies,
vous n'avez droit qu'à un seul et unique vœu.
Après cela, moi, je m'en vais, et *bye bye* ! »
Jean et Jeanne réfléchirent une seconde
car il ne leur fallait pas plus de temps.
Jeanne ferma les yeux et dit :
« Je veux être une enfant unique.
Que Jean aille piquer ses crises sur la Lune. »
Jean réfléchit sérieusement :
« Je veux être un enfant unique.
Que Jeanne aille jouer ses mauvais tours chez les Martiens.
Ça leur fera les pieds à tous. »
Le mauvais génie ricana et claqua dans ses doigts.

Aussitôt dit, aussitôt fait...
Le frère et la sœur se retrouvèrent en deux secondes
chacun sur sa planète. Seuls.
Ils habitaient leur petite maison, et c'était formidable.
Personne pour chiper les jouets,
personne pour vous jouer des mauvais tours,
personne pour vous narguer.
Ils avaient des heures et des heures devant eux à jouer seuls,
à s'amuser, à inventer des histoires. Seuls.
À ce régime-là, il ne leur fallut pas longtemps pour
s'ennuyer terriblement l'un de l'autre.
Jean soupirait ; Jeanne soupirait.
Sur Mars ou sur la Lune, il n'y avait rien d'autre à faire
qu'à rester assis dans un coin...
Jean se mit à parler aux herbes, et Jeanne aux fleurs.
Jeanne lut beaucoup. Jean jardina énormément.
Ce qui manquait à Jeanne,
c'était le petit ronflement de Jean, la nuit.

Ce qui manquait à Jean, c'était justement
la lumière allumée, la nuit, quand Jeanne lisait.
« Ma ficelle, ma grande bringue », pensait Jean avec émotion.
« Mon petit gros », murmurait Jeanne avec tendresse.

Un soir, Jean se pencha du haut de sa planète
et cria : « Jeanne, reviens ! »
Jeanne répondit : « Je veux rentrer. »
Mais comment faire ?
Ils y pensèrent si fort, si fort, chacun de son côté,
ils prièrent si fort à leur manière que, par un miracle astronomique,
les deux planètes se rapprochèrent dans le ciel.
Tous les mauvais génies réunis ne purent rien y faire.
En retrouvant Jeanne, Jean lui dit :
« Comme nous avons de la chance d'être deux.
Qu'est-ce que c'est triste d'être tout seul sur une planète.
C'est le pire tour que tu m'aies joué ! »
Jeanne dit : « Comme je me suis ennuyée, avec les Martiens.
Et sans toi... »
En voyant cela, le mauvais génie qui puait le rat crevé
décida de plonger dans la nuit intergalactique, de dépit !
Bien sûr, Jean et Jeanne continuèrent à se chamailler un peu
(c'est normal, quand on est frère et sœur)
mais plus jamais avec méchanceté.
Et sans jamais souhaiter que l'autre disparaisse.
Ils avaient trop peur que le mauvais génie
ne revienne de sa nuit noire,
avec ses petits yeux jaunes et son odeur de rat pourri.

Connexions : *Timmy et Tommy se disputent, Le Pays des enfants uniques et le Pays des familles nombreuses*
Fiches pratiques : voir *Timmy et Tommy se disputent, Le Pays des enfants uniques et le Pays des familles nombreuses*

Conte du petit loup qui s'était transformé en chien

Tu connais les loups comme moi.
Ils sont forts, indépendants,
et surtout fiers d'être des loups.
Pour rien au monde ils ne voudraient être des chiens,
ou des chats, ou des perroquets !
Eh bien, je connais l'histoire d'un petit loup
qui était devenu un chien.
Ça peut sembler bizarre,
mais ce sont des choses qui arrivent !
Un événement s'était passé dans la tanière.
La maman louve avait eu un tout petit bébé.
Jamais on n'aurait pensé
qu'un louveteau naîtrait encore dans cette tanière.
Maman Louve pensait qu'elle ne pourrait
plus jamais avoir de bébé.
Alors tu imagines sa joie !
Les autres frères et sœurs étaient aussi très contents.
Sauf le plus petit qui avait trois ou quatre ans,
ou peut-être moins.
Lui aussi avait imaginé
qu'il serait le dernier de la portée.

On l'avait chouchouté comme un bébé.
Il était resté museau contre museau avec sa mère.
Et voilà que, du jour au lendemain,
il devait attraper les poulets et les lapins. Tout seul !
Quand il fermait les yeux,
il voyait le cœur de sa maman
et, dedans, le bébé qui remplissait
tout ce cœur intégralement
comme il avait rempli son ventre.
Ou bien il voyait encore la louve,
son museau penché contre le tout petit museau du bébé.
Et ça lui faisait de la peine.

Alors, le louveteau se mit à pencher la gueule,
à suivre sa maman en frétillant de la queue,
à faire : « Ouaf ouaf »...
Bref, à devenir un petit chien !
Il n'avait plus rien d'un loup.
Ni les dents qui se mirent à rétrécir,
ni les yeux jaunes (ils devinrent marron et humides).
Son beau pelage noir s'éclaircit ;
ses oreilles poussèrent vers le bas, comme celles des chiots.
Il ne croquait plus les poulets en entier dans sa gueule,
mais il les déchiquetait à petits coups, os après os,
comme font les chiens.
Ses camarades se moquaient : « Qui veut préparer le biberon du petit chiot ? »
Car les loups se moquent beaucoup des chiens.

La maman ne comprit pas tout de suite
ce qui se passait chez son louveteau.
Elle pensait : « Il est tombé malade !
Ce n'est pas de chance. J'ai déjà tant à faire avec le bébé ! »
C'est pourquoi la maman n'était pas contente.
Elle lui dit : « Veux-tu bien quitter cet air de chien battu ?
Où sont tes beaux et fiers yeux jaunes ?
J'ai l'impression de vivre avec un bâtard ! »
C'étaient des phrases terribles pour le louveteau

qui pensait qu'on ne l'aimait plus.
Il se tenait, la gueule pendante, les yeux humides,
la queue entre les jambes...
Et, bien sûr, plus il avait l'air de chien battu,
plus il irritait sa maman.
Elle était si fatiguée et si accaparée par le bébé
qu'elle ne voyait même pas que son louveteau était triste.
Bien sûr, le petit loup aurait pu le dire un peu plus clairement.
Il aurait pu signaler :
« Maman, tu pourrais peut-être me montrer que j'existe encore ! »
Difficile de dire cela quand on est enfant...
Alors, il s'exprimait simplement
à travers son corps, son pelage, ses yeux tristes,
et ses manières de chien.
Peut-être se disait-il :
« Les chiens, on les caresse, et parfois on a pitié d'eux.
Ils ne marchent pas à pas de loup. On les entend.
Ils jappent, ils font la fête pour se faire remarquer.
Si je me transforme en chien, maman me verra peut-être enfin. »
C'est ce qui arrive parfois aux petits enfants.
Parfois ils se transforment pour qu'on puisse les voir mieux.
Certains se remettent à faire les bébés,
d'autres à piquer des crises de colère
ou à casser la vaisselle.
On peut imaginer mille façons
d'attirer l'attention et l'amour des grands.

Pour en revenir à notre histoire,
le petit loup ne resta pas bien longtemps chien.
L'histoire se termine le jour où ses parents lui dirent
à quel point il comptait pour eux.
De sa patte droite, la maman louve dessina une bulle toute ronde.
« Tu vois, ça, c'est mon cœur. »
Et, à l'intérieur, elle y dessina cinq petits ronds, bien égaux :
« Ça, dit-elle, ce sont tous mes enfants. »
Un éclair jaune brilla dans le regard du louveteau.
Son museau se redressa fièrement, son échine aussi,
et il sourit, les babines retroussées.

Comme un loup !
« Comme tu es beau ! Comme tu es grand !
Et comme je t'aime ! » s'écria sa maman.

Fiche pratique : voir *Histoire d'Élisa Souris qui voulait disparaître dans un trou de fourmi*
Connexions : *Histoire d'Élisa Souris qui voulait disparaître dans un trou de fourmi, Kurumbe ne veut pas de petite sœur, Gaston l'écureuil ne veut plus être grand*

Timmy et Tommy se disputent

Timmy et Tommy les écureuils habitaient à deux pas l'un de l'autre.
Ils étaient comme deux frères jumeaux,
sauf que Timmy avait une queue entièrement rousse
et que celle de Tommy avait quelques poils blancs.
Timmy avait construit sa maison dans le creux d'un noyer
et Tommy avait choisi un noisetier.
Ça s'était trouvé comme cela.
Et chacun avait construit et décoré son petit nid, à son goût.
Timmy et Tommy aimaient beaucoup cuisiner.
Un jour, Timmy apporta un pot de marmelade
de noisettes à Tommy,
et Tommy offrit à son copain une liqueur de noix.
C'était gentil, n'est-ce pas ?
Pourtant, ni Timmy ni Tommy ne trouvèrent ça gentil.
En dégustant sa marmelade à la petite cuillère, Tommy pensa :
« Ces confitures à la noisette ont un goût délicieux de bois coupé,
de beurre et de blé. »
Et les piques de la jalousie lui avaient déchiré le cœur.
En sirotant sa petite liqueur de noix, Timmy grommela :
« Ah, il y en a vraiment qui ont tout !
Cette liqueur de noix est absolument succulente.
Quand je pense que Tommy peut en déguster chaque soir. »
Et son cœur s'en remplit d'amertume.

Depuis ce jour-là, chacun regardait l'autre avec les yeux de l'envie.
Quand Timmy pensait au superbe petit nid de Tommy,
à sa couverture moelleuse de plumes d'autruche,
il avait envie de bouder jusqu'à l'aube.
Quand Tommy imaginait le hamac que Timmy avait fabriqué,
il avait envie de lui mordiller le nez jusqu'au sang.

Un jour, Timmy renifla près de la maison de Tommy
une odeur délicieuse de *Pignon n° 5*.
« Ça sent rudement bon, chez toi, fit-il, d'un air mécontent.
— Oh, c'est un cadeau de ma tante », fit Tommy
qui loucha sur la casquette de Timmy.
Timmy avait une casquette merveilleuse
en plumes d'autruche cousues main.
« Il la porte pour me faire envie », pensa aussitôt Tommy.
« Quelle casquette ! fit-il en grimaçant.
— Oh, c'est une babiole, répondit Timmy,
qui était fort coquet.
Un cadeau de ma tante couturière. »
Le soir, comme une idée fixe,
Timmy pensa au garde-manger de Tommy
et Tommy pensa à la garde-robe de Timmy.
Et plus le temps passait,
plus ils pensaient à ce qu'ils n'avaient pas :
collection de coquilles de noix,
morceau de vase cassé trouvé dans un champ,
épi de maïs pour décorer la maison...
La moindre babiole les rendait verts de jalousie.
Tout ce qu'avait l'un, l'autre le voulait.
Et ils se disputaient parfois jusqu'au sang
pour s'arracher des mains un morceau de coquille de noix
ou une bogue de châtaigne.

Quand Timmy, un beau jour, trouva un trèfle à quatre feuilles,
Tommy pleurnicha : ce trèfle était à lui, il faisait partie
de son territoire.
Quand Tommy, un beau jour, revint avec un bouquet de coquelicots,
Timmy frappa à sa porte : il devait lui en donner la moitié.

Timmy fut jaloux de l'anniversaire de Tommy.
Tommy fut jaloux de la coqueluche de Tommy,
et Tommy de la varicelle de Timmy.
Et Timmy du rhume de Tommy.

L'envie et la jalousie leur faisaient mal au ventre.
« Quelqu'un m'en veut, pensait Timmy.
Je ne sais pas pourquoi, sans doute la forêt
ne m'aime-t-elle pas autant.
Elle ne me donne pas assez de choses. »
Ils finirent par faire tant et tant de tapage
que tous les copains des bois
(tourterelles, hirondelles, colombes, mulots)
se réunirent pour une grande prise de bec.
« Nous ne sommes pas là pour supporter vos disputes !
— Parlez moins fort !
— On ne s'entend plus ! »
Tout ce tapage finit par venir aux oreilles du Grand Hibou Malin,
qui se déplaça en personne pour constater la dispute.

Il écouta les plaintes des deux écureuils :
« Son nid est bien plus douillet que le mien !
— Son nid est beaucoup plus grand que le mien !
— Toi-même !
— Il a même eu la varicelle !
— Et lui, il a eu la coqueluche !
— Oui, mais la varicelle, c'est mieux que la coqueluche !
Ça gratte, mais ça fait moins mal. »
Le Grand Hibou Malin rigolait derrière ses grandes lunettes.
« Je me demande si je ne vais pas être un tout petit peu
jaloux de vous deux !
Vous avez tellement de choses...
Et pourtant vous n'êtes pas heureux.
C'est dommage ! »
Le Grand Hibou Malin les regarda à travers ses grandes lunettes
et continua :
« Si j'étais Timmy, je serais content d'être Timmy.
Et si j'étais Tommy, j'en serais également très heureux.

Si j'étais toi, Timmy, je serais fier d'avoir un tel copain.
Et toi, Tommy, je me féliciterais d'avoir quelqu'un
qui fabrique aussi bien la confiture de noisettes !
Je vais vous apprendre à être encore plus satisfaits
l'un de l'autre.
Timmy, tu vas donner de la confiture de noisettes à ton copain
et tu vas lui fabriquer une belle casquette en plumes.
Tommy, tu vas faire de la liqueur de noix pour Timmy
et quelques coussins pour décorer son petit nid.
Je suggère que, de temps en temps, vous échangiez vos maisons.
Comme ça, vous aurez l'impression de partir un peu en vacances. »

Et c'est ce qui se passa.
Timmy fabriqua pour l'hiver une superbe casquette
de plumes d'autruche
pour son copain Tommy.
Tommy fabriqua des petits coussins remplis de copeaux
de noisettes concassées
pour son copain Timmy.
De temps en temps, le week-end, ils échangeaient leurs maisons,
simplement pour se rendre compte que, chez eux,
c'était très confortable
et que, chez l'autre, c'était très bien aussi.
Et ils redevinrent, bien sûr, les meilleurs amis du monde.

Ils se disputent sans arrêt !

Ils s'étripent, se crêpent le chignon, se donnent des coups de pied, se jalousent comme des forcenés ? C'est banal mais cela fait souffrir !

Comment éviter les jalousies

Sans le savoir vous avez pu ou pouvez encore exacerber leur jalousie. Évitez de faire de vos enfants des clones. Ne les habillez pas pareil et soulignez leurs différences, car c'est dans la ressemblance que se cristallisent les jalousies. Si vous les jugez tous les deux excellents champions de natation ou tous les deux excellents peintres, il y en aura toujours un pour dépasser l'autre. Mais si vous soulignez que Théo est très doué aux échecs et qu'Agathe est excellente en musique, vous ne les situerez pas sur le même plan et vous les confirmerez dans leur individualité.

Évitez de parler d'eux au pluriel : « Les enfants, vous êtes insupportables », « C'est toujours comme ça avec vous ». Préférez : « Benjamin, toi qui es si fort, viens donc », etc. Réservez-leur des petits moments seuls avec vous. Chacun son tour ! Et, le soir, n'hésitez pas à leur dire et leur répéter, individuellement, que vous les aimez. Avec les enfants, il ne suffit pas de le penser. Il faut le dire...

En revanche, ne cherchez pas toujours à tout compenser. Si c'est l'anniversaire de l'aîné(e), le (la) cadet(te) doit comprendre qu'il (elle) n'aura pas de cadeau, que son tour viendra après. Ne vous laissez pas prendre au jeu de la surenchère, sinon vous n'en sortirez pas...

Enfin, soyez discret(ète). Ne cherchez pas toujours à être le centre de leurs jeux ou de leurs attentions. Laissez-les vivre leur vie entre frère et sœur ; ils ne s'en entendront que mieux.

Discutez-en avec lui

« Les deux copains qui sont comme deux frères ont chacun l'impression d'être moins gâtés. Qu'en penses-tu ? Moi, je crois que le cœur des mamans est élastique, et qu'il est capable de donner autant d'amour à un, deux, trois, dix ou douze enfants.

Le Grand Hibou leur propose une solution : il s'agit de se donner des choses différentes, de s'aider mutuellement, de profiter chacun de ce que l'autre sait faire. C'est peut-être, finalement, la même chose que se prêter des jouets. Quand on est frère et sœur, ou frères, finalement, le mieux que l'on puisse faire, c'est de se prêter des choses, s'aider et s'aimer. Quand on fait la guerre, on y perd forcément, tu ne penses pas ? »

Connexions : ***Jean et Jeanne se disputent, Conte du petit loup qui s'était transformé en chien, Histoire d'Élisa Souris qui voulait disparaître dans un trou de fourmi, Kurumbe ne veut pas de petite sœur, Gaston l'écureuil ne veut plus être grand***

9

Doudous et tétines

La Ville des tétines magiques

Il y a très, très longtemps, il existait une ville bizarre.
C'était une ville comme Paris, Lyon ou Poitiers,
une ville comme toutes les autres villes,
sauf qu'on n'y entendait pas un bruit.
Ni « clac », ni « clic », ni « ouh », ni « schlouf ».
Rien.
Pas un bruit d'avion, ni un bruit de train qui siffle,
ni un cri d'enfant, ni une parole de grand.
Rien.
On appelait cette ville « la ville du silence ».
Et quand on s'y promenait,
on avait l'impression de marcher sur un gros nuage en coton.

Les écoles étaient pleines de silence ;
les cours étaient comme un paysage sous la neige ;
les bébés ne pleuraient jamais ;
les enfants ne hurlaient jamais,
et les grands ne parlaient jamais.
Même quand la maîtresse posait (en silence) une question,
personne ne lui répondait.
Ou juste avec les yeux.
Comment cela est-il possible ?
Je vais te raconter...

La ville était dirigée par la reine des Tétines.
Elle portait une tétine en guise de couronne
et un sceptre-tétine à la main.
Elle habitait dans un royaume en forme de tétine,
dormait dans une tétine à baldaquin,
dans des draps de soie imprimés de petites tétines.
La reine passait son temps à adorer la Tétine Magique.
Tous les matins, elle se regardait dans un miroir en forme de tétine,
et elle demandait :
« Oh, Tétine adorée ! Tétine Magique ! Tétine que j'aime ! Dis-moi...
De toutes les villes qui existent, quelle est la plus sage ?
— Y a pas photo. De toutes les villes, ô ma reine,
répondait la Tétine Magique, c'est ta ville qui est la plus sage.
— De tous les enfants, qui sont les plus sages ?
— Ô ma reine, ça ne fait pas un pli.
De tous les enfants, les tiens sont les plus adorablement
sages du monde. »
Et tous les matins, la reine se félicitait
d'avoir donné des tétines magiques
aux petits enfants et à leurs parents.
Les tétines étaient magiques
car, dès qu'on les portait à la bouche,
on ne pouvait plus les enlever.
De toute sa vie.
C'est pourquoi les bébés ne pleuraient pas,
les grands bébés ne grognaient pas,
les petits enfants ne pleurnichaient pas,
les grands ne se chamaillaient pas,
les parents ne discutaient pas.
Et c'est pourquoi tout le monde souriait,
car ces tétines étaient en forme de sourire !

Les ministres de la reine,
les fabricants de silence,
travaillaient dur dans leurs bureaux
pour vendre du silence dans les pays du monde.
Mais personne ne donnait le secret des tétines magiques.
« C'est ce qui fait notre richesse ! disaient-ils.

Le jour où le secret des tétines sera découvert,
Le silence envahira la planète
et nous cesserons d'être riches ! »

Pourtant, on ne peut rester comme ça, dans le silence.
Les mots, eux, n'aiment pas les tétines.
Ils ont envie de sortir, de s'amuser, de danser la java,
et pas de rester prisonniers dans le cœur des enfants.
Ils ont envie de dire, ces mots :
« Je suis heureux » ou « J'en ai marre, ras le bol »,
ou « Je n'aime pas le noir » ou « J'aime le soleil »,
et des tas d'autres choses encore.
Ils étaient si furieux, les mots, qu'un jour,
ils décidèrent de se révolter.
Ils poussèrent si fort derrière la bouche des enfants
que les tétines magiques sautèrent
comme des bouchons de champagne !
Ce qui en sortit, ce fut une ribambelle de cris :
« À bas les tétines magiques !
— Nous voulons parler ! Nous exprimer !
— Nous sommes contre la dictature des tétines !
— Nous sommes devenus grands, maintenant.
— Maîtresse, je veux vraiment dire quelque chose.
— J'ai faim, j'ai soif, j'ai mal.
— Je suis très heureux, j'adore le chocolat.
Chaud, au lait, en gâteau, en mousse et partout !
Du chocolat, partout, tout le temps ! »
Bien sûr, tous les mots sortirent comme ça, d'un bloc.
Ça donna quelque chose de désordonné
Comme une chanson qui déraille.
Les petits enfants étaient très heureux.
Comment cela ? ils pouvaient dire
des choses aussi drôles, aussi intéressantes !
Ils se sentaient si riches...

Au début, bien sûr, il fut très difficile
de laisser les tétines magiques
qui parfois étaient bien pratiques

quand on ne sait pas quoi dire, ni quoi faire.
Des tétines avec qui on avait vécu pendant des années,
c'était difficile de les abandonner !
Mais les mots ! Les mots étaient si drôles, si amusants !
Les mots étaient comme des jeux,
les jeux de la bouche.
Et tous les mots sont magiques.
« On peut se passer des tétines,
mais sûrement pas des mots ! »
pensèrent les enfants.
C'est ainsi que la ville du silence
redécouvrit le bonheur des petits bruits...
Les enfants ouvrirent un musée, « le musée des Tétines »,
où ils rassemblèrent toutes les tétines magiques
en forme de sourire.
Il y en avait des milliers ! Et même des millions !
De temps en temps, ils venaient les regarder, derrière les vitres.
Et ils expliquaient :
« Ça, c'était quand j'étais petit
et que je ne savais pas encore parler. »
C'est tout ce qu'ils disaient à leurs enfants.
Quant à la reine des Tétines,
on la nomma gardienne en chef du musée des Tétines.
Bien sûr, elle était obligée de se taire,
car dans les musées on fait toujours silence.

Connexions : *Totoche, la petite souris des tétines,*
La Fugue de Petit Doudou

La Fugue de Petit Doudou

« Ça suffit ! pensait Petit Doudou.
J'en ai assez des coups de pied aux fesses.
Quand on est doudou, on essuie les taches de gras,
les coups de colère et les rebuffades.
On nous traîne par les pieds,
on nous tire-bouchonne dans les narines
et parfois même on vomit sur nous le petit-déjeuner !
On n'a aucun respect pour nous, les doudous ! »
Voilà ce à quoi songeait Petit Doudou,
un vieux lapin pelé et mité,
qui était depuis deux ans le doudou de Timothée.
Quand Timothée pleurait, Petit Doudou était inondé de larmes.
Quand Timothée criait – ce qui arrivait fréquemment –,
Petit Doudou avait les oreilles cassées !
Mais il ne disait rien, bien sûr...
Un doudou ne dit jamais rien. Il écoute et console.

Petit Doudou, un jour, se mit à rêver d'une autre vie.
Une vie de luxe et de silence. Une vie de pacha !
Une vie de chat de salon, de respect, de silence.
Et de parfums à la fraise.
Alors, quand Timothée, un jour, l'oublia à côté du manège,
Petit Doudou déguerpit à toutes jambes (si l'on peut dire).

Pour être exact, il se laissa attraper
par une gentille vieille dame parfumée à la lavande.
La gentille vieille dame leva droit devant elle le vieux lapin mité
(elle était fort myope) et s'exclama :
« Voici qui me fera un joli animal de compagnie. »
Elle dit encore :
« Toi, mon lapin, tu me plais.
Tu ressembles à ma peluche préférée,
quand j'étais petite fille. »
La vieille dame ne dit pas : « Tu ressembles à mon doudou »,
mais le cœur y était.

La vie de Petit Doudou changea.
Il se rendit dans des hôtels ;
il prit des bains parfumés à la fleur de lys ;
il resta des nuits entières
allongé sur un lit de cent quatre-vingt-dix centimètres de large,
sans être tire-bouchonné dans un coin.
Il passa des journées comme un vulgaire coussin,
tout avachi, sur le canapé ;
il servit de décoration, sur le piano,
entre le pot de pétunias et le bouquet de roses.
Depuis le début, il avait décidé de ne plus rien écouter.
Ni les cris, ni les plaintes.
Il se bouchait les oreilles.
« Je mérite bien ça, pensait-il,
après une vie passée à consoler un petit garçon,
à être inondé de larmes,
à me faire casser les oreilles.
Maintenant, je n'écouterai plus rien du tout. »
Mais maintenant, il n'avait plus rien à écouter
car les vieilles dames n'ont plus de doudou.
Elles ont des chats et des chiens de salon,
qu'elles appellent « Bichon » parfois,
et à qui elles confient leur solitude et leur peine.
Le lapin mité était devenu un bel objet décoratif.

Et puis arriva un jour
où Petit Doudou trouva le temps long.
Il pensa : « Je ne suis pas un lapin potiche !
Je ne suis pas un doudou de salon.
Je m'ennuie, là, tout seul, sans copain ! »
Et, comme ça, du jour au lendemain,
il repensa à Timothée.
« Snif, se dit-il. J'étais bien heureux.
Je partageais des tas de secrets, au moins.
Enfin... c'était une autre vie. »
Petit Doudou tâcha de fermer son cœur
car il n'avait aucune chance de retrouver Timothée.

Un jour pourtant, la vieille dame lut une petite annonce
à la boulangerie.
Une petite annonce qui lui fit venir les larmes aux yeux.
Il était écrit à peu près cela :

« Cherche Petit Doudou,
un vieux lapin mité à l'oreille cassée.
Urgent, cause tristesse. »

La vieille dame très gentille ne fit ni une, ni deux.
Elle rentra chez elle, attrapa le lapin,
et le confia à la boulangère.

C'est ainsi que Petit Doudou revit son copain.
Timothée avait les yeux tout rouges,
car il avait beaucoup pleuré Petit Doudou !
Quand il revit son vieux lapin, il lui fit un gros câlin ;
il l'inonda de larmes de joie ;
il l'étouffa sous ses baisers...
Et puis, c'est tout.
Car, curieusement, la magie avait cessé.
Quelque chose avait changé.
Entre-temps, Timothée était devenu grand !
Et Petit Doudou avait cessé d'être son doudou.
Il l'installa confortablement tout en haut de l'armoire

pour qu'il ne s'ennuie pas.
Et Petit Doudou demeura là,
trônant comme un roi éclopé,
régnant sur toutes les autres peluches.
Quand on a été doudou, on est décoré pour la vie entière
et on en garde une grande fierté.
De temps en temps bien sûr,
il arrivait à Timothée d'aller chercher son lapin
et de lui faire un gros câlin, mais c'était tout.
Timothée n'avait plus besoin ni de lui vomir dessus,
ni de le tire-bouchonner dans sa narine droite,
ni de le traîner par terre.

La gentille vieille dame, elle,
ne pleura pas du tout la disparition de Petit Doudou.
À sa place, sur le piano,
elle plaça un joli bouquet de jonquilles jaunes.
Et elle les regarda droit dans les yeux :
« Vous êtes plus jolies qu'un lapin éclopé. »
Et la vieille dame très gentille (et très maligne) rit aux éclats :
« Franchement, ma chère,
tu étais bien trop vieille pour avoir un doudou, n'est-ce pas ? »

Le « doudou »

Pendant quelques mois, le bébé et sa mère vivent en parfaite symbiose. Mais vers l'âge de 8 mois, l'enfant prend conscience, soudain, que sa maman est un être différent et séparé de lui. Souvent, à ce moment-là, les enfants commencent à avoir un doudou, le fameux « objet transitionnel » dont parle le pédiatre et psychanalyste Donald Winnicott.

Le doudou : mode d'emploi

Quand les enfants sont vraiment accrochés à leur doudou, ils ne le lâchent pas d'une semelle, surtout pendant les épreuves qu'ils traversent : entrée à la crèche ou à l'école, tristesse fugace, séparation momentanée... Certains pédiatres et psychologues pour enfants considèrent que les parents ont quelque chose à voir avec l'habitude du doudou. Peut-être cela nous rassure-t-il, secrètement, de voir notre enfant combattre sa solitude ?

Le mieux, quand l'enfant est tout bébé, c'est bien évidemment de guider son choix vers un petit doudou (un mouchoir, par exemple) facilement lavable, transportable et remplaçable ! Dans ce cas, laissez-le à demeure dans son berceau, puis dans son lit. Bien sûr, le résultat n'est pas garanti et il risque, lui, de tomber amoureux d'un énorme coussin ou d'une peluche XXL. Cela arrive souvent !

Ne soyez pas radical(e). Un doudou ne s'abandonne pas comme ça. N'essayez pas de lui supprimer sa petite « béquille ». Comment réagiriez-vous, si on vous confisquait du jour au lendemain votre paquet de cigarettes ou vos chewing-gums ?

Soyez patient(e). Quand il entre à l'école et surtout en dernière section de maternelle, vers 5 ans, il s'en passera tout à fait pendant la journée... Peut-être le reprendra-t-il en rentrant de l'école ou à certains moment pour se rassurer, comme une dernière plongée dans le monde de la petite enfance ?

Et si le doudou est bel et bien perdu dans la nature, essayez de substituer quelque chose de ressemblant. Parfois, c'est relativement facile. Il suffit de trouver la même texture de tissu, le même toucher. En revanche, s'il a dépassé les 5 ans, c'est peut-être l'occasion de tourner la page et de lui offrir un « objet de grand » pour compenser et l'entraîner dans le monde des grands !

Discutez-en avec lui

« Quand on est triste, le doudou est comme un copain, un copain fidèle, avec le même parfum. On a l'impression que le doudou entend les secrets et comprend les choses. Quand on le perd, on est tout perdu soi-même ; on ne sait plus où on est.

Devenu grand, on se passe de doudou ou de tétine. On fait autre chose. On joue, on dessine, on lit, on pense à autre chose. Ou bien on parle à quelqu'un. On dit : "Tu sais, maman, aujourd'hui, à l'école, ça ne s'est pas très bien passé." Ou alors : "Tu sais, je suis un petit peu triste. J'ai peur du noir." Etc.

Quand on est grand, ai-je dit, on se passe de doudou... Mais peut-être pas ! Peut-être les doudous ne font-ils que se transformer, sans disparaître ? Regarde les adultes : ils ont toujours besoin de tripoter leurs clés, de regarder des petites photos de toi, de toute leur famille, de garder un vieux livre qu'ils n'auront jamais le temps de lire. Tout ça, ce sont encore des petits doudous qui traînent au fond de leur sac. »

Connexions : *Totoche, la petite souris des tétines, La Ville des tétines magiques*

Totoche, la petite souris des tétines

Elle s'appelait Totoche – drôle de nom pour une souris grise !
Totoche n'était pas une souris comme les autres.
Elle était la petite souris des tétines,
la cousine de Souris Blanche
(tu sais, celle qui donne une piécette, un bonbon ou une surprise à la place d'une dent).
La petite souris des tétines, elle,
ne ramassait pas les dents, mais les tétines.
Sa maison en était remplie !
Elle en avait en plastique rouge, plastique bleu et silicone,
en forme de marguerite ou de visage,
des tétines fluo, d'autres parfumées à la fraise ou au Malabar,
des tétines musicales qui jouaient *Douce Nuit, Sainte Nuit*
ou *À la claire fontaine*.
Quand elle en attrapait une, dans la maison d'un petit enfant,
elle l'enfermait aussitôt dans sa grande armoire.
Totoche avait, comme cela, mille huit cent cinquante-trois tétines
sur lesquelles elle collait des étiquettes bleues (pour les garçons)
ou roses (pour les filles).
Elle y écrivait la date à laquelle elle les avait récupérées :
— *3 mars 1998 : tétine d'Amanda, deux ans et demi* ;
— *1er janvier 1999 : Éric, dix-huit mois.*
Quand les petits avaient huit ou neuf mois,

Totoche était très fière. Parfois, c'était plus difficile.
Dans un grand livre, Totoche avait écrit
les noms des enfants qui suçotaient toujours leur tétine.
« Hmm... Aline. Aline doit maintenant se passer de sa tétine.
Hmm, hmm... Damien suçote un peu trop la sienne...
Il va falloir penser à la lui prendre ! »
Elle ne prenait pas les tétines par méchanceté, bien sûr,
mais parce qu'il y a un âge où l'on est trop grand pour la tétine
ou le pouce.
C'est sa cousine, Souris Blanche, qui le lui avait dit :
« La tétine, ça abîme les dents !
Ça fait pousser les dents de travers ! »
Alors, parfois, Totoche arrivait à pas menus de souris
et venait en douce récupérer le petit objet.
Les enfants pensaient tous qu'ils avaient perdu leur tétine...
Ils retournaient l'oreiller, la couverture, la couette. Rien.
Et c'est normal : la tétine était déjà chez Totoche !

Un jour, la petite Aline, qui avait quatre ans
et qui dormait encore avec sa tétine,
se réveilla en plein cœur de la nuit.
Elle avait entendu quelques menus pas de souris dans sa chambre.
« Au voleur ! Au voleur ! » cria-t-elle.
La petite souris se mit à rire :
« Je suis Totoche, la petite souris des tétines.
— Je ne veux pas le savoir, pleurnichait Aline.
Je veux ma tétine, là, tout de suite !
— Ne pleure pas ! Je vais te dire un secret, murmura Totoche.
Si je viens vers toi, c'est parce que tu es devenue grande
et que tu ne le sais pas encore.
Moi, Totoche, je te le dis : tu n'as besoin ni de tétine, ni de pouce...
En échange, regarde : je viens t'apporter cette petite surprise... »
Et Totoche sortit de sa poche
une minuscule petite souris en feutrine.
« Je te laisse ce petit souvenir.
Après tout, il n'y a pas que ma cousine, Souris Blanche,
qui a le droit de donner des cadeaux !
Quand on laisse sa tétine ou son pouce,

on fait un gros effort pour devenir grand.
Ça mérite bien un cadeau, non ? »
Totoche attrapa la tétine et la glissa à son minuscule poignet :
« Elle sera très belle, dans ma collection.
Je te mettrai dans ma grande armoire, à côté de celle d'Albertine.
Et quand j'en aurai deux mille, je t'inviterai à une belle fête ! »
Aline se retourna de l'autre côté.
Elle tourna un peu sa langue dans sa bouche ;
elle prit un peu son pouce, mais elle était toute contente.
Elle avait donné sa tétine à Totoche !

Le lendemain, quand Aline se réveilla,
elle trouva quelque chose sous son oreiller.
C'était la minuscule souris en feutrine.
Aline adressa un clin d'œil à la petite souris.
« Merci, Totoche ! Et occupe-toi bien de ma tétine ! »
Et Aline, depuis ce jour, se mit à collectionner
les petites souris !
Les roses, les grises, les jaunes,
en peluche, en coquillage, en terre cuite...
Et c'était tout de même mieux qu'une collection de tétines,
n'est-ce pas ?

La tétine

Dès la clinique parfois, dès leur troisième jour de vie, certains enfants se voient déjà gratifiés d'une tétine. Le besoin de téter correspond à une réalité et serait partie prenante dans le développement psychomoteur de l'enfant. Est-ce normal ? Bien sûr que oui !

Pourquoi la tétine ?

À la crèche et en Petite et Moyenne Section de maternelle, les enfants emportent leur doudou et leur tétine (il existe d'ailleurs de grands paniers prévus à cet effet). Logiquement, c'est pour passer la période de la sieste. Mais après ? Comment réagir quand, à 4, 5 ou 6 ans, il est encore « accro » à son pouce ou à sa tétine ?

Plusieurs explications sont possibles :

- L'enfant a encore besoin de se rassurer. L'emploi de la tétine peut d'ailleurs nous permettre de repérer les objets ou moments d'anxiété. Il prend son doudou pour prendre son repas ? Il réclame sa tétine pendant le bain ? Il prend sa sucette 24h/24 en ce moment ? Il est sans doute fatigué ou mal dans sa peau...
- Pour certains psy, il s'agirait d'un acte autoérotique.
- L'enfant n'a pas vraiment coupé le cordon avec sa maman (il a encore besoin d'un substitut maternel), et c'est bien pour cela que cela nous irrite si profondément. Ce petit objet nous interpelle : mais pourquoi diable en a-t-il encore besoin ?

Malgré tout, il faut faire attention : la tétine, et le pouce d'ailleurs, déforment le palais et l'os dentaire – ce qui risque de faire pousser les dents définitives de travers.

Comment le faire décrocher ?

Le meilleur moyen est d'éviter l'invasion de la tétine. Si l'on n'y met pas le holà, sa petite compagne va le suivre partout, partout ! À table, dans la chambre, lors des jeux, sur le vélo... Interdisez-lui dès le départ de l'apporter à table, de la sucer pendant que vous lisez une histoire, par exemple, ou pendant qu'il regarde la télévision. Dans la mesure du possible, essayez d'en limiter l'emploi à la nuit. Et le matin, tendez-lui une petite boîte pour qu'il y range sa chère tétine.

Certains parents profitent d'un oubli pour tirer un trait sur la tétine. On m'a parlé d'une maman qui a même tiré la chasse d'eau, geste définitif s'il en est, quand son fils l'a fait tomber par mégarde dans les toilettes. Résultat : le garçonnet ne l'a plus jamais demandée.

Le doudou comme la tétine se font de plus en plus discrets à l'entrée à l'école. Au CP, rares sont ceux qui l'ont encore, même si, à peine rentrés à la maison, les grands de 6 ou 7 ans peuvent encore se ruer avec gourmandise sur leur mouchoir ou leur lapin mité. Après tout, si c'est l'une des dernières gourmandises de l'enfance...

Discutez-en avec lui

« Et si la petite souris des tétines venait aussi, pour toi, maintenant ? Qu'en penses-tu ? Peut-être pense-t-elle que tu es bien trop grand(e) maintenant pour mâchouiller une tétine de bébé ? Imagine que ta tétine est partie dans la maison de la souris pour sa collection.

Quand on prend sa tétine, c'est parce qu'on a besoin de se rassurer, de se détendre... Parfois parce que l'on est inquiet ou que l'on redoute quelque chose (les repas, le sommeil, la séparation). Est-ce que tu crains particulièrement certains moments de la journée ?

Je pense que tu serais très fier(ère) de toi, si la petite souris des tétines passait un jour ou l'autre pour te rencontrer. Elle prendrait ta tétine pour compléter sa collection... »

Connexions : ***La Ville des tétines magiques,***
La Fugue de Petit Doudou

10

Histoires d'école

Honorine, la petite oie qui ne voulait pas aller à (la grande) école

À Gardeboue-les-Oies, charmant petit village de campagne,
Honorine la petite oie était bien pâlichonne.
Elle tremblotait de l'aile,
trébuchait sur ses grands pieds palmés.
Bref, ça n'allait pas fort !
Et pourtant, ce n'était même pas la saison de la chasse
pendant laquelle de nombreuses oies tombent malades
à cause de l'inquiétude.
Sa maman fourra le thermomètre sous son aile.
C'est ainsi que l'on prend la température chez les oies.
« Tu n'as pas de fièvre ! dit-elle. Tant mieux ! »
On appela tout de même le docteur Cancan,
médecin-jars de la basse-cour.
Il arriva sur son vélo, avec son smoking et son cigare :
le costume habituel de ce médecin un peu farfelu.
« Ni pharyngite, ni laryngite, ni otite,
ni appendicite, ni sinusite, ni pépite, ni gros hic, ni dynamite »,
conclut le docteur Cancan.
Il sortit son bloc d'ordonnances,
retira une plume de son aile et la trempa dans son encrier.

Et il écrivit : *Douze bonbons à la fraise par jour,*
un chocolat chaud (avec énormément de crème fraîche)
et une part de gâteau aux marrons glacés.
« Pourquoi donc aux marrons glacés ? demanda
la maman d'Honorine
que les prescriptions du docteur étonnaient toujours.
— Mais parce que c'est délicieux ! répliqua le médecin.
Et votre petite Honorine a besoin, avant tout, de se faire plaisir. »
Et le docteur chuchota à l'oreille de la maman :
« Je connais la maladie d'Honorine... Elle a mal à l'école !
— Mal à l'école ? » s'étonna la maman.
De son doigt palmé, le docteur Cancan indiqua, sur son agenda,
la date de la rentrée des classes.
La maman sourit d'un air entendu...
Le médecin farfelu avait vu juste :
Honorine était simplement morte de peur
à l'idée d'entrer à la grande école.

« Tu te rends compte, ma vieille, se disait-elle.
Ce n'est même pas une école normale. C'est une GRANDE école ! »
Depuis le début des grandes vacances,
sa maman lui disait :
« Honorine, attention ! Tu vas entrer à la grande école.
Et, à la grande école, il n'y a plus de jouets, plus de toboggan.
Plus de poupées, plus de coin "dînette",
plus de bonbons, plus d'anniversaires,
plus de galettes des Rois dans la classe.
C'est du sérieux ! »
Ah, combien de fois avait-elle entendu cette petite phrase :
« Attention, c'est sérieux ! »
« Tu vas à la grande école ? Eh bien, ça commence
à devenir sérieux.
Tu es une sacrée grande ! » disaient sa tante,
sa grand-mère, la boulangère, la fermière, la charcutière...
Et Honorine, dans le fond de son lit,
se demandait ce qu'on pouvait bien faire de si sérieux
dans cette si grande école.

« Peut-être, se disait-elle, devrons-nous marcher sur le bec ?
Peut-être faudra-t-il peindre avec nos plumes ?
Peut-être devrons-nous reconnaître
toutes les plumes de toute la basse-cour ?
Ou bien compter des sacs entiers de graines jusqu'à... un milliard ?
Et peut-être, au lieu d'avoir la récréation,
on nous enfermera dans le noir
et on nous plumera comme de vulgaires volailles ? »

Tu vois bien qu'Honorine avait une imagination grosse comme ça...
Ce qui est normal quand on est un peu inquiet.
Quand elle pensait à tout ça, elle en grelottait de peur.
Ne disait-on pas « bête comme une oie » ?
Peut-être se moquera-t-on d'elle dans la classe
parce qu'elle dira des bêtises aussi grosses qu'elle ?
Peut-être n'y aura-t-il que des dindons qui glougloutent,
des paons qui font les fiers
et une maîtresse-poule acariâtre
qui gloussera d'un air mauvais en distribuant
des coups de bec sur les ailes ?
Quand Honorine fermait les yeux,
elle voyait une immense, immense maison,
aux murs tout froids, tout blancs, un peu comme un hôpital.
Et elle, perdue au milieu...

À ce moment-là, la maman d'Honorine,
à tout petits pas palmés,
entra dans la pièce avec un bon chocolat chaud
et une part de gâteau aux marrons glacés.
Elle s'assit et hocha la tête, tout en caressant le front de sa petite oie.
Elle ne savait pas trop comment la rassurer.
Après tout, elle n'était pas très tranquille non plus.
Elle avait l'impression que sa petite oie avait grandi d'un seul coup,
presque trop vite, et qu'elle n'avait plus autant besoin d'elle,
sa mère !
Tu vois de quelle manière on se met des idées fausses dans la tête,
car Honorine, elle, avait l'impression
que sa mère ne cherchait qu'à se débarrasser d'elle !

Ce fut Honorine qui, d'une petite voix, demanda :
« Maman, quand j'entrerai à la grande école,
est-ce que tu seras toujours là pour me faire
un bon chocolat chaud ?
Et est-ce qu'il y aura quelqu'un pour m'aider
quand je serai perdue dans la grande école ? »
La maman prit Honorine sous son aile.
Ses yeux brillaient un peu.
« Honorine ! Tu ne dois pas t'inquiéter.
Moi, je serai là avec toi, dans un petit coin de ton cartable. »
Et elle lui dit encore d'autres choses à l'oreille,
des choses que seules des mamans disent à leur enfant ;
des histoires qui parlent d'un enfant qui grandit
mais qui n'est pas encore tout à fait grand et c'est tant mieux.
Honorine sourit. Ça, ça lui convenait nettement mieux.
Était-ce l'effet du chocolat chaud,
du gâteau ou de ces paroles sucrées ?
Ses yeux papillotèrent,
et elle était tellement rassurée,
qu'elle s'endormit sous l'aile de sa maman.
C'est si bon parfois, d'être encore petit...

La « grande » école

Le passage de l'école maternelle au CP (cours préparatoire) est une étape très importante pour l'enfant, qui entre de plain-pied dans le vrai univers scolaire.

Ce qui change

Au CP, il n'y a ni coin « poupées » ni toboggan, et la cour de récréation est une cour de grands. Le matin, les parents accompagnent leur chérubin devant le portail, mais ne pénètrent pas dans les classes comme à l'école maternelle. Autre changement : la petite collation de 10 heures (biscuits et verre de lait) prévue en classe maternelle a disparu. Pour l'enfant, tous ces changements représentent un cap à passer. Pour les parents aussi !

De l'avis de nombreuses institutrices, les parents surinvestissent l'entrée au cours préparatoire. Leur anxiété, inévitablement, retombe sur l'enfant qui s'inquiète. Va-t-il être à la hauteur ? On ne s'imagine pas à quel point l'enfant peut se sentir vulnérable quand il perçoit ainsi l'anxiété parentale. Pourtant, d'après le corps enseignant, les enfants, à 6 ans, sont mûrs pour ce que l'on appelle « la grande école ». Ils sont même doués d'une formidable capacité d'adaptation !

Opérez le passage en douceur

L'été qui précède l'entrée en CP, ne le faites pas bûcher tout l'été sur des cahiers de vacances. Et évitez, si possible, de cumuler les épreuves : une entrée au CP plus un déménagement (avec le changement de quartier et de copains que cela implique), ça fait beaucoup !

À la rentrée, glissez-lui une petite barre chocolatée (ou son biscuit préféré) dans la poche pour la récréation de 10 heures – elle fera quasiment office d'objet transitionnel ! Pour le goûter, c'est pareil : de temps en temps, une petite part de son gâteau préféré ou celui que vous avez confectionné vous-même (même si c'est un brownie prêt à l'emploi ou un gâteau au yaourt) sera réconfortant, s'il doit rester à l'étude.

Donnez-lui plus que jamais des repères. Évitez de changer six fois dans l'année de baby-sitter. Même s'il a 6 ans, il n'est pas encore sorti de l'enfance !

S'il n'a pas encore de copain, les récréations vont lui sembler longues (surtout celle d'après la cantine, qui dure généralement une heure). Pourquoi ne pas penser à établir un roulement avec d'autres mamans ou nourrices ? Une ou deux fois par semaine, les enfants pourraient se retrouver pour déjeuner par groupes de deux ou trois.

Ne lui mitonnez pas un emploi du temps de ministre, au moins pendant le premier trimestre : judo, échecs, ping-pong, dessin... Ça va l'épuiser, donc le rendre grognon. N'oubliez pas que l'adaptation au CP est déjà une petite épreuve.

Acceptez pendant le premier trimestre les moments de régression : reprise du doudou à la maison, colères, et défoulement nerveux de toutes sortes.

Discutez-en avec lui

Quelques mois avant, évitez bien sûr de répéter à longueur de journée que le CP, c'est difficile, qu'il ne va plus s'amuser comme en maternelle, qu'il doit remporter de bons résultats, etc. C'est ainsi que débute l'anxiété de performance !

Il faut au contraire lui donner confiance en lui, le rendre fier de devenir un grand garçon ou une grande fille : « Tu vas apprendre des choses passionnantes. Tu vas, par exemple, apprendre à lire. Au deuxième semestre, tu sauras lire les *Astérix*, les *Tintin* et les *Mickey* tout(e) seul(e). Tu te rends compte ? »

Racontez-lui certains souvenirs d'enfance : « Je me souviens, quand je suis entré(e) au CP, c'est là que j'ai rencontré ta marraine (ou mon meilleur copain) du moment... »

Connexions : *L'École des doudous, Sept Jours pour se faire un copain, Louison ne sait pas dire au revoir, Comptine des petits matins*

L'École des doudous

Dans la classe de Mlle Martin,
on rangeait les doudous dans une grande panière en osier,
au milieu de la classe.
Il y avait le vieux lapinou râpé de Nicolas,
la souricette rose en éponge avec des yeux qui ne se détachent pas,
le bout de ruban rouge tout doux de Faustine
avec lequel elle caresse ses narines,
et même des vieux morceaux de torchon
qui sentent le crachouillis du matin,
et aussi des tétines rafistolées avec de la cordelette.

Dans la classe de Mlle Martin,
quand les papas et les mamans disaient au revoir,
les enfants pleuraient, et trépignaient, et sanglotaient.
Ça faisait un bruit terrible !
Mlle Martin passait dans les rangs,
le panier à doudous sous le bras, en disant :
« Mes chers petits, papa et maman reviennent tout à l'heure !
Je vais vous apprendre une très jolie chanson ! »
Et, quand venait l'heure de la sieste,
Mlle Martin repassait dans les rangs,
avec son panier rempli de doudous.
On aurait cru une marchande de peluches !
Mais personne ne l'écoutait.

Et ça pleurnichait et ça pleurnichait !
Mais tu sais bien que les pleurs,
c'est contagieux, comme les rires.
Quand tu entends un copain rire, ça te donne envie de rigoler.
Eh bien, pour les pleurs, c'est pareil.
On les attrape plus vite que le rhume ou la rougeole !

Du coup, les doudous étaient très mécontents
de n'être pas écoutés.
Vexés comme des poux, les doudous !
« On ne nous aime plus ! Que se passe-t-il ?
Ai-je perdu de ma magie ?
demandait la petite souris en éponge rose
avec des yeux qui ne se détachent pas.
— Est-ce que je sens si mauvais que ça ?
se demandait le morceau de vieux drap
plein de crachouillis du matin.
— Elle ne me dit plus que je suis douce comme du velours !
pleurnichait le petit morceau de ruban rouge.
— Et moi ? interrogea Jeannot Lapin.
Est-ce que vraiment je suis si mauvais élève ?
Je pensais pourtant être un bon doudou consolateur ! »

À l'heure de la récréation,
les doudous se réunirent pour trouver une solution.
« J'ai une idée, dit le plus vieux. Nous allons retourner à l'école.
Ainsi, nous apprendrons tout ce qu'il faut faire
pour être de bons doudous,
et nous saurons mieux consoler les enfants. »
C'est comme ça que les doudous se rendirent
aux cours du soir de la grande école des doudous.
Soir après soir, ils apprirent à devenir encore plus magiques
et plus doux.
Ils passèrent tous dans des machines à briquer,
des machines à parfumer avec des « pschitt » qui sentaient la rose
ou l'abricot,
des machines à mots doux, des machines à câlins,
des machines pleines de joie et de consolation.
Et hop ! on ressortait doux comme un agneau,

doux comme de la soie, doux comme le coton le plus doux.
Doux comme un doudou tout neuf !
Les doudous apprirent aussi
de jolies berceuses pour endormir les enfants,
et des mots tendres pour les consoler.
On leur apprit à s'imprégner des bonnes odeurs.
On leur apprit que les enfants préféraient
l'odeur de la fraise, du Coca et de la vanille
plutôt que celle de la lavande, de la menthe et du chèvrefeuille.
Ils apprirent aussi que l'odeur de la mousse au chocolat
était préférable à celle du pipi de chat, etc.
Même le vieux morceau de drap baveux sortit de là
frais et tout parfumé.
Ils apprirent à chatouiller les pieds avec encore plus de gentillesse,
à consoler les enfants qui pleuraient
et aussi ceux qui quittaient leur papa et leur maman.

Les doudous étaient de très, très bons élèves, très appliqués.
Sur leur livret scolaire, ils obtinrent tous des « Très bien »
et beaucoup de jolies images représentant du sucre, du miel,
du chocolat.
Avec dix petites images on avait droit à un bocal de confiture
à la fraise.
Et avec deux bocaux de confiture, on gagnait un énorme gâteau.
Ils étaient si bons élèves qu'ils rapportèrent tous le gâteau
à la maison.

Au bout d'une semaine, chez Mlle Martin,
les doudous avaient repris leur pouvoir.
Plus personne ne pleurait.
Les doudous étaient heureux comme des rois.
« On va retourner à l'école pour apprendre encore de très jolies choses comme ça, se promirent-ils.
On a encore beaucoup à apprendre ! »

Fiche pratique : *Louison ne sait pas dire au revoir*

L'Angoisse du dimanche soir

Ce soir-là, l'air était très doux dans le Jardin des Oiseaux.
Le soleil couchant était comme une boule de feu orange.
C'était un spectacle superbe,
un tableau qui donne envie aux pinsons de siffloter.
Pourtant, ce soir-là, Turlutu Pinson
n'avait pas vraiment envie de chanter.
Un frisson parcourait ses plumes.
Il avait froid, il avait chaud, et au fond de son gosier
une grosse boule l'empêchait de respirer.
Il enfouit son bec dans ses plumes
– ce qui est une manière pour les pinsons de se rassurer
(les autruches, elles, mettent la tête dans le sable).
Une petite voix sortit de cet amas de plumes :
« Maman... »
Mimi Pinson délaissa la couverture de brindilles
qu'elle était en train de tricoter du bec.
« Oui, mon Turlutu ?
— J'ai mal au ventre... J'ai la grippe...
Je suis malade ! sifflota le pauvre Turlutu.
Je ne peux pas aller à l'école demain,
et tu ne peux pas aller au bureau. »
Mimi Pinson enveloppa son petit de sa grande aile brune
et sentit, dans son corps, le frisson qui parcourait

le corps de Turlutu.
« Ouh là là là là... », dit-elle.
Et, de la pointe de son bec, elle tapota son front.
« Ouille, ça brûle ! »
Mimi Pinson plaisantait à moitié.
Elle connaissait son Turlutu sur le bout des plumes,
et savait bien ce qui le rendait malade.
Ce qui lui donnait la fièvre,
c'était l'idée de reprendre l'école, le lundi matin.
N'est-ce pas normal,
quand on est un tout petit bout de pinson ?
Un bout de pinson qui aurait aimé rester
encore plus longtemps avec sa maman,
sans que l'on vienne le tirer du nid.

Pour dire la vérité, Mimi Pinson non plus
n'aimait pas le dimanche soir.
Ça lui faisait quelque chose de quitter son oisillon,
après deux jours passés bec contre bec, ou presque !
Elle aussi, le lundi, elle s'envolait travailler chez un fabricant
de nids de luxe.
Mimi Pinson adorait son métier, bien sûr,
mais c'était toujours difficile de se séparer.
Elle pensait que c'était la chose la plus difficile de la vie,
ces séparations,
mais que personne ne pouvait y échapper.
Ne fallait-il pas toujours se séparer de sa maman,
pour aller dormir, pour chercher à manger,
ou partir à l'autre bout de la forêt pour un anniversaire ?

Mimi Pinson faisait mine d'être gaie,
même si le cœur n'y était pas.
« Allons, allons, ce n'est pas si terrible, l'école !
Et il y a tous les copains ! dit-elle.
Colombelle l'Hirondelle, Gobetout le Pélican et Gibus le Hibou.
— C'est plus mon copain !
La dernière fois, il m'a fait tomber de la branche.
Bouh ouh ! J' veux pas y aller ! pleurait Turlutu.

Je suis malade. Appelle le docteur !
— Eh bien, j'irai voir ta maîtresse pour qu'on ne t'embête plus, décida Mimi Pinson. Comme ça, ça te va ?
— Non ! Je veux pas y aller ! L'école, c'est trop grand et trop froid.
On est juché sur sa branche toute la journée.
Et à l'école, la maîtresse ne nous fait pas de câlins quand on veut.
— Je pense que ce n'est pas tout à fait juste.
Et que, si tu veux un câlin, la maîtresse t'en fera un volontiers.
Je vais t'apprendre quelque chose.
Sais-tu que, quand tu apprends une nouvelle chanson,
une poésie ou de nouveaux mots,
c'est comme si tu me faisais un câlin ?
Mais un câlin de grand !
— À l'école, on ne peut pas jouer comme on veut,
bougonna encore l'oisillon.
On ne peut pas voler comme on veut,
ni même se dégourdir les ailes.
— À l'école, tu apprends à chanter et à voler,
rétorqua Mimi Pinson. C'est très drôle et c'est utile.
Quand tu sauras voler tout seul,
tu pourras rentrer quand tu voudras à la maison.
En un coup d'aile.
À vol de pinson, tu sais, le nid et l'école sont très proches !
— Oh oui, soupira Turlutu. Ça, ça sera drôlement bien.
— Mais, ça, ça ne peut arriver que si tu apprends bien à l'école »,
sifflota-t-elle.

Mimi Pinson soupira d'aise.
Elle pensait à ce moment, tout proche, où son Turlutu,
devenu grand,
rapporterait à la maison ses premières bonnes notes :
10 sur 10 en vol plané, 10 sur 10 en vol direct,
10 sur 10 pour attraper les asticots en plein vol ou à terre...
« Et puis, j'aime pas la cantine, bougonna encore Turlutu.
Les graines sont sèches,
et les petits vers ne sont pas aussi tendres qu'à la maison.
— Allons, mon Turlutu, répondit Mimi Pinson
(qui savait cuisiner les petits vers comme personne),

ne cherche pas de fausses excuses !
Je vais te dire un secret :
je pense si souvent à toi pendant la journée
que j'ai parfois l'impression d'être sur la branche, avec toi.
C'est ce qui rend la séparation supportable.
Quand un enfant sait que, quelque part,
sa maman et son papa pensent à lui, ça lui réchauffe les plumes.
Même quand on s'est disputé avec son copain
ou qu'on se fait bousculer dans la cour.
Il suffit de penser au petit nid. C'est le cœur du monde !
Là il fait bon, il fait chaud.
On n'y est jamais seul.
J'y pense souvent dans la journée,
et c'est ce qui me donne du cœur à l'ouvrage,
dit Mimi Pinson.
Et, le soir venu, je suis si contente de te retrouver,
que mon petit cœur de pinson s'envole !
Parfois, on a besoin de se séparer un peu
rien que pour le plaisir de se revoir
dans ce petit nid tout chaud.
Rien que pour ça, c'est très bien, l'école.
N'est-ce pas, mon Turlutu ? »

Elle se retourna vers Turlutu. Il s'était endormi...
Son cœur battait doucement.
Il n'avait plus ni trop chaud, ni trop froid. Il était rassuré.
Et, dans ses rêves, il avait envie de devenir grand.

Fiche pratique : voir *Louison ne sait pas dire au revoir*
Connexions : *Louison ne sait pas dire au revoir, Honorine, la petite oie qui ne voulait pas aller à (la grande) école, L'École des doudous* ; et pour les angoisses : *Histoire de la petite boule de tristesse*

Louison ne sait pas dire au revoir (le fameux problème de 8 h 30)

Certains enfants ne savent pas jouer du violon ;
d'autres sont doués en dessin mais pas très bons en calcul.
Certains jouent du piano, mais pleurent comme des bébés ;
d'autres quittent facilement leur maman
mais ne savent pas jouer de la trompette...
Louison, elle, ne savait pas dire au revoir !
Tous les matins depuis qu'elle était entrée à l'école,
elle devait, comme tous les enfants, se séparer de sa maman,
lui faire un bisou, un câlin, et puis *ciao*.
Mais Louison n'y arrivait pas.
C'était LE fameux problème de 8 h 30 !

Voici comment cela se passait :
Louison arrivait dans la classe, les yeux collés par terre.
La maîtresse disait : « Bonjour, Louison ! »
Et Louison regardait le bout de ses souliers vernis.
Puis maman proposait :
« Je vais te lire une histoire et ensuite j'y vais.
Une seule, n'est-ce pas ? »
Et maman attrapait un petit livre
et s'asseyait sur la toute petite chaise en bois.

Louison aimait beaucoup cela.
Maman sur sa petite chaise, à l'école,
ça lui rappelait l'histoire des *Trois Ours*.
Et puis surtout, elle avait l'impression
que maman pouvait se faire petite, si petite
qu'elle aurait pu se transformer en petite souris
et se cacher dans un coin de la classe.
Et Louison rêvait : « Ce serait drôlement bien.
Quand j'aurais envie d'un câlin,
avant la sieste, par exemple,
j'irais chercher la petite maman
dans son petit trou de souris. »
C'est sans doute pour cela que Louison n'aimait pas
que maman sorte de la petite chaise en bois.
Quand maman sortait de sa petite chaise en bois,
Louison disait : « Non, maman, on n'a pas fini.
On n'a pas fait de jeu. »
Alors elles faisaient un jeu.
Ensuite elle disait :
« Fais-moi un serpent en pâte à modeler verte.
Fais-moi une tarte aux fraises. »
Mais, la tarte aux fraises, il fallait la mettre au four,
et ensuite la faire refroidir. Et puis la vendre.
Et donc, pour cela, fabriquer une boulangerie en pâte à modeler.
Louison n'aimait pas terminer un jeu en plein milieu.
C'était une question de principe, disait-elle.
Maman soupirait :
« Je te préviens, Louison. Après, c'est terminé.
Après, nous nous disons au revoir, d'accord ? »
Et tout ça nous menait jusqu'à 8 h 40.
À dire vrai – et je peux te le dire –,
maman n'avait jamais envie d'arriver
à ce moment de l'au revoir.
C'était un instant difficile où Louison pleurait, où Louison criait,
où Louison offrait une belle, une superbe crise de pleurs
à sa maman.
Et parfois, il fallait que maman
décolle Louison de sa robe,

arrache Louison d'elle-même
et la confie à la maîtresse, en partant.
C'était un moment que maman détestait.
Elle en aurait pleuré.

Pourtant, aujourd'hui,
Louison a décidé que les choses changeraient.
Elle a décidé de devenir grande d'un seul coup.
Alors Louison, après l'histoire,
la tarte aux fraises verte et rose,
le puzzle des Schtroumpfs,
lève tout doucement sa main :
« Maintenant, tu t'en vas. Au revoir, maman. »
Et elle a un petit sourire,
un tout petit sourire à la fois triste et résigné.
Maman est si surprise qu'elle n'arrive pas à sortir
de la petite chaise en bois.
« Je... je peux y aller ? »
Louison hausse les épaules :
« Je t'ai dit : "Au revoir, maman."
C'est moi qui décide quand tu t'en vas.
Alors, j'ai décidé : c'est maintenant. »
Maman comprend tout, elle embrasse très fort sa petite fille.
Elle a compris que cet au revoir-là,
c'est Louison qui l'a décidé.
Et que c'est plus facile comme cela.
Elle a compris que Louison a désormais décidé
d'être une grande fille.
« À ce soir, ma chérie. Amuse-toi bien ! »
Mais Louison est déjà partie sur son petit banc,
avec les autres enfants.
Maman reste là, à la regarder, toute surprise, tout émue.
Elle semble si grande, Louison,
dans sa robe rouge,
avec ses petites nattes toutes raides.
Aujourd'hui, c'est drôle,
c'est maman qui a un peu de mal à partir...

L'au revoir

Les pleurs de l'au revoir sont très fréquents en Petite Section de maternelle. Parfois, la situation persiste pendant deux ou trois mois... Pas facile pour les parents ! Au moment où l'habitude semble acquise, le phénomène redémarre au retour des vacances de Toussaint, de Noël et même de février. L'enfant vient de passer quelques jours à la maison (avec ou sans vous), et voilà que l'école recommence !

Un temps d'adaptation

L'adaptation à l'école maternelle est une tout autre histoire que la crèche ou la nourrice. L'enfant n'est plus autant chouchouté dans une classe de 28 ou 29 enfants. Même pour ceux qui ont déjà connu l'expérience de la collectivité à la crèche, par exemple, la différence est de taille. Au début, le rythme de la maternelle est un peu difficile.

Concernant la séparation *stricto sensu*, elle est normalement un peu douloureuse. Pour les parents comme pour les enfants. N'êtes-vous pas triste, vous aussi, de le quitter ? Or, les enfants ressentent les messages infra-verbaux, comme le langage du corps ou les petits signes d'inquiétude et de malaise. Ces petits experts décèlent comme personne un soupçon d'angoisse dans votre voix, la tristesse qui vous habite. Ne culpabilisez pas pour autant, mais sachez bien que, s'il vous sent triste, il le sera lui aussi !

Avant la séparation

Pour adoucir ce moment difficile, le matin, n'hésitez pas à parler de la journée qui l'attend, à lire le menu de la cantine, à reprendre les différentes étapes de la journée, à lui rappeler la personne qui vient le chercher, les petites joies qui l'attendent après l'école, le bon goûter que vous avez préparé dans son sac... Tous ces rituels que vous lui rappellerez sur le chemin de l'école sont essentiels.

Incitez-le à apporter à l'école, en plus de son doudou (et éventuellement de sa tétine), un livre, une cassette vidéo... qu'il pourra remettre à sa maîtresse. Ça le motivera pour la journée !

Pendant la séparation

Mieux vaut ne pas vous attarder (surtout si c'est tous les jours le même cirque). En effet, rester tout en faisant comprendre à l'enfant que ça ne dure qu'une minute ne fait qu'accroître le sentiment de malaise. Il y a de la culpabilité dans le quart d'heure qui se prolonge ! L'enfant le sait bien et en profite.

Insistez pour que ce soit LUI qui vous dise au revoir. En l'incitant à prendre lui-même la décision, vous lui donnez le contrôle la situation. Logique : si les parents lui disent au revoir (et multiplient les au revoir), cela multiplie le sentiment de contrainte et le pose comme « victime ».

Quoi qu'il en soit – et vous le savez bien –, votre chérubin sèche ses larmes trente secondes après votre départ !

Discutez-en avec lui

(à froid)

Dites-lui (si vous le sentez ainsi) que vous avez vous aussi du mal à le quitter : « C'est normal, on a passé toute la soirée / toutes les vacances / tout le week-end ensemble, et maintenant il faut se séparer pour une journée entière. C'est normal que tu aies du chagrin. Il est toujours difficile de se séparer. Se dire au revoir est peut-être même l'une des choses les plus difficiles à faire dans la vie ! »

Expliquez-lui que vous n'êtes séparés que par le corps : « En pensée, je suis tout le temps avec toi. Tu sais, je connais le déroulement de ta journée. Je sais bien quand tu vas à la cantine, quand tu retournes au dortoir. Je sais aussi quand tu vas en récréation... Souvent je pense à toi, je me dis que tu es bien dans ta petite classe, avec ta gentille maîtresse. Et je suis content(e) pour toi. »

Faites-lui comprendre l'intérêt de la séparation : « Tout ce que tu vas me raconter, ce soir, ça sera pour moi comme un cadeau, une merveilleuse surprise. »

Connexions : *Léopold et son Copain Erwann, Honorine, la petite oie qui ne voulait pas aller à (la grande) école, L'Angoisse du dimanche soir*

Léopold et son Copain Erwann

Depuis le 3 septembre, Léopold va à l'école.
Tous les matins, à 8 h 30,
maman s'assied sur le petit banc
(les fesses serrées, sans savoir où mettre ses jambes).
Puis elle colle sa joue contre celle de Léopold,
et les deux joues se bercent
sans s'embrasser à cause du rouge à lèvres.
Et elle lui dit : « Bonne journée, mon chéri.
Amuse-toi bien, mange bien,
dors bien dans ton petit lit. »
Parce que Léopold est grand (il a trois ans et demi),
il ne pleure pas. Jamais.
Certains enfants pleurent, d'autres attrapent leur doudou.
Pas Léopold.
Il colle son étiquette sur le tableau des présences ;
il range son étiquette de cantine
dans la boîte qui s'appelle « Je déjeune à l'école » ;
il va vers les autres enfants,
sort un puzzle du tiroir à puzzles,
une automobile, un boulier,
une boule de pâte à modeler.
C'est comme ça tous les matins.
Léopold s'amuse, mais parfois, il a le cœur gros.

Il pense qu'une journée sans maman,
ça fait sacrément beaucoup de temps.
Quand il est temps d'aller à la cantine,
il pense parfois à maman qui chante dans la cuisine,
à maman qui fait des petites pâtes « alphabet »
et parfois de drôles de gâteaux à la fraise
en forme de cochons roses.
Quand il est temps d'aller dormir,
certains enfants pleurent ;
d'autres réclament des câlins.
Certains veulent faire pipi ;
d'autres ont perdu leur tétine.
Léopold, lui, n'a pas de doudou, pas de tétine, pas de tristesse.
Parfois, il ne dort pas. Il n'a pas sommeil.
Il pense à des histoires, dans sa tête.

Aujourd'hui, Léopold a décidé
d'avoir un copain de classe.
Il s'appellerait Erwann ; il serait gentil.
Ce serait un ami pour la vie.
Depuis qu'Erwann existe,
Léopold se sent bien moins seul à l'école.
Le matin, quand Léo se dépêche sur le chemin,
eh bien, Erwann se dépêche aussi.
« Allez ! Plus vite ! » fait Léo.
Ensuite, quand maman s'installe sur le petit banc,
avec les fesses serrées et les jambes qu'elle ne sait pas où mettre,
Léopold n'a plus le cœur gros.
Il lui dit : « Au revoir, maman, à bientôt ! »
Erwann ne quitte pas Léopold d'une semelle,
même pas pendant la sieste.
Erwann lui raconte une histoire avant de s'endormir.
Erwann a des histoires plein la tête.
Il connaît cent mille, deux cent mille histoires.
Le matin, Léopold cherche l'étiquette d'Erwann.
Un jour, quand la maîtresse fait l'appel,
Léopold ne répond pas à son nom.
Il attendait qu'on appelle Erwann.

« Alors, Léopold ? Dans la lune, mon petit ? »
interroge la maîtresse.
Quand maman lui pose des questions sur l'école,
Léopold parle beaucoup d'Erwann.
Il lui dit : « Erwann a été coquin aujourd'hui,
Erwann n'a pas été sage. »
Un jour, Léopold dit :
« Erwann a répondu à la maîtresse
des mots très méchants. »
Et maman fronce son visage :
« Je n'aime pas cet Erwann. Il fait trop de bêtises ! »

Le troisième jour,
Léopold s'est griffé pendant la sieste
(ça arrive quand on ne s'est pas bien coupé les ongles).
Il dit : « C'est Erwann qui m'a griffé.
Il n'avait pas bien coupé ses ongles.
— Eh bien ça, c'est trop fort ! a dit maman
qui est devenue toute rouge.
Cet Erwann va voir de quel bois je me chauffe. »
Léopold a pensé :
« Zut, zut ! À cause de moi
Erwann va se faire disputer. »
Le lendemain matin, maman discute avec la maîtresse.
Léopold, devant son puzzle, entend :
« Erwann ? Mais il n'y a pas d'Erwann dans ma classe...
Ni dans celle d'à côté », dit la maîtresse.
« Zut, zut, pense Léopold.
J'espère qu'ils ne vont pas me voler Erwann.
Erwann est à moi ! »
Léo finit son puzzle.
Maman a l'air un petit peu triste.
Peut-être aurait-elle voulu qu'Erwann existe en vrai ?
Mais Léopold était content.
Erwann était son copain. Pour la vie.
« J'en sais un petit peu plus sur Erwann, dit maman.
Eh bien, c'est vraiment un coquin !
Mais heureusement qu'il est là, n'est-ce pas ?

La maîtresse m'a dit qu'elle était très fière de vous deux.
Alors, j'ai envie de te... de vous récompenser
tous les deux, dit maman.
Parce qu'il faut aussi pouvoir s'amuser.
C'est pourquoi je vais organiser une petite fête à la maison.
On va écrire des petits cartons pour tous tes amis,
et toi, tu vas dessiner sur les cartons.
— D'accord, fit Léopold qui était une tête de mule.
Mais à une condition : on écrit d'abord à Erwann, d'accord ? »
Et Léopold éclata de rire...

L'ami imaginaire

L'ami imaginaire est une protection contre la solitude. Selon un psychologue pour enfants, c'est un symptôme en voie de développement. Cela signifie-t-il que les enfants se sentent de plus en plus seuls ? Pas question de dramatiser. Nous aussi nous vivons avec nos « béquilles contre la solitude » : nos livres, nos magazines, nos émissions préférées...

Ce qu'il faut faire

Si votre enfant en possède un, cela ne signifie pas pour autant qu'il n'a pas de copain. Essayez toutefois de vérifier, avec l'aide de la maîtresse, qu'il n'est pas seul dans sa bulle. Demandez à la maîtresse quels sont les enfants qu'il apprécie, ceux avec lesquels il aime jouer. Essayez d'entrer en contact avec leur maman (au moyen d'un petit mot glissé dans le cartable). Et pourquoi ne pas organiser un petit goûter d'enfants pour le sortir de sa solitude momentanée ?

C'est peut-être un moment de sa vie où il a besoin que vous vous montriez un tout petit peu plus disponible ? À certaines périodes charnières pour lui comme l'entrée à l'école maternelle ou à « la grande école », il peut avoir besoin d'un peu plus de temps et d'attention.

Tous les jours et en particulier le soir, autorisez-vous à rester à côté de lui, pendant quelques minutes. Pas forcément pour lire une histoire, ni pour réviser les devoirs, mais pour être disponible, totalement à son écoute.

Discutez-en avec lui

« J'ai vu que ton ami Erwann comptait beaucoup à tes yeux, n'est-ce pas ? Je ne suis pas sûr(e) qu'il existe pour de vrai, mais parfois, les amis que l'on s'invente dans sa tête, sont très importants à certains moments de sa vie. Est-ce que ton ami t'aide beaucoup ? À quels moments ?

Tu sais, ça ne remplace pas non plus la présence de quelqu'un qui t'aime. Est-ce que tu te sens seul(e), parfois ? C'est normal ; cela arrive à tout le monde. »

Dites-lui que sa maman et son papa sont toujours là, en chair et en os, pour l'écouter, pour l'aider, pour répondre à ses questions.

Comptine des petits matins

As-tu remarqué ?
Tous les matins, avant d'aller à l'école, c'est terrible.
Les papas ont l'œil rivé sur la pendule.
Tout le monde est au bord de la crise de nerfs.

Les petits matins d'école,
On a les pieds dans la colle.
Les papas sont en pétard,
Ils ont peur d'être en retard.

Les nerfs lâch' comme des bretelles,
Les toasts sont carbonisés,
Et soudain on crie de plus belle :
« T'as vu l'heure ! Tu vas t' lever !
Tu n'es pourtant plus un bébé ! »

L'œil sur la jolie pendule,
On fait tout sans préambule.
La toilette, les dents, le petit-déjeuner,
Le peigne, le cartable, les corn flakes au lait.

« Zut ! Mon collant a filé !
Crie maman, très énervée,

Et tu n'es pas encore habillé(e) !
Tu vas donc te dépêcher ! »

« Crotte ! Je me suis encore trompé !
Crie papa qu'a mis du chocolat
Dans son délicieux bol de thé.
Quel idiot, oh là là là là là ! »

« J'ai mis mes chaussettes à l'envers !
rugit mon grand, mon très grand frère.
Et je me suis trompé de chaussures.
Je vais être puni, ça, c'est sûr ! »

À huit heures et demie soudain
On doit filer comme l'éclair.
On n'a pas mangé son petit pain !
On va avoir un drôle d'air.

Le ventre va encore glouglouter
Pendant le cours de français.
On va mâcher son bout d' crayon
Même pas parfumé au citron !

Fiche pratique : voir *Chez eux, ça se passe comment ?*
Connexions : *Maman est trop pressée,*
Chez eux, ça se passe comment ?

Chez eux, ça se passe comment ?

La radio hurle, papa et maman nous tirent du lit
(parfois par les pieds).
Et nous, on aimerait tant encore rester sous la couette !
On nous tire du lit comme un gros paquet plein de sommeil !
On a les jambes qui flageolent encore.
On renverse son chocolat ;
les toasts brûlent tout seuls ;
les tee-shirts se tachent ;
les claques se perdent ;
les bouilloires hurlent ;
les jus d'orange giclent...
Et ailleurs, ça se passe comment ?
Rassure-toi, ça n'est pas mieux !

— Chez les Mille-Pattes : ils doivent non seulement enfiler leurs mille et une chaussettes, mais maintenant lacer leurs rollers et faire mille et un doubles nœuds. Ça prend un temps fou ! Heureusement, maman donne souvent un coup de pattes.

— Chez les Martiens : tu parles d'une toilette ! Ils décrottent leurs six paires d'yeux, leurs dix-huit antennes, brossent leurs vingt-cinq ongles (cinq fois cinq mains). Ils gagnent du temps au moment du petit-déjeuner : avec leurs trois bras (un pour beurrer la tartine, l'autre pour glisser le toast dans le toaster, un autre encore pour touiller le bol). Ensuite ? Ils sautent dans leur soucoupe pour aller à l'école (c'est la planète d'à côté).

— Chez les Nosferatu : on a un mal fou à les tirer du cercueil. À minuit moins dix, les couvercles bougent dans le cimetière du Triste Spectacle, et, le teint joliment grisâtre, les cernes bleus, on se dirige vers son école, les canines encore sanguinolentes. Les bébés avalent leur biberon de sang frais. Les retardataires sont punis par des fessées à l'ail.

— Chez les princesses : il y a le laveur de nez, le réchauffeur de chocolat chaud, le valet numéro un qui soulève les paupières, le valet numéro deux qui frotte les yeux, le valet numéro trois qui fait bâiller la bouche, le valet numéro dix qui lui enfile sa chaussette droite, le valet numéro vingt-cinq qui fait cuire les toasts, etc. Finalement, quand la princesse se rend à l'école (sur sa chaise à porteurs), elle n'est même pas réveillée ! Elle continue à dormir sur le petit banc...

— Chez les sorcières : elle remuent leurs grands orteils, s'enduisent de *Chat pourri n° 5*, frisent leur poireau et décoiffent leurs trois poils hirsutes sur le crâne. Pour se donner du courage, elles emportent avec elles leur doudou (une vieille peau de citrouille flétrie).

— Chez les robots : chacun se reboulonne en sortant du lit. On visse ses boulons et ses articulations ; on se soigne à l'huile dégrippante. On branche son disque et sa mémoire vive ; on se programme pour le sport ou le cours de peinture. Ceux qui se sont trompés « buggent » lamentablement dans leur coin.

— Chez les Tarzan : on grignote un régime de bananes et on hurle un bon coup pour se réveiller. On ne perd pas de temps à s'habiller ! Et hop ! en un coup de liane, nous voilà déjà à l'école. Zut ! on a écrasé la maîtresse...

Les matins d'école

À partir de la maternelle, tous les parents connaissent le stress des petits matins d'école ! C'est déjà l'apprentissage de la discipline, des contraintes sociales, des rendez-vous à heure fixe.

Prendre son temps

Pas de mystère : pour bien se préparer, il faut programmer le réveil de bonne heure, et donc se coucher tôt ! Trop souvent encore – les instituteurs le disent –, nombreux sont les enfants qui s'écroulent en classe et piquent du nez sur leurs cahiers. Un enfant d'âge scolaire, en tout cas jusqu'à 11 ans, a besoin de 10 ou 11 heures de sommeil nocturne. En revanche, vous pouvez lui offrir un beau réveil pour son anniversaire, surtout s'il a du mal à sortir du lit !

Essayez de préparer les vêtements et le cartable la veille de manière à libérer du temps pour le petit-déjeuner. Un petit-déjeuner avalé en deux secondes dans le stress ? Voilà une journée bien mal commencée.

De l'avis des pédiatres (dont Edwige Antier), évitez impérativement la télé du matin. C'est le meilleur moyen de déconcentrer les enfants, de les mettre dans un état de nerfs et de frustration intense. Allumer cinq minutes la télévision ne fait que titiller leur désir de la regarder plus.

Discutez-en avec lui

C'est difficile de s'en rendre compte quand on est enfant, mais il est important de se coucher de bonne heure pour pouvoir se lever de bonne heure.

C'est agréable de prendre le petit-déjeuner tous ensemble et de discuter un peu avant d'aller à l'école. Il ne faut pas gâcher ces moments-là ! Bien évidemment, on n'échappe pourtant pas aux moments de panique. On traîne ; on se dispute ; on crie parfois. Ça ne veut pas dire qu'on ne s'aime pas !

Connexions : ***Comptine des petits matins,***
Maman est trop pressée

11

Histoires de copains

Histoire de Paul qui donnait tout pour être aimé

Paul était souvent cité en exemple
au titre de l'enfant le plus poli du village.
D'ailleurs, quand des parents se promenaient près de sa maison,
ils chuchotaient avec respect :
« Le petit Paul habite là. » Et ils tiraient l'oreille de leur gamin :
« Ses parents ont de la chance. Il est si gentil, lui ! »

Paul ne parlait pas beaucoup,
sans doute à cause d'un petit nuage blanc qui flottait dans sa tête,
un nuage qui l'empêchait d'être là au moment où il aurait dû l'être,
de dire les bonnes choses au bon moment.
Parfois, ce nuage était gris de tristesse.
Parfois, il devenait noir de colère, une colère qui n'éclatait jamais.
Son papa et sa maman appelaient Paul « mon petit agneau »
en caressant ses boucles brunes.
Était-ce le petit nuage qui, dans sa tête, le rendait transparent ?
Paul avait beau être très gentil, personne ne le voyait à l'école.
Il jouait aux billes tout seul dans la cour.
Et il se sentait vraiment comme un agneau,
tout blanc et tout fragile dans l'arène des lions.

Un jour, Paul eut une idée.
Il attrapa trois poignées de bonbons fourrés
dans la bonbonnière du salon,
et les distribua aux trois grands de la classe.
« Toi, t'es vraiment sympa », entendit-il.
Le nuage gris s'effaça aussitôt,
comme par un coup de gomme magique.
C'était facile de se faire des copains.
Le jour suivant, quand Paul se rendit à l'école,
il vit les trois grands devant lui.
Il ouvrit son sac à dos et leur donna son goûter :
un petit pain, du chocolat et des pâtes de fruits.
Le grand Marc enfourna tout ça dans le fond de sa bouche.
Paul ouvrit encore sa trousse
et tendit à Nicolas sa gomme rose en forme de voiture.
Le grand eut l'air satisfait. Il sourit puis partit.

Tu comprends ce qui se passe dans la tête de Paul, n'est-ce pas ?
Paul se disait :
« Puisqu'on ne me voit pas, puisqu'on ne m'entend pas,
je vais faire des cadeaux.
Ainsi, on ne m'oubliera plus dans les équipes de foot,
et on m'invitera aux anniversaires. »

Le lendemain, Paul se leva plus tôt
et glissa dans son sac sa paire de rollers
et son bateau à voile rouge.
Le cœur battant, il attendit sur le trottoir, en face de l'école.
Les trois grands ouvrirent le sac
en poussant des petits cris d'animaux.
« Tu nous les donnes ? demanda l'un d'eux.
— Bien sûr ! » répondit Paul, qui était prêt, en cet instant précis,
à donner son pantalon et sa chemise.
C'était facile de se faire des amis !

Les jours passaient.
La chambre de Paul se vidait dans ce grand mouvement
de générosité

qu'on ne pouvait pas arrêter.
Tout disparut :
son robot électronique, son Batman téléguidé, son Scrabble junior,
son château, son puzzle, son dragon cracheur de flammes.

Quelques jours après, en cour de récréation,
un grand arriva en se dandinant :
« Je t'ai vu au jardin, samedi.
Il est chouette, ton vélo. Tu me le donnes ? »
Paul hésita : c'était le vélo de ses cinq ans,
avec ses cinq vitesses, ses roues tout-terrain,
sa gourde incorporée...
Le grand le regarda et cracha par terre.
Toute la journée, le nuage gris se reforma dans la tête de Paul.
Toute la journée, Paul se parla à lui-même méchamment,
comme s'il avait été son pire ennemi :
« Tu es un moins que rien, un nul.
Tu n'auras jamais de copains. »

Le lendemain, devine ce qui arriva ?
Paul se rendit à l'école à vélo,
avec la gourde sous le guidon...
Son vélo sans petites roues stabilisatrices, son vrai vélo de grand !
Et, de loin, il aperçut les trois grands qui l'applaudissaient.
Il eut l'impression d'avoir remporté la course.
C'était comme si on le portait ;
c'était comme s'il était sur un nuage blanc.
Et dans les applaudissements on disait : « Je t'aime ! Je t'aime ! »

Après le vélo, ce fut d'autres choses :
la chaîne hi-fi, la radio, l'ordinateur portable de ses parents,
la lampe du salon, la voiture en cristal, le téléphone !
C'était comme une drogue. Paul ne pouvait plus s'arrêter.
Quand sa chambre fut vide,
il chercha de l'argent pour acheter les cadeaux.
Alors, il vendit le piano Steinway, les matelas, les lits,
la cuisine tout équipée, et même les rideaux aux fenêtres.
Quand la cheminée et les murs du salons disparurent,

il n'y avait plus rien, mais vraiment rien dans la maison,
plus un meuble, plus une chaise...

Un soir, en rentrant chez lui, Paul remarqua
que ses parents avaient eux aussi disparu.
Paul, dans son envie terrible de se faire des amis, s'en moquait.
Il serrait l'enveloppe contre lui,
l'enveloppe bourrée de billets de banque.
Demain, il pourrait enfin l'acheter, la Ferrari rouge et rutilante.

Le lendemain, quand les trois grands arrivèrent,
ils se frottèrent les yeux.
Devant eux, au bord du trottoir, devant l'école, elle était là.
Somptueuse, majestueuse, la Ferrari rouge,
avec ses phares jaunes tout lumineux !
Paul avait les joues en feu,
comme si un peu du rouge de la voiture avait déteint sur lui.
Mais les trois grands sautèrent par la portière, hop !
et disparurent dans un vrombissement d'enfer,
sans un regard pour lui.
Paul était retourné à sa transparence.
Il sentit son cœur se décrocher.
Il s'assit sur le trottoir et les attendit jusqu'au soir.
Ils allaient bien revenir, tout de même.
Pour l'emmener, lui dire merci.

Mais le soir arriva et personne ne revint.
C'est alors que la grosse colère arriva.
Une colère forte comme un typhon
qui aurait pu détruire au moins deux ou trois maisons.
Paul versa des larmes de rage longtemps dans la nuit.
Des larmes énormes, beaucoup plus grosses que de simples gouttes de tristesse.
Cela forma une gigantesque flaque, sur le trottoir.
Paul se pencha, et croisa son regard dans l'eau.
Il avait les yeux noirs, la crinière, le courage d'un petit lion.
Le petit garçon se mit à chercher ses parents.
Quand il les trouva, il les embrassa

et leur expliqua ce qui s'était passé.
Sa maman le regarda bien droit dans les yeux :
« Les cadeaux, on les donne par amour...
On ne les donne pas pour se faire des amis !
Sinon, on n'en finit jamais ! »
Et sa maman lui dit :
« C'est toi, le cadeau. Et pas autre chose !
Tu es fort comme un lion. »
Toutes ces paroles effacèrent le petit nuage de Paul
comme par magie.
À partir de ce jour, il apprit à se respecter lui-même, à s'aimer.
Car désormais il savait que, lui aussi, il était un cadeau
pour les autres.

Le racket

Insultes, coups de pied, arnaques en tout genre... Nos écoles seraient-elles devenues une jungle ? Selon une estimation américaine, un enfant sur trois serait victime de racket au sein des établissements scolaires. En France, si nous n'en sommes pas encore là, nous savons bien que le racket sévit aussi pernicieusement dans les cours d'écoles. Le phénomène est-il lié à la pression de la société de consommation, à l'émergence de l'enfant consommateur, au développement des marques, qui rendent nos petits vulnérables et envieux ?...

Repérer un « racketté »

Il y a racket et racket. Quand l'enfant éprouve le besoin de donner tout ce qu'il a, c'est peut-être par manque de confiance en lui ou pour se faire des amis. Cela peut se produire à plus forte raison quand l'enfant est nouveau dans une classe ou qu'il est toujours tout seul.

Attention au troc ! Il peut être l'antichambre du racket s'il se pratique sur fond d'arnaque (terme fréquemment utilisé dans les cours d'école primaire), les plus grands, bien évidemment, arnaquant les plus petits. Dans tous les cas, qu'il s'agisse de troc, d'arnaque, de racket, montrez-vous très ferme. Si votre enfant rapporte des objets, à la maison, même sans grande valeur, interrogez-le sur leur provenance, et dans la mesure du possible rapportez-les à leur propriétaire.

Dans le cas contraire, si votre enfant se fait racketter (changement de comportement, peur de se rendre à l'école, visage sombre, éventuellement résultats scolaires en chute libre), la première des règles est bien évidemment de lui interdire d'emporter la moindre babiole à l'école. Reste que certains petits du CP se font racketter leur goûter...

Discutez-en avec lui

Rappelez-lui que les objets appartiennent à leurs propriétaires : « Ton sac de billes, tu l'as eu pour ton anniversaire. Il est à toi, et rien qu'à toi. Bien sûr, tu peux le donner. Mais peut-être vas-tu regretter ? » On peut prêter mais ensuite on récupère son bien.

Rappelez-lui la valeur des choses : tout ne se vaut pas. Une bille n'équivaut pas à un goûter. On a besoin de manger alors que les jouets, c'est quelque chose en plus.

Restez ferme : « Je t'interdis absolument de donner ton goûter. Si tu le fais, sache que c'est mal. » Ajoutez ce bémol : « Si un de tes copains n'a pas de goûter, tu peux partager avec lui. Mais c'est tout. »

Rappelez-lui que donner est un acte gratuit : « Tu as le droit de donner ce que tu veux, et c'est généreux. C'est bien de donner des choses quand on le veut vraiment et si on aime la personne, sans rien attendre d'elle. En revanche, ne donne pas des cadeaux ou des objets pour avoir des copains. Ça ne sert à rien. Les vrais copains, ce sont ceux qui n'attendent pas de jouet de toi. Ils t'aiment pour ce que tu es, non pas pour ce que tu as ou ce que tu donnes. »

Si votre enfant est victime de racket, essayez de pousser plus loin la discussion. Rappelez-lui que le vol est un délit : « Les grandes personnes vont en prison quand elles volent. » Apprenez-lui à se respecter lui-même et à se faire respecter : « On ne peut pas accepter que les autres nous volent et qu'ils touchent notre corps. C'est un peu la même chose, car cela prouve un manque de respect. »

Sept Jours pour se faire un copain

Cette année, Nathan était très fier.
Il entrait à la grande école et tout lui semblait plus grand.
L'entrée, la cour, les arbres, le bureau du directeur...
Les copains aussi étaient plus grands.
Il y avait des CE1, CE2, CM1, CM2.

Les copains...
Le premier jour, Nathan les regarda, assis sur son banc dans la cour.
Ils se connaissaient tous !
Ils étaient tous habillés pareil,
avec leur tee-shirt gris et leur pantalon large.
Ils shootaient dans un ballon en mousse et,
à chaque fois qu'ils frappaient dans le ballon,
Nathan avait un coup au cœur.
Il aurait tant aimé y aller.
Mais les équipes étaient faites.
« C'est normal, répondit sa maman, le soir.
Nous venons de déménager.
Eux, ils se connaissent depuis la maternelle. Ça va s'arranger.
Il faut aller vers eux, mon grand ! »

Le deuxième jour, Nathan se leva de son banc
et fit les cent pas dans la cour.

Les enfants jouaient à un drôle de jeu, en cercle.
Nathan ne connaissait pas ce jeu qui lui parut très compliqué.
Un grand de la classe, Tom, cria :
« La maîtresse en slip ! »
Ce n'était pas drôle, mais Nathan rit comme les autres,
et peut-être même plus fort que les autres.
Mais personne ne lui proposa de jouer.
Le soir, sa maman lui demanda s'il s'était fait des amis.
Nathan se fâcha et, avec son poing,
tapa plusieurs petits coups sur la table :
« Non ! Je n'ai pas de copain ! »
Et maman eut l'air triste.

Le troisième jour, Nathan prit son courage à deux mains.
Dans la cour, il se leva
et s'approcha du groupe d'enfants.
Il y en avait un, Nicolas, qui semblait être le chef.
Nicolas le toisa :
« Qu'est-ce que tu veux ?
— Je peux jouer avec vous ?
— Tu connais "chat prison" ?
— Non, bredouilla Nathan.
— Alors, tu ne peux pas jouer. »
Et Nicolas lui tourna le dos.

Le quatrième jour, au moment de la sonnerie,
les élèves se mirent à courir et à crier de joie.
Pour eux, la sonnerie était agréable ;
c'était le signe qu'on allait s'amuser.
Mais pour Nathan, c'était un bruit strident, horrible, insupportable.
Nathan a senti une boule se former dans sa gorge.
Il n'avait plus tellement envie de descendre dans la cour.
Son pantalon était trop serré à la taille ;
sa chemise en velours le grattait au cou.
Il avait envie de disparaître sous une table !
Oh, ce n'était pas que de l'ennui.
C'était même plus que de l'ennui.
À la maison, il savait très bien s'occuper tout seul.

Il était fils unique et n'avait pas toujours un copain sous la main.
Pour ce qui était de s'occuper seul, il savait comment s'y prendre.
Mais ici, dans cette cour, c'était autre chose. Il se sentait tout bête.
Il avait l'impression d'entendre les murs ricaner.
Et même les arbres étaient noirs et menaçants.
Nathan avait des larmes dans les yeux.
Il ne s'était jamais senti si seul et si malheureux de sa vie.
Et à la maison, sa maman n'arrangeait rien du tout.
Elle lui demandait toujours :
« Alors, aujourd'hui, ça y est, tu t'es fait un copain ? »
Alors, forcément, quand il répondait non,
Nathan avait l'impression de rapporter un zéro à la maison.

Le cinquième jour,
Nathan eut terriblement mal au ventre au moment de la récréation.
Ça se tordait dans tous les sens, dans ce ventre-là,
et c'était terrible.
La maîtresse lui demanda :
« Nathan, est-ce que tu t'amuses en récréation ? »
Nathan fit non de la tête.
« J'avais bien compris, dit la maîtresse en souriant.
Parce que ton ventre a parlé à ta place.
Mais tu aurais pu m'en parler avant !
C'est difficile d'être un nouveau dans la classe, n'est-ce pas ?
Les autres se connaissent tous,
et pour eux aussi, c'est difficile de venir vers toi. »
À mesure que la maîtresse parlait, comme par magie,
le ventre de Nathan cessa de tire-bouchonner.
La maîtresse s'approcha de lui et prit ses deux mains
dans les siennes :
« Il faut te donner un peu de temps
pour te faire des copains.
Je ne peux pas t'amener vers les autres enfants.
Ils se croiraient obligés d'être avec toi,
et ça ne serait pas bon pour toi.
Tu peux, toi, leur proposer des jeux, leur raconter
une histoire drôle,
et même apporter un petit jeu de cartes.

En attendant, tu peux m'aider à distribuer les nouveaux cahiers de correspondance. »
Nathan resta avec la maîtresse,
puis descendit un peu plus tard en récréation.
Une petite fille aux tresses brunes, Suzanne, courut vers lui.
« Alors, Nathan ? Où tu étais ? Tu es malade ? »
Nathan était surpris.
C'était la première fois qu'on l'appelait par son prénom.
Ainsi, on le connaissait ?
« J'ai aidé la maîtresse à distribuer les cahiers de correspondance.
— Est-ce que tu connais la bataille ? interrogea la petite fille aux tresses brunes.
— Oui ! répondit Nathan.
— Demain, j'apporterai un jeu de cartes, d'accord ? »
C'était drôle, soudain.
Les arbres n'étaient plus si noirs.
Ils semblaient le saluer, avec leurs branches.
Nathan se sentait tellement mieux.
C'est sûr, demain, il serait dans la bande.

Les copains

On a coutume de dire que les enfants ne tardent pas à se faire de nouveaux copains. Pourtant, à partir de 6 ans (entrée au CP), ils ne réagissent déjà plus comme des « petits » de crèche ou d'école maternelle, et les amitiés ne se nouent pas aussi facilement. Les cours de récréation sont déjà remplies de petites tribus, de petites bandes. On s'accepte, on se refuse, on se boude... Et il n'y a parfois pas grand-chose à faire contre cela !

Comment se faire des copains ?
L'amitié joue un rôle très important à partir de 6 ans. S'il est normal qu'un petit nouveau ne trouve pas forcément de copains dès le premier jour, il ne faut pas sous-estimer le fait qu'un enfant ait beaucoup de mal à se lier avec les autres. D'autant plus que son handicap peut facilement entraîner un cercle vicieux. Car quand l'enfant s'isole, il renvoie une image de lui peu valorisante aux yeux des autres enfants. Notons qu'à l'inverse, un enfant trop « demandeur », prêt à tout pour se faire des copains, à se plier en quatre pour qu'on l'accepte dans un groupe, pourra lui aussi être rejeté.

À partir du CP, dans la plupart des cours de récréation, il n'y a plus de vrai « pôle d'attraction » (toboggan, balançoire...). Si l'école l'y autorise, proposez-lui d'emporter un petit jeu de cartes ou osselets qui lui permettra de tromper le temps pendant les premières récréations, et peut-être de créer un petit cercle de curieux autour de lui. Parallèlement, faites-lui faire des activités qui le passionnent. En en parlant aux autres, il deviendra passionnant

Si la situation s'éternise, ne vous privez pas d'en parler à la maîtresse. Elle vous révélera peut-être le nom des enfants qu'il apprécie. Et elle vous surprendra peut-être en vous confiant que votre cher petit ne s'ennuie pas tant que ça.

Discutez-en avec lui
Évitez de bombarder votre enfant de questions. Rien de tel pour le mettre mal à l'aise. Rappelez-lui plutôt votre expérience : « Moi aussi, j'ai été nouveau dans une classe quand j'étais petit(e). Je ne

connaissais personne ! Au début, j'étais un peu perdu(e). Il a fallu attendre, et j'étais triste. Et puis un jour, tout s'est arrangé. »

Réconfortez-le : « Je suis sûr(e) que certains enfants de ta classe sont très gentils et très drôles. Quand on ne connaît pas les gens (comme nous avec les nouveaux voisins), ils semblent toujours moins gentils que ceux que l'on connaît déjà. Mais il faut simplement un peu de temps… »

Rappelez-lui une expérience positive : « Essaie de te rappeler le jour où tu es entré(e) à l'école maternelle ou dans un club de loisirs du mercredi. Au début, tous les enfants t'apparaissaient comme des étrangers. Et quelques jours après, tu avais appris à les connaître. »

Connexions : *Aglaé, la sorcière horriblement timide, Histoire du grand garçon timide, Histoire de Paul qui donnait tout pour être aimé, Nicolas et son Copain bizarre*

Nicolas et son Copain bizarre

Quand il est arrivé dans le préau,
Nicolas a tout de suite remarqué le grand Arsène.
Tout le monde remarquait Arsène qui était super costaud.
Il avait au moins une tête et demie de plus que les autres,
des épaules deux fois plus larges que tout le monde,
et des mains immenses.
Et comme Nicolas était, lui, le plus petit de la classe,
tu vois ce que ça pouvait donner...
Le jour de la rentrée, Nicolas du CP a regardé Arsène du CE2
avec beaucoup de respect.
Il a pensé : « Moi, l'année prochaine, j'aurai grandi un peu.
Mais ça m'étonnerait que je devienne comme lui. »
Arsène, accoudé contre la grille, a compris
ce qu'il y avait dans le regard de Nicolas.
Il lui a dit : « Ça va, mon pote ? »
Nicolas a baissé les yeux.
À la récréation de 10 heures,
Arsène est venu le voir en souriant de toutes ses dents :
« Dis donc, toi, tu veux venir jouer avec nous ?
On a besoin de souris pour jouer à chat.
Parce que, toi, tu seras toujours une petite souris ! »
Et il tira l'oreille de Nicolas en riant très fort.

Nicolas, qui n'avait pas encore beaucoup de copains dans sa classe, accepta de jouer.
Il était la seule souris pour cinq chats.
À la fin du jeu, tout le monde se mit à lui taper sur le dos, à bras raccourcis.
« C'est comme ça qu'on traite les souris, c'est normal.
Que veux-tu, les chats ont toujours mangé les souris. »
Arsène rit à gorge déployée.

Les jours suivants, quand il voyait Nicolas,
Arsène disait : « Alors, mon pote, ça va ? »
Et il lui adressait un clin d'œil.
Les copains de sa classe étaient tout surpris.
« Tiens ! Le grand Arsène est copain avec Nicolas !
Ça alors ! dit l'un.
— On dirait Laurel et Hardy ! » plaisanta un autre.
Tous les jours, à la récré, Arsène venait vers Nicolas.
C'était même la première chose qu'il faisait.
Il lui donnait une accolade (en fait, c'était un grand coup sur l'épaule)
qui faisait chanceler Nicolas.
Un jour, Nicolas se retrouva par terre.
Derrière son pantalon déchiré, son genou saignait un peu.
Il grimaça, hésita.
Devait-il se mettre à pleurer ?
Arsène voulait-il vraiment lui faire du mal ?
Mais non ! Arsène était son copain. Il lui disait :
« On se donne l'accolade comme des hommes !
Comme des potes !
C'est pas de ma faute, si t'es léger comme un fétu de paille ! »
Nicolas rentrait à la maison
avec des gros bleus sur les jambes et sur les bras.
« Qu'est-ce qui s'est passé ? demandait maman.
— C'est le cours de gym », mentait Nicolas.

Mais de jour en jour,
les accolades étaient de plus en plus fortes.
Un lundi matin, Arsène l'attrapa par le cou et l'étouffa à moitié.

Un autre jour, pour jouer, Arsène lui tira l'oreille
et Nicolas eut l'impression qu'elle allait se décrocher !
La semaine suivante, Arsène lui dit :
« On va échanger trois gouttes de sang, comme des vrais copains. »
Le cœur de Nicolas se mit à battre plus vite.
Échanger son sang ? Qu'est-ce que cela voulait dire ?
« Moi, je ne veux pas ! » rétorqua Nicolas.
Les yeux noirs d'Arsène lancèrent des éclairs.
« Quand on est vraiment copains,
on échange trois gouttes de sang de son bras.
On les mélange et on dit :
"Croix de bois, croix de fer,
si je mens, je vais en enfer."
O.K. ! la poule mouillée ?
Demain, j'apporterai un Opinel qui coupe même les rosbifs ! »

Ce soir-là, à table, Nicolas n'ouvrit pas la bouche.
« Alors, bonhomme, tout va bien à l'école ? demanda son papa.
Des bonnes notes ?
— Oui », dit faiblement Nicolas qui était le premier de sa classe.
Mais Nicolas avait un problème.
Un problème qui s'appelait Arsène.
Un copain bizarre qui lui demandait des choses impossibles.
Nicolas pensait qu'il aurait bien demandé à son père
s'il avait déjà échangé trois gouttes de sang
avec son meilleur copain.
Mais il n'osa pas.
Et il se dit : « C'est peut-être ça, l'amitié avec un CE2 ? »
Il n'avait pas envie de perdre son copain Arsène,
mais pas envie non plus de faire saigner son bras !
Ce soir-là, Nicolas ne put pas dormir tout de suite.
La nuit, il eut beaucoup de fièvre et il claqua des dents.
Il fit un cauchemar où on lui coupait le bras.
Il se réveilla en sursaut.

Le lendemain, Arsène n'apporta pas de couteau.
« C'était pour rire, petite souris ! » lui dit-il.
Mais il continua à venir vers Nicolas,

à lui donner des chiquenaudes
et à rigoler en le regardant bien droit dans les yeux.

Le jour où Arsène donna des petits coups de poing
le long de la colonne vertébrale de Nicolas,
sous prétexte de lui faire un massage,
la maîtresse qui était de récré ce jour-là
fit les gros yeux à Arsène.
« Que se passe-t-il, Arsène ? Tu embêtes les petits de CP ? »
Elle a emmené Arsène loin de là,
Arsène le fanfaron qui baissait la tête
et semblait soudain vouloir rentrer dans un trou de souris.
Après cela, la maîtresse est revenue vers Nicolas :
« Tu ne dois jamais, jamais te laisser embêter par un grand.
— C'est mon copain ! Il m'embête pas ! rétorqua Nicolas.
— Non. Un copain qui fait peur, ce n'est pas un copain.
Un copain qui embête, ce n'est pas un copain.
Personne n'a le droit de toucher ton corps et de te bousculer. »

Le soir même, Nicolas, bien enfoncé sous sa couette,
allait s'endormir.
Maman arriva et posa en silence sa main sur le front,
comme les jours où il avait de la fièvre.
Et, pendant que Nicolas s'endormait, tout doucement,
elle lui dit à l'oreille :
« Tu as le droit d'avoir des secrets
mais jamais des secrets qui te font du mal.
Tous les secrets qui font du mal sont comme des petites pointes.
Elles voudraient sortir mais elles se retournent contre toi.
Quand tu sens ces petites pointes dans ton cœur,
il faut m'en parler. »

Plus tard, Nicolas apprit que, chez Arsène,
ses parents n'étaient pas très gentils.
Ils le frappaient et le bousculaient.
Nicolas pensa que le papa d'Arsène devait être sacrément costaud
pour frapper un costaud comme Arsène.
« Souvent, expliqua sa maman, quand on a vécu quelque chose,

on fait la même chose aux autres. »
Nicolas pensa que la vie était vraiment bizarre.
Un papa qui se prend pour un méchant,
et Arsène qui se prend pour son papa, pensa-t-il.
Ce soir-là, il s'endormit très vite.

La violence à l'école

Bagarres, insultes, racket... La violence est omniprésente dans les écoles. Souvent, dans la cour de récréation, c'est la loi de la jungle. Les enfants très jeunes, qui n'ont pas encore été confrontés au problème, ne savent pas ce qu'ils doivent autoriser. Et d'autant moins que ces petites maltraitances se font, mine de rien, entre affection et malveillance.

En Grande Section de maternelle, un enfant de 5 ans se faisait régulièrement chahuter par un plus costaud. Une petite tape gentille, une énorme embrassade à l'étouffer... Sa maman apprit, un peu plus tard, que le « grand costaud » malmenait d'autres enfants. Personne n'en avait rien su car ce gamin jouait beaucoup de son charme et de son affection. Il sautait sur les plus petits pour les embrasser, les serrer dans ses bras, et par la même occasion les chahuter mais gentiment. La maman avait été très étonnée : comment un petit garçon aussi affectueux pouvait-il se révéler une vraie terreur ? Les limites entre jeu et maltraitance sont parfois floues...

Il est agressé

En général, le comportement de l'enfant change : il se replie sur lui-même ; il pleure au moment d'aller à l'école ; il est agressif... Dans ce cas, ne minimisez pas la situation. Essayez d'évoquer le sujet parmi d'autres.

Réfléchissez également à la raison pour laquelle votre enfant se trouve dans cette position. Les souffre-douleur ou les enfants rejetés par les autres le sont pour une raison particulière. Votre enfant est-il particulièrement timoré ou agressif pour susciter ainsi ce genre de comportements chez les autres ? Le phénomène ne fait pas irruption par hasard.

Évitez toutefois de lui dire qu'il est une poule mouillée et qu'il doit se défendre. Il a besoin au contraire que vous restauriez sa confiance en lui. N'intervenez pas non plus directement auprès des agresseurs : vous le conforteriez, malgré vous, dans l'idée de sa propre insuffisance ou de sa soi-disant faiblesse : « Un important élément de solution est de fortifier moralement et physiquement l'enfant, écrit Françoise Dolto. Une attitude timide et apeurée attire facilement l'agression, phénomène de comportement animal commun à l'être humain et à beaucoup de mammifères. »

Enfin, parlez-en aux personnes qui entourent l'enfant pendant la journée (maîtresse, animateur de la cantine). S'il se rendait seul à l'école, recommencez à l'accompagner. Il se sentira soutenu, et cela dissuadera peut-être les petits agresseurs.

Discutez-en avec lui

« L'amitié entre Arsène et Nicolas est très compliquée. Nicolas ne sait pas vraiment si Arsène est son ami ou s'il est son ennemi. Penses-tu qu'il est son ami ou son ennemi ? Toi aussi, as-tu déjà fait l'expérience ? Y a-t-il des grands qui, à l'école, prennent des objets aux plus petits – par exemple, leur goûter ? Si cela se produit, c'est une situation anormale. On n'est pas obligé d'accepter. Et il ne faut pas l'accepter.

Ton corps t'appartient, il n'appartient qu'à toi. Un copain qui te malmène n'est pas un vrai copain. Une amitié ne peut pas se construire sur ça. Un grand n'a pas le droit de te faire du mal, même s'il s'agit d'une grande personne. Il peut arriver (même si c'est rare) que certains adultes fassent du mal aux petits enfants, les serrent trop fort, les battent et même parfois caressent leur corps. Les grandes personnes qui font du mal sont punies pour cela. Elles vont même parfois en prison. Les enfants peuvent aussi être punis pour cela.

Il y a toujours une raison à cette violence. Arsène, chez lui, est aussi maltraité par les plus grands. Il se dit : "Et pourquoi, moi aussi, je ne ferais pas la même chose ?" Souvent, on répète des choses méchantes sans le vouloir vraiment. Ce n'est pas de la faute d'Arsène, s'il est méchant. Il est une victime. Mais ce n'est pas une raison pour accepter sa conduite. Dans tous les cas, il faut refuser la violence. Ou en parler. »

Il est l'agresseur

Il passe son temps à se bagarrer, à faire la guerre. Et vous, vous vous retrouvez face à des paires d'yeux courroucés et des mamans qui fulminent : « Votre fils a encore tapé le mien à la récréation » ou « Surveillez-le, enfin ». Comme si tout ça était de votre faute...

Ne paniquez pas, mais analysez la situation. Rappelez-vous d'abord que tous les comportements de colère et d'agressivité révèlent un malaise. Que cache-t-il sous ses dehors bagarreurs ? Peut-être éprouve-t-il un malaise en ce moment ? Cela arrive quand les parents se disputent, quand survient l'ombre d'un divorce ou d'une séparation, quand il vous sent inquiet(ète), etc. Ou peut-être a-t-il été humilié lui-même, ou rejeté, ou maltraité ? Il faut essayer d'analyser la situation, et surtout d'en parler avec lui.

Cette attitude peut révéler également un manque de dialogue. Si vous êtes maman et si vous en avez la possibilité, faites intervenir son père. Il posera les limites et lui rappellera certaines valeurs : la droiture, la camaraderie, l'amitié. Au besoin, si vous avez l'impression que le dialogue est rompu, n'hésitez pas à en parler à son pédiatre s'il a une écoute « psy » ou à un psychologue. Une séance suffit parfois pour débloquer la situation.

Le petit garçon qui voulait être quelqu'un d'autre

Jérôme avait six ans, des cheveux noirs et raides,
une grande sœur de onze ans, une dent en moins
qui le faisait zozoter.
Rien que de très normal.
Le jour de la rentrée au cours préparatoire,
Jérôme rencontra Samuel.
Samuel avait des cheveux bouclés, des yeux très doux,
et il portait un pull-over avec un tyrannosaure bleu.
« On est copains ? demanda Jérôme.
— Si tu veux », répondit Samuel en haussant les épaules.
C'est ainsi que leur amitié débuta.
Samuel était un peu plus grand que Jérôme.
Il savait compter jusqu'à cent mille,
dessiner des robots à antennes géantes
et répondre à toutes les devinettes.
Là où il était le plus fort, c'était au foot.
Samuel savait shooter comme personne
et danser avec ses pieds comme un vrai champion.
Quand il avait le ballon au bout du pied,
personne ne pouvait jamais le lui prendre.
C'est pourquoi tout le monde voulait Samuel

dans son équipe de foot.
Avec lui, on était archisûr de gagner.
Jérôme était fier de son copain
et, après chaque match, il allait vers Samuel
et lui donnait ses bonbons du goûter,
en forme de bouteilles de Coca.

Un soir, après la classe, Samuel invita Jérôme dans sa maison.
Dans sa chambre, il avait dix robots de taille différente,
une petite télé et un ordinateur rien que pour lui !
Ils regardèrent *Zorro* en suçant une glace « pousse-pousse »
au citron.
Jérôme pensa à sa chambre minuscule qu'il partageait avec Anita,
sa grande sœur,
jonchée de livres, de feuilles,
de vieux bouts de pâte à modeler et de feutres séchés.
Il pensa aussi à Juliette qui, à trois semaines, faisait bien plus
de bruit qu'une télévision.
À la maison, maman se fâchait souvent contre le bruit.
Elle disait :
« Moins on a d'espace, plus on se chamaille.
Quand on déménagera tout ira mieux. »
Mais ils ne déménageaient toujours pas.
Et Jérôme pensait :
« Chez moi, il n'y a pas de place.
C'est pour ça que je ne sais pas jouer au foot,
ni dessiner des robots à antennes comme Samuel. »

Quand il quitta Samuel, ce soir-là, Jérôme rentra chez lui
avec une énorme colère à l'intérieur.
Sa maman avait fait un gratin.
Ça sentait le chou-fleur dans la cage d'escalier.
Jérôme dit : « Ça pue le chou-fleur. »
Il shoota dans une tétine par terre et hurla :
« C'est minus, ici ! c'est nul ! »
Et il eut droit à une paire de claques.
Il cria encore : « Je veux regarder la télé. »
Il trépigna, se jeta par terre, et sa maman lui dit :

« Va dans ta chambre et calme-toi. »
Oui, mais voilà, Jérôme ne se calmait pas !
Pour la première fois de sa vie,
il se demandait pourquoi il était lui et pas quelqu'un d'autre.
Pourquoi, lui, était-il Jérôme ? Pourquoi Samuel était-il Samuel ?
Pourquoi était-il né dans cette famille,
avec une maman qui faisait du gratin de chou-fleur
et non pas du gratin de viande, par exemple ?
Toutes ces questions formaient un gros nuage noir
dans la tête de Jérôme.

En classe, il n'arrivait plus à réfléchir correctement.
Quand la maîtresse posait une question,
Jérôme observait son copain à la dérobée.
Il répondait comme Samuel, ni plus ni moins.
Il s'était mis à dessiner, comme Samuel,
des robots avec des petits bras tout maigres
et des grands pieds plats.
C'étaient les plus beaux robots du monde.
La maîtresse fronçait les sourcils :
« Dessine ce que tu sens, Jérôme. Ça ne sert à rien de copier
sur les autres !
Où sont passés tes somptueux bouquets de marguerites,
à la Cézanne ? »
Mais Jérôme ne savait plus les dessiner.
Il s'était mis à trembler, un peu, de tout son être.
Le matin, il enfilait ses chaussettes à l'envers...
Bref, il faisait n'importe quoi.

Un soir, Jérôme et Samuel échangèrent leurs pull-overs.
Jérôme porta le sweat-shirt avec un tyrannosaure bleu lavande,
et Samuel le polo de rugby rayé jaune et vert.
Ils les retirèrent dans les W.-C. avant de rentrer à la maison.
Anita, sa grande sœur, se mit à rire :
« Ouh, il est amoureux ! Il est amoureux !
Ce sont les amoureux qui échangent leurs vêtements !
C'est Samuel, ta fiancée ? »
« Les grandes sœurs sont idiotes, pensa Jérôme. Archi-idiotes. »

Écoute bien la suite de l'histoire...
Au fil des jours, Jérôme se mit à ressembler étrangement à Samuel.
Ses cheveux raides devinrent bruns et bouclés ;
ses yeux prirent la couleur brune de ceux de Samuel,
et il se mit à marcher en se dandinant comme Samuel.

Un soir, la nounou de Samuel se trompa :
elle ramena Jérôme à la maison.
« Qu'est-ce qu'on mange ce soir ? demanda Jérôme,
en priant le Ciel que ce ne soit pas du chou-fleur.
— Des saucisses et de la purée », répondit-elle.
Et elle soupira (car c'était une nounou qui soupirait beaucoup).
Jérôme regarda trois fois la cassette de *Zorro* ;
il joua avec le château fort et désarticula un des robots,
à force d'être seul.
Il s'assit sur le canapé, sur le lit, sur la chaise tournante
du bureau de Samuel ;
il s'allongea par terre sur la moquette.
Mais, curieusement, il ne savait plus trop où se fourrer.
Il y avait trop de place pour lui et trop de silence !
« Je ne suis pas habitué, pensa-t-il.
Il me faudra un petit peu de temps pour devenir
tout à fait Samuel. »
Mais plus il se rapprochait de la vie de Samuel,
plus il trouvait l'espace et le silence pesants.
L'appartement de Samuel sans Samuel n'avait aucun intérêt.
Sa maison était grande, mais vide.
Sa nounou soupirait et ne disait rien.
Il n'y avait pas d'odeur de chou-fleur, mais aucune odeur du tout.

Au bout d'un moment, quelque chose grossit en lui.
Il pensa à sa maison, au bruit que faisait Anita,
et à sa toute petite sœur, Juliette.
Il y pensa si fort, si fort
que ses cheveux redevinrent raides
comme des baguettes de tambour.
Il eut tellement envie d'entendre les blagues de sa sœur Anita,
de sentir l'odeur de l'appartement, et même celle

des biberons de Juliette
qu'il se mit à rêver de redevenir lui-même.
Il enfila ses baskets, attrapa la poignée de la porte.
Et la nounou qui le vit sortir écarquilla les yeux :
« Ah, tu es là, Jérôme ? Mais je ne t'ai pas vu entrer ! »
Jérôme prit ses jambes à son cou et fila chez lui
sans demander son reste.
Dans l'escalier, il entendit glapir un bébé.
C'était Juliette, sa petite sœur !
Son cœur se mit à faire des grands bonds.
Il serra sa maman bien fort dans ses bras.

Le lendemain, à l'école, Jérôme recommença à dessiner
des grosses marguerites « à la Cézanne »,
et à zozoter à cause de sa dent en moins.
Il cligna de l'œil à Samuel et il lui serra la main très fort.
Il avait envie de lui dire beaucoup de choses :
« Tu es Samuel, et moi je suis Jérôme.
Tu es mon meilleur copain, mais c'est tout.
Si tu savais comme je suis content d'être moi ! »

Le meilleur ami

Entre 6 et 9 ans, c'est le début de la socialisation. L'enfant cesse de ne jurer que par sa famille et reste accroché à son petit groupe de copains. À cette époque, on peut voir arriver le « meilleur ami », important parce qu'il est un miroir et un pôle de cristallisation de sentiments tels que l'admiration ou le respect.

Son rôle

Interrogés par des sociologues, les enfants des classes de CM1 et CM2 répondent qu'un ami, c'est quelqu'un en qui on peut avoir confiance (96 % des garçons et 90 % des filles), quelqu'un qui ne répète pas les secrets (84 % des garçons et 76 % des filles), quelqu'un qui joue avec eux (66 % des garçons et 63 % des filles). Mais c'est aussi « le plus fort » et quelqu'un « à qui j'essaie de ressembler », disent-ils. Le meilleur ami représente pour l'enfant une aide fabuleuse pour affronter le monde extérieur – par exemple, le centre de loisirs (le mercredi ou pendant les vacances scolaires) – ou pour supporter les épreuves familiales (séparation, divorce). C'est pourquoi un enfant est parfois scotché à lui.

Parfois, l'amitié pour un enfant du même sexe a des allures d'amitié amoureuse. Tout ce que fait l'un, l'autre le fait : ils s'habillent pareil ; ils portent les mêmes baskets ; ils ont les mêmes fétiches et les mêmes jouets... Bien sûr, il n'y a pas lieu de s'inquiéter. Cela dit, on peut analyser la situation et se demander pourquoi l'enfant a envie, à ce moment-là, de se projeter dans la vie d'un autre. Est-ce à cause de l'arrivée d'un petit frère ou d'un sentiment exacerbé de solitude ?

Discutez-en avec lui

« Quand ça ne va pas dans sa tête, quand on se sent un peu triste, on a souvent envie d'être quelqu'un d'autre. Est-ce que ça t'est déjà arrivé ? Vues de loin, certaines familles, certaines maisons semblent tout à fait enviables. Mais quand on commence à s'approcher, à venir chez le copain, on s'aperçoit que ça n'est pas non plus l'idéal. »

Connexions : *Toutes les Mamans du monde, Histoire de Paul qui donnait tout pour être aimé, Sept Jours pour se faire un copain, Nicolas et son Copain bizarre*

Léo est amoureux

Aujourd'hui, il y a une petite nouvelle à l'école.
Quand les élèves sont arrivés dans la classe,
la maîtresse tenait par l'épaule une petite fille
avec deux nattes et deux petits nœuds roses dessus.
« Voilà, dit la maîtresse. Je vous présente Louison.
Louison vient d'emménager dans notre quartier.
J'espère que vous serez tous très gentils avec elle. »
Puis elle a montré la place à côté de Léo et a dit :
« Louison, va t'asseoir à côté de Léo. »
Léo a baissé les yeux.
« C'est toujours comme ça. C'est toujours moi.
C'est pas juste », pense Léo.
« C'est toujours toi ! C'est pas juste »,
souffle Mathieu, dans son dos.
Alors, Léo sourit.
Car elle est jolie, Louison,
avec ses deux grandes nattes et ses petits nœuds roses,
avec ses drôles d'yeux tout noirs.
Si noirs que, quand on les regarde,
on ne sait plus du tout où on est.
Léo a tripoté sa gomme en forme de Batman ;
il a joué avec son crayon à tête de Zorro ;
il lui a montré son taille-crayon en forme d'accordéon.

Il n'a pas bien écouté la leçon de calcul,
et pendant la récréation il est resté avec Louison,
comme ça, sans rien dire.
Au cas où on lui ferait des problèmes.
Léo n'est pas allé jouer au foot.
Il a regardé Louison qui regardait ses chaussures.
« Tu peux aller jouer, Léo, si tu veux,
a dit la maîtresse, avec un grand sourire
et l'air un peu moqueur.
Tu sais, Louison est assez grande
pour se débrouiller toute seule !
Elle doit se faire des amis.
— C'est bon », a murmuré Léo.
En pensant :
« Qu'on me fiche la paix !
Et si, moi, j'ai envie de rester là
sans rien dire, sans bouger ? »

Le second jour, quand Léo est arrivé en classe,
Louison était avec Nicolas.
Nicolas parlait avec Louison
et Louison souriait à Nicolas !
Léo a senti une colère acide monter en lui.
Il a shooté dans un vieux taille-crayon
qui n'avait rien demandé à personne.
« C'est MA Louison. Elle est à moi,
et je ne la prêterai pas.
C'est LA MIENNE ! »
Et Léo a pensé :
« Moi, je suis le petit de la classe,
et peut-être que Louison n'aime que les grands comme Nicolas ?
Ah, si seulement je pouvais grandir un tout petit peu... »
Et Léo s'est senti terriblement,
infiniment malheureux.

En classe, Louison est allée vers Léo,
sur le même banc.
Et elle lui a souri des yeux,

de ses grands yeux noirs qui font tout oublier.
Ça a duré longtemps,
au moins une demi-minute.
Léo a bien senti que, cette fois, c'était bon.
Il avait une amoureuse.
C'était la première fois. Une amoureuse pour la vie !

« Avec Louison, quand on sera grands, on va se marier.
Moi, j'aurai un costume, et Louison une robe
toute blanche avec cent mille volants.
On invitera la maîtresse,
et quand elle ne regardera pas,
on se fera des petits bisous. »

Il est amoureux !

Dès l'âge de 4 ou 5 ans – et parfois même avant –, de tendres sentiments peuvent naître entre deux enfants. Il s'agit même parfois d'un véritable coup de foudre ! Ces amourettes d'enfants s'accompagnent souvent de fantasmes sur le mariage (pour les petites filles surtout) et de projections dans l'avenir.

Que faire ?

Le psychosociologue italien Francesco Alberoni souligne, dans son ouvrage *Le Premier Amour*[1], que la plupart des enfants de 5-6 ans ont déjà connu de tendres sentiments amoureux. Quant aux « grands » de CM1-CM2 (9-10 ans en moyenne), ils sont 77 % de garçons et 82 % de filles à répondre qu'ils sont déjà tombés amoureux. Parfois, l'enfant n'ose pas reconnaître son sentiment. Il réagit alors à l'inverse, en faisant preuve d'irritation dès qu'il s'agit de son « amoureux/se », ou en déclarant carrément détester la fille ou le garçon qui lui plaît !

Surtout, n'en faites pas trop ! On voit certains adultes, mi-moqueurs, mi-sérieux, s'investir lourdement dans la vie amoureuse de leurs enfants. Certes, on y récolte des bénéfices secondaires.

Ne le prenez pas trop légèrement non plus. Les enfants, qui n'ont pas le sens de l'humour très développé et encore moins celui de l'autodérision, ne supportent pas qu'on les « moque ». En posant la question : « Et toi, tu as un amoureux / une amoureuse ? Allez, dis-le-moi ! Oh, tu rougis, tu rougis », on ne fait que réagir comme des enfants. Ou des parents abusifs. À l'âge de 5-6 ans, l'enfant a bien le droit d'avoir des secrets.

Discutez-en avec lui

« Il est normal de tomber amoureux. Cela arrive à tout le monde et c'est la preuve que l'on est devenu grand. Parfois, cela rend malheureux : par exemple, quand on ne sait pas si celui/celle que l'on aime nous aime aussi. Ou alors quand celui/celle que l'on aime regarde

1. *Le Premier Amour*, Plon, 1999.

quelqu'un d'autre. Cela s'appelle "un chagrin d'amour" et ça arrive aussi à beaucoup de gens.

Quand elles sont gaies, les histoires d'amour sont vraiment très agréables à vivre. On a envie de rester toujours avec celui/celle que l'on aime, de lui faire plaisir, d'être gentil avec lui/elle... Et on a envie que ça dure toute la vie ! »

12

Complexes et différences

La Petite Sorcière et ses Lunettes magiques

Les sorcières sont des petites filles comme les autres,
il ne faut pas croire.
Elles ne sont pas toujours en pleine forme,
pas toujours en train de ricaner,
de faire peur aux gens,
ou d'endormir des belles princesses.
Il leur arrive d'avoir la grippe ou une otite,
d'avoir mal aux pieds pour cause de chaussures neuves
ou mal au ventre parce qu'elles ont mangé trop de civet de chat noir
et de crème à la citrouille.
Certaines sont très timides ;
d'autres se rongent les ongles
ou souffrent de vertige sur leur balai de malheur.
Bien sûr, celles-ci, on n'en parle pas dans les livres de contes.
Elles restent cachées à la maison.

J'en ai même connu une qui était tellement myope
qu'elle ne voyait rien du tout,
pas même à un mètre devant elle.
Tout était flou comme dans un halo de fumée.
Cette petite sorcière, à cause de sa mauvaise vue,

avait déjà subi de terribles accidents de balai.
Un jour, en plein orage,
elle avait foncé dans un éclair de foudre
et elle était rentrée toute noire à la maison.
Un autre jour, elle avait loupé son atterrissage
et elle était tombée en plein milieu d'une classe,
sur la tête de la maîtresse !
Enfin, il lui était arrivé de rentrer de plein fouet
dans le cœur d'un cyclone,
alors que toutes ses copines les sorcières
avaient déjà fui à l'autre bout de la Terre.

Parce qu'elle voyait tout flou,
elle lisait mal dans *Le Grand Livre de magie*
et lançait parfois des sorts abracadabrants.
Elle avait transformé son fidèle matou en tabouret orange.
Pour son anniversaire, elle avait offert à sa sœur
un bouquet de chardons qu'elle avait pris pour des roses
et qui la transforma en puceron.
Et pour la fête des Pères, elle avait offert à son papa
une bouteille de liqueur magique
qui l'avait transformé *illico* en crapaud !
Il avait fallu que sa maman
prépare un antidote dans les cinq secondes
avant qu'on ne lui marche dessus.

« Ça ne peut plus durer, dit sa maman.
Je vais t'emmener chez le docteur
qui te prescrira une belle paire de lunettes.
— Jamais ! pleura la petite sorcière
qui était très coquette comme toutes les sorcières.
À l'école, on va se moquer de moi.
Personne n'a jamais vu une sorcière à lunettes.
Ni la sorcière Camomille,
ni la méchante sorcière de *Blanche-Neige*
qui était toute moche mais qui avait un œil de lynx,
ni même la méchante marraine de *La Belle au bois dormant*.
Elles étaient méchantes, mais elles voyaient bien.

— Et alors ? répondit sa maman. Elles souffraient d'autres choses.
La vieille fée de *Blanche-Neige* souffrait d'un torticolis terrible ;
la sorcière Camomille a le nez rouge et est un peu dure d'oreille.
Toi, tu as de la chance.
Tu auras une belle paire de lunettes.
Tout le monde va t'envier !
Et tu seras la plus douée des sorcières. »

La petite sorcière choisit une jolie paire de lunettes
jaunes et rondes comme deux soleils.
Et il est vrai qu'elle avait l'impression maintenant
de porter de la lumière sur le visage.
Elle redécouvrit le monde qui l'entourait.
Comme elle était très myope, elle n'avait jamais vu
briller les yeux de son matou noir,
rayonner le sourire de sa maman,
et son papa tortiller sa moustache.
Du haut de son balai, à des centaines de milliers
de kilomètres de la Terre,
elle voyait tout jusque dans le moindre détail :
les enfants qui apprenaient leur leçon
tout en rêvant de voler comme les oiseaux ;
la maîtresse qui, en lisant la dictée,
pensait à son gentil fiancé ;
le vieux monsieur tout triste
parce que son petit chat était parti.
Car la petite sorcière voyait même
tout ce que les autres ne voyaient pas !
À croire que c'étaient des lunettes magiques...
Comme le monde était beau !

Avec ses lunettes, elle apprit à faire des tours fantastiques.
Elle rapporta le petit chat du vieux monsieur.
Elle transforma les pleurs en sourires,
les petits cailloux en bonbons,
les maîtresses en gentilles fées,
et, bien sûr, les crapauds en beaux princes.
Elle obtint un « Excellent » sur son bulletin scolaire.

Ses copines étaient terriblement jalouses.
« Ce sont des lunettes magiques.
Des lunettes de fée ! » disait-on.
Car – il faut te le dire – les petites sorcières
n'ont qu'une envie : se transformer en petites fées.
Et, à cette époque, toutes ses copines demandaient à leur maman :
« Achète-moi des lunettes ! Je ne vois plus rien ! »
Et la petite sorcière riait sous cape.
Car elle savait bien, elle, qu'elle n'avait pas changé à ce point.
Non, elle n'était pas devenue une fée !
Mais peut-être qu'avec les lunettes, elle était enfin elle-même,
une petite sorcière qui comprenait
et qui voyait tout :
un vrai œil de lynx !
Et comme le monde était beau !

Parfois, la petite sorcière
retirait ses lunettes rondes comme des soleils.
Elle les enlevait quand elle avait envie de rester loin du monde,
de se reposer, de rester dans le flou,
de ne pas tout voir ni tout comprendre.
Et, quand elle voulait devenir la meilleure des sorcières,
bien apprendre à l'école, s'exercer à de nouveaux tours,
rien que des tours gentils,
elle remettait ses lunettes magiques.
Et plus jamais elle n'atterrit sur la tête des maîtresses.

Connexions : *Arthur aux grandes oreilles,*
Luciote la petiote, Léon le petit rond

Luciote la petiote

Elle s'appelait Lucie,
mais on l'appelait « Luciote la petiote ».
Pourquoi « la petiote » ?
Parce que, quand Lucie disait qu'elle avait sept ans,
on lui riait au nez.
« Sept ans, toi ? lui disait-on.
Tu te moques de moi ?
Tu as quatre ou cinq ans, non ? »

Lucie était toujours la plus petite.
À l'école, dans sa famille, dans les goûters d'enfants,
dans les musées, dans le métro, dans l'autobus.
Partout, partout, partout !
On l'appelait « ma puce » ou « pupuce »,
ou encore « moustique », « moucheron », « Luciole ».
« Et pourquoi pas, pendant qu'on y est,
"ma mygale", "ma fourmi",
"mon petit scorpion d'amour" ? » râlait Lucie.
Et on lui répondait :
« Ne te fâche pas, puceron !
Tout ce qui est petit est mignon ! »

Tout le monde avait quelque chose à dire
sur sa petite taille.
Quand elle s'arrêtait à la boulangerie,
la boulangère disait :
« Regardez ! La baguette est plus grande qu'elle ! »
Et tout le monde riait dans le magasin.
Quand elle revenait de l'école, elle entendait :
« Oh, oh, voilà un cartable plus grand qu'une petite fille. »
Quand venait l'été, on lui disait :
« Ne te baigne pas, tu vas te noyer dans une goutte d'eau ! »
Quand venait le printemps, elle entendait :
« Où est Lucie ?
— Elle s'est cachée dans un bourgeon ! »
Quand venait l'automne, on lui conseillait
de ne pas prendre de parapluie
pour ne pas s'envoler comme Mary Poppins, bien sûr !
Ah, ah, ah ! Comme c'était drôle !
Et tout le monde riait. Sauf Lucie.

Lucie pensait que la vie des petits
était pleine d'embûches.
À l'école, qui était toujours placée au premier rang ?
C'était Lucie !
Pour la photo de classe, c'était pareil :
elle trônait là, devant les autres, tout devant
pour qu'on la remarque un peu.
Pour attraper ses vêtements,
elle devait grimper sur le dernier barreau d'un escabeau.
Ses vêtements ? Parlons-en.
Elle nageait dedans.
Tout était trop grand, trop large,
et il fallait toujours faire des ourlets
avec des épingles qui piquaient la peau.
En longueur, en largeur, en travers.
Des ourlets, des ourlets, encore des ourlets !
Mais le pire de tout, c'était la soupe
qui soi-disant faisait grandir.
Lucie en avalait des litres et des litres !

Soupe aux poireaux et carottes,
consommé de potiron et de brocolis, bouillon de poule...
Parfois, Lucie aurait voulu
disparaître dans un trou de souris.
« Pourquoi ne suis-je pas une souris ? se demandait Lucie.
Au moins, je pourrais disparaître dans le noir
et me boucher les oreilles.
Je n'ai pas choisi d'être petite !
Si j'avais pu, j'aurais voulu être immense !
Grande comme une girafe !
Au moins, les grands et les gros,
on ne les embête pas autant... »

Un jour de grand vent, Lucie revenait de l'école,
le cartable sur le dos.
Elle marchait à petits pas serrés,
car elle avait peur de s'envoler !
Soudain, elle entendit un rire frais dans son oreille :
« Bonjour, Lucie. C'est moi, le Vent.
Veux-tu devenir grande, grande, grande ?
Veux-tu que je t'emmène faire un tour, tout là-haut ?
Toi, tu es légère comme un zéphyr. »
Lucie accepta et partit dans le ciel, tout en haut !
Tout ce qu'elle vit de là-haut était minuscule.
Le monde était gros comme un petit pois.
Il ne méritait pas un seul ourlet !
L'école était comme un trou de souris,
et la maîtresse était haute comme trois pommes.
Et elle, Lucie, était si grande, si haute !
Lucie continua à se promener,
jusqu'au moment où le Vent la déposa, hop !
tout délicatement sur son matelas de nuage.
« Salut, Lucie, fit le Vent
en lui soufflant une bise dans le cou.
Je viendrai te chercher
pour d'autres promenades. »

Pour la suite de l'histoire,
j'aurais bien aimé te dire
que Lucie avait grandi d'un seul coup.
Mais ça n'est pas tout à fait juste.
Lucie resta petite et légère.
Elle fit le tour du monde en montgolfière ;
elle se mit à peindre d'immenses tableaux
sur lesquels elle marchait pour se déplacer ;
elle apprit à jouer de la contrebasse,
et elle eut en tout sept petits enfants !
Ce qui, finalement, était autant d'occasions de devenir grande...

Fiche pratique : voir *Léon le petit rond*
Connexions : *Arthur aux grandes oreilles, Léon le petit rond, La Petite Sorcière et ses Lunettes magiques*

Léon le petit rond

Dans sa famille, personne ne le lui avait dit.
Mais Léon était maintenant assez grand
pour se voir et se juger dans la glace.
Et le résultat était là : il était un peu rond.
Au concours de bourrelets, pensait-il,
il aurait remporté haut la main la médaille d'or,
avec les félicitations du jury.
Dans ses rêves les plus sombres,
Léon s'imaginait en short
aux Jeux olympiques des costauds
en train de tâter ses huit bourrelets du ventre
(il les avait comptés).
Il imaginait le jury, composé de gros malabars,
lui tendre une coupe :
« Le vainqueur est... Léon le petit rond ! »
Il s'était mis à se détester
de la racine des cheveux jusqu'au petit orteil
(qu'il avait tordu),
en passant par son prénom qu'il jugeait horrible.
Quand il se croisait dans un miroir,
il se regardait bien en face
et il se tirait la langue : « Na ! »
Et, les yeux dans les yeux,

il se disait des choses terribles.
Il s'insultait, Léon !
« Gros lard ! Espèce de grassouillet de malheur ! »

Quand on est un peu fort ou différent des autres
et quand on est triste d'être différent,
tout le monde en profite.
Les copains aussi se moquaient largement de Léon.
Dans la cour de récré, on lui disait :
« Cours, Léon, ça te fera maigrir ! »
Tu le sais bien,
il suffit d'être un tout petit peu différent
(plus petit, plus grand, plus maigre ou plus gros)
pour se faire remarquer.
Ce que Léon redoutait, c'étaient les cours de gym
où il fallait se déshabiller pour se mettre en short.
Mais ce qu'il redoutait par-dessus tout,
c'était le moment où les capitaines
choisissent leurs équipes de foot.
Il était toujours le dernier à être choisi.
Lui et Hugo, le petit maigre à lunettes,
qu'on appelait « serpent à lunettes ».
Un maigre et un gros, ça faisait une drôle d'équipe !
En plus, il y avait toujours un moment
où la maîtresse disait :
« Il reste Léon et Hugo.
Qui choisit Léon ? Qui choisit Hugo ? »
Hugo, lui, rouspétait car, malgré ses lunettes,
il pouvait rouspéter :
« Je sais jouer, moi aussi !
Ce n'est pas parce qu'on porte des lunettes
qu'on ne sait pas shooter ! »
Léon ne disait rien.
Il ne pouvait même pas parler de cela ; ça l'embêtait trop.
Il ne prononçait plus jamais les mots « gros » ou « gras ».
Il les avait rayés de son vocabulaire
et rougissait quand on parlait de quelqu'un de costaud.
Car Léon faisait des complexes.

Comme ses copains sentaient que ça l'ennuyait,
ils le taquinaient encore plus.
Ça devenait infernal !
Une ou deux fois, Léon essaya de ne plus manger à midi.
Et à quatre heures, de retour à la maison,
il dévora les trois quarts d'une baguette avec du Nutella.
Le soir, Léon disait : « Non merci, je n'ai pas faim. Pas faim du tout, vraiment ! »
Et il se couchait le ventre vide.
Et il ne maigrissait pas !
Il essaya aussi de pincer ses bourrelets jusqu'à se faire mal.
Il se disait : « À force de les pincer,
ils finiront bien par disparaître ! »

Un jour, sa maman trouva Léon comme ça,
en train de pincer ses bourrelets,
de se tirer la langue devant la glace.
Elle sentit son cœur de maman se serrer
et les larmes lui monter aux yeux.
La maman de Léon avait de la peine.
Son papa aussi.

Un samedi, il attrapa un album de photos.
« Regarde, à dix-sept ans, comme j'étais !
J'étais tout maigre !
— Tu avais de la chance », soupire Léon.
Papa rit de bon cœur.
« Mais non ! J'étais maigre comme un cornichon ! Regarde !
D'ailleurs, on m'appelait "grand dadais",
ou "cornichon le maigrichon".
Ah, combien de fois j'ai entendu ça !
Et j'en étais très malheureux.
Je rêvais d'avoir des bourrelets, des biceps, des muscles partout.
Je me disais : "Les plus forts sont les plus costauds." »
Léon se mit à rire.
Alors, comme ça, les maigres voulaient devenir gros
et les gros voulaient devenir maigres ?
Papa dit encore : « J'ai mangé, mangé et encore mangé

jusqu'à en être malade.
Mais j'étais toujours "cornichon le maigrichon" !
Et un jour, j'ai pensé :
"Ce n'est tout de même pas les autres
qui vont décider si je suis trop petit et trop maigre ?
Moi, je suis juste bien, et mon corps est tout juste bien pour moi."
Si j'étais comme toi, je dirais que je suis costaud.
Jamais je penserais de moi :
"Je suis le plus gros"
mais "Je suis le plus fort".
Dis-toi bien ça dans ta tête, et tu verras :
tout le monde te voudra dans son équipe !
D'ailleurs, si on fait un bras de fer ensemble,
je suis sûr que tu vas gagner ! »

Léon écouta son papa.
Les autres pouvaient dire n'importe quoi,
il cessa de s'insulter devant la glace.
Il reprit ses jeux, ses rires,
et pensa : « C'est vrai que je suis costaud ! »
Les autres arrêtèrent de se moquer de lui.
Et tu sais quoi ?
Aux dernières nouvelles, Léon est devenu champion de foot !

Les enfants sont parfois cruels

Les enfants – on le sait bien – ne se font pas de cadeaux. Ils sont même parfois très cruels les uns envers les autres. Nous, les adultes, avons appris à ne pas nous moquer et à respecter les différences – le faisons-nous vraiment ? –, et surtout à ne pas nous esclaffer devant les petits, les gros, ceux qui louchent...

Pourquoi ?

Très tôt, les enfants ressentent le besoin de se mesurer les uns aux autres, de faire partie d'un clan. Dès l'école maternelle, vers 4 ou 5 ans, ils sont dans le moule. Ils veulent la paire de baskets griffées, le tee-shirt de telle couleur, les cahiers de telle marque... Bref, rapidement, ils en viennent à dépendre du regard de l'autre – ce qui rend les différences physiques d'autant plus visibles.

Dès les toutes petites classes, les enfants jouent à « faire la taille » (à se comparer face à la toise) : « Toi, t'es tout petit ! », « Regarde maman, il n'a pas grandi ! ».

Il faut savoir qu'en plus, les enfants ont un sixième sens pour percevoir la vulnérabilité d'autrui. Quand ils sentent que leurs flèches portent et que leur victime réagit au quart de tour, ils en rajoutent et se mettent parfois à plusieurs pour décocher leurs flèches. C'est ainsi que l'on fabrique des boucs émissaires et souffre-douleur.

Discutez-en avec lui

« Est-ce que tu te trouves différent(e) des autres ? Plus petit(e), plus maigre, plus gros(se) ? C'est normal, nous sommes tous différents. Certains ont des oreilles décollées, d'autres des dents en avant, d'autres encore des genoux rentrés, des petits doigts de pied tordus... Mais au cours de la vie, le corps se transforme. Tu connais l'histoire du Vilain Petit Canard qui s'est transformé en cygne ou de la chenille qui se transforme en papillon ?

Parfois, la différence se voit beaucoup, et les autres en profitent. Plus la différence est visible, plus on devient la cible des moqueries et quolibets. Tout simplement, parce que c'est facile. C'est même trop facile !

Souvent, les autres essaient de s'amuser entre eux, aux dépens d'un autre enfant. Souvent, ceux qui ne se sentent pas assez forts ou pas assez aimés des autres se croient obligés de faire cela. C'est une manière de rire ensemble, de constituer un groupe. Bien sûr, ce n'est pas gentil, mais ce n'est pas vraiment dirigé contre toi. »

Apprenez-lui que cette situation est temporaire. Au besoin dites : « Tu sais, ton papa était tout petit à ton âge, mais les choses évoluent plus vite que tu ne penses. Tu vas te mettre à pousser d'un seul coup ! »

Apprenez-lui également à ne pas prendre la mouche, à rester de glace face aux moqueries et à cultiver le sens de la répartie. Incitez-le à la « pensée positive » : « Ce qu'ils disent est idiot », « Si je ne réagis pas, ils arrêteront de se moquer de moi ».

Connexions : *Luciote la petiote, Arthur aux grandes oreilles, La Petite Sorcière et ses Lunettes magiques*

Le Grand Secret de Harry Souris

Toutes les nuits, dans la maison Souris,
il y avait de drôles de bruits.
Des bruits de pas de souris,
de gouttes d'eau qui tombent,
de frottements de serviettes...
Toutes les nuits, Maman Souris se retournait vers son mari :
« Entends-tu des bruits bizarres, là-haut,
dans la chambre des enfants ?
— Chut, grognait Papa Souris.
J'ai une réunion très importante demain. »
Et Maman Souris se retournait de l'autre côté
et retombait dans le sommeil.
Pourtant, Maman Souris, qui, comme toutes les mamans,
ne dormait que d'un œil,
finit par penser qu'il y avait un fantôme là-haut.
Quand les êtres humains entendent des bruits,
ils pensent aussitôt : « Ce sont des souris ! »
Mais quand ce sont des souris,
elles pensent aussitôt aux fantômes.
C'est comme ça.

Mais il ne s'agissait pas de fantômes.
C'était le petit Harry Souris de cinq ans qui,

toutes les nuits, à minuit moins dix, faisait pipi au lit.
Et toutes les nuits, Harry Souris se levait,
le pantalon gelé et la tête brûlante de honte.
Car il faisait pipi au lit, et ça lui faisait honte !
Il avait largement dépassé l'époque des couches, n'est-ce pas ?
Il avait tellement peur que l'on perce à jour son secret,
qu'il essayait de nettoyer lui-même le pipi.
Harry Souris se sentait peser trois tonnes,
à force de garder ce secret trop lourd pour lui
et de vivre différemment.
Il ne pouvait pas boire du sirop d'orgeat le soir
(ç'aurait été une inondation) ;
il ne pouvait même pas dormir chez ses copains !
Et toutes les nuits, c'était vraiment un bazar
pour continuer à camoufler « la chose ».
Harry se levait à pas de loup ;
il se dirigeait vers la salle de bains,
grimpait sur l'escabeau,
et attrapait trois ou quatre serviettes.
Il essayait d'absorber le pipi,
mais le pipi restait là, toujours là,
et il y avait cette odeur dégoûtante. Sale, sale, sale.
Harry Souris se lavait aussi, et puis il attrapait l'eau de Cologne
et il essayait d'en mettre sur le lit.
Ni vu ni connu pour l'odeur.
Oui, mais que faire du mouillé ?
Alors, pour camoufler l'humidité,
Harry Souris passait un coup de séchoir à cheveux sur les draps.
Ensuite, seulement, il se rendormait.

Un beau matin, au petit-déjeuner, Maman Souris déclara :
« C'en est trop. Je vais mettre un piège à fantômes dans le grenier. »
Et elle alla acheter un piège à fantômes au Grand Bazar.
La nuit d'après, à minuit moins dix,
le petit frétillement recommença de plus belle.
Tout doucement, Maman Souris grimpa l'escalier.
Quelle ne fut pas sa surprise quand elle vit Harry Souris
aller et venir, avec son flacon d'eau de Cologne,

son séchoir à cheveux, ses quatre serviettes,
et son petit tabouret !
Elle se recoucha, le cœur gros.
« Pauvre Harry, pensa-t-elle.
Il a honte de lui ; il pense qu'il fait une bêtise.
Que puis-je faire pour lui ? »

Le lendemain, après le petit-déjeuner,
Maman Souris chuchota à l'oreille de son petit Harry :
« Cher Harry, je te donne ce piège à fantômes.
C'est pour emprisonner la partie de toi,
celle qui t'empêche de te lever la nuit
et qui est un peu comme un fantôme
dont tu veux te débarrasser.
Oh, bien sûr, ça ne marchera pas du premier coup.
Et c'est normal. Il faut du temps pour kidnapper les fantômes,
pour que notre corps se réveille quand on veut qu'il se réveille,
pour que nos désirs coïncident avec notre volonté.
Ce petit piège, c'est notre secret à nous deux. »
Elle installa le piège à fantômes au-dessus de l'armoire.
Et juste au-dessous, elle plaça un petit pot de chambre
qu'elle avait rapporté du Grand Bazar.

Je ne connais pas vraiment la toute fin de l'histoire.
Mais j'imagine qu'il n'a pas fallu très longtemps à Harry Souris
pour cesser de faire pipi au lit.

Pipi au lit

À 3 ou 4 ans, l'enfant devrait être capable de maîtriser ses sphincters la nuit et de se lever pour se rendre aux toilettes. Pourtant, 20 % des enfants de 5 ans et 10 % des enfants de 6 ans font encore pipi au lit. Dans 60 % des cas, ce sont des garçons. On parle d'« énurésie primaire » quand l'enfant n'a jamais été propre la nuit et d'« énurésie secondaire » quand il recommence à mouiller son lit après avoir été propre. Certains font pipi au lit jusqu'à 12 ou 13 ans. Rassurez-vous, les cas sont assez rares et, surtout, cessent en général à l'âge de la puberté.

Des causes psychologiques

Existe-t-il des causes particulières et un profil psychologique de l'enfant énurétique ? On a pu dire que ces enfants étaient couvés, qu'ils se sentaient vulnérables, fragiles... Mais ce n'est pas toujours le cas !

Certains événements peuvent – on le sait – déclencher une énurésie secondaire. Parmi les plus connus : la séparation brutale du couple parental, la naissance d'un petit frère ou d'une petite sœur. Dans ce dernier cas, l'aîné(e) peut avoir soudain envie de redevenir bébé. Petite régression classique, disent les psychologues.

Que faire ?

Il faut éviter de faire boire l'enfant avant de se coucher et l'inciter à se rendre aux toilettes juste avant de dormir. Au besoin, réveillez-le doucement au moment où vous allez vous coucher afin qu'il fasse un dernier pipi.

Observez son attitude après. Est-il honteux, humilié, ou finalement un rien satisfait de vous voir vous occuper de lui, changer ses draps et le glisser dans un nouveau pyjama ? Ces « bénéfices secondaires » ne sont pas à sous-estimer. Peut-être retire-t-il quelques avantages de la situation ?

De façon générale, évitez bien évidemment les brimades, humiliations, et certaines réflexions désagréables formulées au cours de la journée. Évitez également d'être trop complaisant(e). Si vous ne protestez jamais, vous courez le risque de faire croire à votre enfant que vous êtes d'accord et qu'il est trop petit pour être propre. Et vous risquez de retarder son autonomie.

Si l'enfant a dépassé 10 ou 11 ans, demandez-lui gentiment de prendre en charge totalement le problème. À lui d'aérer sa chambre et de changer ses draps.

Discutez-en avec lui

« Harry est très malheureux de faire encore pipi au lit. Il veut conserver le secret, car, je crois, il a un petit peu honte.

Je crois qu'il aimerait beaucoup pouvoir se réveiller pour faire pipi dans le pot, mais quelque chose en lui l'empêche de se réveiller. Penses-tu que c'est parce qu'il veut rester toujours bébé ? Ou peut-être pour une autre raison ?

Harry est très malheureux, mais sa maman est aussi triste que lui de le voir ainsi. Elle, elle sait que Harry est vraiment grand, qu'il est capable de ne plus faire pipi au lit. »

Arthur aux grandes oreilles

Dans la savane, les éléphants ne restent jamais seuls.
Ils se promènent par troupes.
Chaque troupe d'éléphants est dirigée par un chef,
qui est généralement le plus vieux
(il porte de longues moustaches blanches
au-dessus de ses défenses,
et sa peau est cartonnée comme s'il avait vécu cent cinquante ans).
Les éléphants se retrouvent
selon la forme de leurs défenses,
la taille de leur trompe et la grandeur de leurs oreilles.
C'est assez pratique :
ça leur permet de se repérer dans la savane,
et ça leur évite de suivre n'importe qui.
Il y a la troupe des petites oreilles ou des grandes oreilles,
la troupe des éléphants de petite taille ou de grande taille,
la troupe des éléphants gris clair ou gris foncé,
la troupe des éléphants sans défense...
Et tous les éléphants d'une même troupe
se ressemblent comme deux gouttes d'eau.
Tous, sauf... Arthur.

Arthur était sorti du ventre de sa maman
avec deux immenses oreilles et une minuscule trompe.

C'était curieux, car son papa et sa maman
étaient pourvus d'oreilles jolies et petites.
C'est pourquoi la famille d'Arthur faisait partie
de la troupe des petites oreilles...
Mais la nature avait dû, quelque part,
se tromper un peu dans ses calculs.
Parfois, c'est comme ça.
Il avait beau être tout petit, on le voyait de loin, Arthur,
avec sa minuscule trompe et ses immenses oreilles.
Autour de lui, on se moquait
– car on se moque souvent de celui qui est différent :
« Attention, Dumbo ! Tu vas t'envoler !
— Salut, Arthur. Tu as sorti ton parachute ? »
Quand un danger menaçait et qu'il fallait courir,
on lui disait : « Décroche tes ailes, mon ange ! »
Devant toutes ces mauvaises blagues,
Arthur essayait de faire la sourde oreille
(c'est le cas de le dire).
Mais, pas de chance, à cause de ses oreilles,
il avait justement une ouïe extraordinaire.
Et il entendait des choses
qu'il aurait préféré ne pas entendre...
Arthur avait bien essayé
de replier un peu ses grandes oreilles
et, la nuit, de tirer comme un forcené sur sa trompe
en la coinçant dans la racine d'un palmier.
Mais les oreilles se dépliaient aussi sec,
et la trompe ne grandissait pas.

Un jour de grande moquerie, Arthur dit à sa maman :
« Je ne veux plus de ces oreilles-là.
Un docteur peut-il m'enlever tout ça ?
— Tu sais, on t'aime comme cela ! répondit sa maman
qui était triste de voir son fiston malheureux.
Les autres se moquent de toi parce qu'ils sont jaloux.
Ils sont jaloux parce que tu as l'ouïe fine
et que, grâce à tes oreilles, tu entends tout !
Tu sais, ça peut être très utile d'avoir une bonne oreille.

Généralement les éléphants sont sourds
comme des casseroles ! »
Et maman rit un peu trop fort.

Mais Arthur n'y croyait pas...
Il aurait préféré être totalement sourd
et n'avoir pas d'oreilles du tout !
Tout cela le rendait triste.
En plus de ses grandes oreilles et de sa minuscule trompe,
il avait maintenant un cœur lourd comme une pierre.
Et cela le rendait différent de tous ceux qui avaient le cœur léger.
Car il n'existait pas de troupe d'éléphants au cœur lourd.
Un jour, il cessa tout à fait de marcher avec sa troupe
pour cacher ses grandes oreilles et sa petite trompe.
À partir de ce jour, il évita de regarder son reflet dans la mare.
Il se cacha derrière le plus vieil arbre de la forêt
et n'en sortit pas.
« C'est trop difficile d'être différent », pensait-il.

Un matin, pourtant, derrière son arbre,
quelque chose résonna dans ses oreilles.
À des centaines de milliers de kilomètres de là,
c'étaient les pas des tigres d'Asie
qui se déplacent si légèrement sur leurs coussins roses.
Il entendit aussi quelques feulements :
les félins étaient prêts à l'attaque.
Arthur se mit à courir, de toute la force de ses pattes,
pour avertir le vieux chef aux moustaches blanches.
Avec ses petites oreilles, le chef n'entendait rien du tout...
Mais il lui fit confiance.
C'est ainsi que les éléphants échappèrent au massacre.
On décora Arthur d'une couronne,
et le chef le nomma son second.
Il était désormais devenu l'oreille de la savane.
Bien évidemment, plus personne, jamais,
ne se moqua des feuilles de chou du petit éléphant.
Bien plus tard, au cours d'une de ses promenades,
Arthur tomba amoureux d'une petite éléphante

avec une queue en tire-bouchon.
Ils eurent de jolis bébés qui ne ressemblaient à personne.
Et ils en furent si fiers
qu'ils fondèrent la troupe des « éléphants différents ».
Et, depuis ce jour, on trouva que tous ces éléphants
étaient si drôlement assortis dans leurs différences
que plus jamais on ne chercha à les assembler
selon la taille de leurs oreilles et la longueur de leur trompe.
Et tout le monde fut très content comme cela.

La différence

Nous vivons dans une société exigeante, où le souci de perfection est poussé à l'extrême et où la différence est sans doute de plus en plus suspecte et mal acceptée. Nous avons été bercés par le mythe de l'enfant parfait. L'enfant parfait est grand, costaud, intelligent, etc. Même *in utero* – vous devez certainement l'avoir remarqué –, on mesure le bébé ; on le place dans une courbe ; on le « norme ». C'est déjà le début d'une sélection par la différence. Et là, il ne s'agit pas des enfants : ce sont les adultes qui ont construit ce « meilleur des mondes » !

La différence : complexe de l'enfant ou des parents ?

Même si les enfants ne se font pas de cadeau dès le plus jeune âge, c'est surtout à partir de l'école élémentaire, au moment où le contact avec les autres devient primordial, qu'ils peuvent se sentir gênés par leur différence.

Cela dit, la manière dont l'enfant va supporter sa différence dépend aussi de la façon dont les adultes – et en particulier ses parents – la supportent. Est-ce une broutille ou une blessure narcissique pour eux ? Les nutritionnistes voient de nombreuses mamans arriver en consultation avec leur fillette de 8 ou 9 ans qu'elles jugent un peu ronde...

De la même manière, certains n'arrêtent pas de mesurer ou de peser leur bout de chou. Il faut absolument lâcher du lest, sinon la petite différence se transformera en un énorme complexe.

Discutez-en avec lui

« On s'imagine que tout le monde se ressemble. C'est faux ! Le monde est composé de gens différents. On peut être de couleur noire, blanche ou jaune. Et même quand on est de race blanche, la peau peut être plus ou moins blanche, plus ou moins rose.

Il y a des grands, des petits, des gros, des maigres ; des gens avec des petits pieds, des grands pieds, des petits nez, des grands nez ; des enfants doués en dessin, d'autres en gymnastique, certains qui savent lire à 4 ans, et d'autres à 7... (On n'aurait pas assez de tout ce livre pour évoquer toutes les différences qui existent sur la Terre.) Parfois, la différence est plus visible, comme pour Arthur et ses grandes oreilles. Et là, les autres en profitent. Pourquoi ? Parce que, bêtement, on se moque de celui qui ne nous ressemble pas. Et ça n'a aucun sens puisque le monde, l'univers entier, est fait de choses différentes !

C'est difficile d'être différent. Mais c'est ce qui fait notre personnalité. T'es-tu toi aussi senti(e) différent(e) des autres ? Est-ce qu'on a pu te le faire remarquer, et pas très gentiment ? Pour te défendre, tu peux répondre par exemple : "Oui, je suis plus petit(e). Et alors ? Je suis le (la) plus futé(e)", etc. »

Connexions : *Le petit garçon qui voulait être quelqu'un d'autre, Luciote la petiote, Léon le petit rond, La Petite Sorcière et ses Lunettes magiques*

13

Histoires d'émotions

Comment tuer un monstre

Julien est tout triste.
En vacances chez sa grand-mère à Pornic,
il vient de faire un terrible, un énorme caprice.
Il s'est mis à tempêter, à pleurer, à hurler,
à sangloter, à trépigner.
Maintenant, dans sa chambre, allongé sur son lit, il boude.
Contre quoi ? Il ne sait plus.
Contre lui-même sans doute.
Mais voici grand-mère
avec un drôle de sourire et un drôle de petit livre dans les mains.
C'est un livre vert dragon, avec une couverture
recouverte de poussière.
« *Manuel du tueur de monstres* », lit-elle.
Les yeux de grand-mère brillent.
« Mon grand-père à moi – c'est-à-dire ton arrière-arrière-grand-père –
était un tueur de monstres. »
Et grand-mère chuchote :
« C'est un secret entre nous.
Tu ne le diras à personne, n'est-ce pas ?
Quand j'étais petite, poursuit-elle,
il m'a appris à tuer les monstres.
Aujourd'hui, le moment est venu de te transmettre ce secret. »
Les yeux de Julien brillent

pendant que grand-mère tourne délicatement les pages
fines comme de la dentelle.

Chapitre 1 : Comment reconnaître un monstre

« Mon grand-père, explique grand-mère,
disait que les monstres n'existaient pas hors de nous.
Ni dans les forêts, ni dans les parcs, nulle part.
Ils sont à l'intérieur de nous.
Ils dorment en nous et, hop ! à la moindre occasion,
ils ne demandent qu'à sortir, hurler, trépigner.
Avant de pouvoir les tuer,
il faut savoir les reconnaître.
Voici une petite liste établie par mon grand-père.

Le Monstre Peur : il est verdâtre, il a les jambes molles, de grandes dents qui claquent, et des chocottes partout. On le rencontre pendant l'orage, quand le ciel lance des éclairs, quand on est en bateau et que la mer se déchaîne, quand on doit sauter un précipice ou, la nuit tombée, quand on traverse une forêt.

Le Monstre Angoisse : il a du noir dans la tête, la gorge serrée, le dos voûté. On le rencontre parfois la nuit, seul dans son lit. C'est lui qui vient transformer les jolis rêves en cauchemars. On le rencontre parfois quand on est seul, quand on s'ennuie, et parfois pour rien du tout.

Le Monstre Colère : il est rouge, jaune, vert, bleu, et ses yeux lancent des éclairs. Un vrai dragon ! Il sort à la moindre occasion : quand un copain te prend ton jouet, quand tes parents ne tiennent pas leurs promesses, mais aussi quand tu n'as pas assez dormi...

Le Monstre Caprice : il est rose bonbon, il pleure comme un bébé. Je crois qu'il boit au biberon et qu'il fait pipi au lit, dit grand-mère en chuchotant.

Le Monstre Tristesse : il a le cœur gros et il pleure beaucoup. On le rencontre parfois quand on quitte un copain, quand on déménage loin, quand on dit au revoir à ses parents. (Grand-mère baissa la voix.) Quand quelqu'un meurt, aussi.

Ah ! j'oubliais le Monstre Envie.

Le Monstre Envie : il a des yeux qui fouinent partout et des mains gigantesques, pour attraper tout ce qui lui passe par la tête. Il préférerait être le Monstre Colère ou le Monstre Caprice. N'importe qui, mais quelqu'un d'autre. Au fond, il est bien à plaindre, ce pauvre monstre, car il ne s'aime pas du tout. »

Grand-mère s'arrêta un moment de lire.
« En connais-tu d'autres ? »
Julien réfléchit :
« Tu as oublié le Monstre Ennui.
— Oh, oh, fit grand-mère. Bien sûr, où avais-je la tête ?
Le Monstre Ennui est tout gris et tout rabougri dans son coin. Il n'a envie de rien faire. Et parfois il se transforme en Angoisse ou en Caprice. Est-ce que toi tu connais beaucoup le Monstre Ennui ?
— Oui, dit Julien, qui n'avait pas de frère ou de sœur et se plaignait de s'ennuyer souvent.
— Eh bien, je vais te dire comment tuer tous ces monstres... »
Et, de sa petite voix pointue, grand-mère continua à lire.

Chapitre 2 : Comment rétrécir un monstre
« Pour tuer un monstre, il ne faut pas le décapiter.
Le mieux est de le rétrécir jusqu'à le transformer en poussière.
C'est le seul moyen d'en venir à bout. »
Et grand-mère poursuivit sa lecture.
« Pour réduire un monstre en poussière, il faut :
premièrement, le regarder droit dans les yeux ;
deuxièmement, le contempler avec un petit demi-sourire tranquille, et même un éclat de rire ;
troisièmement, lui parler doucement et gentiment surtout. Car, si on élève la voix, le monstre se met en boule comme un hérisson et tu ne peux plus rien obtenir de lui.
Il faut lui dire :
"Cher Monstre Caprice, je sais que tu veux m'embêter.
Mais – tu vois – j'ai sorti mon épée, je ne risque rien."
Après avoir suivi toutes ces étapes,
tu verras ton monstre se dégonfler comme un pneu crevé !
Et rétrécir jusqu'à disparaître.
Sache, ajouta grand-mère,
que la capacité à tuer ses monstres augmente avec l'âge.
Autrement dit, plus on est petit, plus c'est difficile.

Pour les grandes personnes, qui ont un peu plus de sang-froid, c'est plus facile de rétrécir les monstres. »

Grand-mère soupire :
« C'est ça aussi, vieillir.
— Ah ? demande Julien.
Et toi, grand-mère, tu n'as plus du tout, du tout de monstres ?
— Bien sûr que si, mais je les tiens à distance ! fait grand-mère, en faisant mine de sortir son épée. Gare à eux s'ils arrivent ! »
Grand-mère s'arrête.
Julien a bien compris de quel monstre il s'agissait.
« Attends, attends ! dit grand-mère, de sa petite voix flûtée.
L'histoire n'est pas terminée. Il reste un dernier chapitre. »

Chapitre 3 : Le retour des monstres
Grand-mère poursuit sa lecture :
« Après avoir tué ton monstre,
ne t'imagine pas que tu as gagné à jamais.
Ça, non ! Ça serait trop facile !
Le monstre peut toujours revenir.
Un joli petit train bleu te plaît chez un marchand de jouets ?
Voilà le Monstre Envie qui frétille au fond de toi.
Tu es tout seul, dans le jardin public,
tu ne connais pas le jeu auquel les enfants jouent ?
Et hop ! voilà le vilain Monstre Tristesse qui s'agite en toi.
Envie de bonbons avant le dîner ? Et hop !
le Monstre Caprice pointe le bout de son vilain nez.
(Grand-mère baisse la voix.)
Les monstres reviennent souvent, il faut le savoir.
Mais le principal, c'est de toujours essayer de les tuer.
D'être comme le chevalier des monstres,
de toujours, toujours avoir ton épée, là, avec toi
même si l'épée est très lourde à porter.
Et de lui dire :
"Salut, monstre, rentre chez toi,
Car je ne veux pas de toi ici !" »

Grand-mère ferma délicatement,
le plus doucement possible le petit livre.
« Et voilà. C'est tout ce que m'a raconté mon grand-père.
Sauras-tu t'y prendre, maintenant, avec les monstres ? »
Julien hocha la tête, ravi.
Il allait dorénavant – c'est certain – devenir un grand chasseur.
Le plus grand que la Terre ait connu !

Les caprices, les colères, les envies...

Difficile à notre époque de surconsommation de ne pas être tenté par une voiture, un bibelot ou un CD. Les enfants, qui ne savent pas encore gérer leurs frustrations, résistent peu aux tentations. Et tous les parents qui sont allés faire des courses avec leur bambin le savent bien !

L'éducation du désir

Si l'on cède immédiatement aux caprices de l'enfant, on ne lui fait pas comprendre l'importance de son désir. « Il y a une éducation au désir, et elle est fondamentale, analyse la psychanalyste Christiane Olivier. Aujourd'hui, de nombreux parents n'osent plus s'opposer à leur enfant, lui dire « non », repousser ses demandes. C'est pourtant indispensable ! Si on ne s'oppose jamais à lui, l'enfant ne prend pas conscience de la valeur de son désir. Ça nous donne des générations d'enfants mous qui ne savent pas quoi faire, qui, à l'adolescence, s'éternisent chez leurs parents, sans savoir quelle profession ils vont faire. »

Si vous faites des courses avec lui, soyez clair(e) dès le départ : « Je n'ai pas de sous pour ça. Tu regardes, mais je ne t'achète rien. »

Face aux demandes incessantes et répétées, ne faiblissez pas. Ayez un ton très déterminé car, s'il sent le moindre doute dans votre voix, il va vous harceler jusqu'à obtenir l'objet.

Paradoxalement, sachez que l'enfant est malheureux quand on donne suite immédiatement à son désir. Comment ne serait-il pas déçu ? On a transformé son désir, l'objet de sa convoitise, en banal objet. En cinq secondes, en « achetant » son désir, on passe du fantasme à la réalité. Laquelle est forcément décevante car, comme on le sait, le plus bel objet du monde ne peut donner que ce qu'il a ! Après l'avoir tripoté, mangé, regardé sous toutes les coutures, il voudra sans doute autre chose.

Dans *Tout est langage*, Françoise Dolto évoque le cas de « l'enfant aux bonbons ». L'enfant qui demande un bonbon le fait très souvent pour qu'on lui parle, pour quêter de l'amour et de l'affection. « C'est très intéressant, écrit Dolto, de voir que, si on dit à l'enfant : "Ah, et comment il serait, ce bonbon ? Il serait rouge ?", on en parle [...], on parle du goût du bonbon selon sa couleur, on peut même dessiner des bonbons, l'enfant oublie que c'est un bonbon qu'il voulait manger. Mais quelle bonne conversation il a eue autour des bonbons ! Quel bon moment on a passé ! » L'enfant a dégusté ses bonbons imaginaires.

Dans le même état d'esprit, observez un enfant de 5 ou 6 ans plongé pendant des heures dans les catalogues de jouets. N'est-ce pas déjà le suprême plaisir, ces moments de pur rêve ?

Proposez-lui de retenir l'idée : « C'est vrai, c'est très joli. Je m'en souviendrai pour ton anniversaire ou pour une autre occasion. Toi aussi, essaie de te rappeler... » Quand vous vous promenez au supermarché avec lui ou que vous passez devant un magasin de jouets, il a déjà plaisir à « retenir » l'idée, c'est-à-dire à la ranger dans son magasin à lui de désirs secrets. Désirs qu'il pourra ressortir, déguster, auxquels il pourra rêver sans fin... Du moins jusqu'au jour de son anniversaire ou de la « surprise » que vous avez décidé de lui faire.

Petit point sur les colères

Si les colères sont une caractéristique des enfants de 2 ans, elles se poursuivent un peu plus tard, jusqu'à 5-6 ans. Bien sûr, elles se déclenchent souvent dans les magasins, au parc, au square, dans un lieu public où les enfants savent bien que nous sommes plus vulnérables qu'à la maison.

T. Berry Brazelton, professeur à la faculté de Harvard, explique comment réagir face à une colère. D'après le célèbre pédiatre, le mieux est de l'ignorer superbement. Difficile, certes, mais « les parents prolongent souvent la crise en essayant d'y remédier[1] ».

Autre attitude : si la colère survient dans un magasin, « prenez l'enfant et renoncez à faire vos courses, suggère Brazelton. Revenez vers la voiture (ou dans la rue), et laissez-le se défouler en toute sécurité. Ensuite, prenez-le dans vos bras et compatissez. Dites-lui : « C'est terrible d'être en colère, n'est-ce pas ? »

1. *Op. cit.*, p. 127.

Discutez-en avec lui

« Julien vient de faire une colère parce qu'il avait envie de quelque chose. Réfléchis : plus on voit de jouets, plus on en a envie, n'est-ce pas ? Ça t'est sans doute arrivé d'avoir envie de trois, six, douze, quinze jouets à la suite. Il y en a tellement ! Mais il est impossible de les posséder tous. On est obligé de choisir.

Quand tu sens que le monstre va sortir de toi, essaie de faire comme Julien. Est-ce que tu veux devenir toi aussi un grand chasseur de monstres ? »

Pomme qui vivait dans un monde tout rond

(Cette histoire peut être lue pour accompagner les thèmes de la mort, la vieillesse, la maladie des parents ou la séparation.)

C'est l'histoire d'une petite chatte qui s'appelait Pomme.
Sa maman l'avait appelée Pomme
car elle rêvait d'un monde tout rond,
brillant, simple, parfait et plein comme une pomme.
Le papa Chat et la maman Chatte
prétendaient que la Terre était ronde comme une chanson.
Et tout le monde était content comme cela.
Dans la famille de Pomme, on n'appelait pas un chat « un chat ».
Il y avait des mots autorisés
et des mots non autorisés.
On ne disait jamais, par exemple : « mort », « mauvais »,
« pipi », « écrasé », « cauchemar » ou « dispute ».
Et encore moins : « noyade », « chat perdu sans collier »
et tous les mots qui, d'après eux, faisaient mal.

Un jour, dans la famille de Pomme, un drame survint.
Le petit frère de Pomme se noya dans un lac.
Ce sont des choses qui arrivent chez les chatons.

Et c'est toujours beaucoup, beaucoup de tristesse,
pour ceux qui perdent ainsi un petit chat.
Bien sûr, les parents ne dirent rien à Pomme.
Comment aurait-on pu le lui dire ?
Il aurait fallu pour cela utiliser les mots non autorisés.
Et sa maman, comme toutes les mamans,
voulait la préserver de tous les malheurs de la Terre.
Quelle maman souhaiterait faire du mal à son enfant ?

Le problème, c'était ce silence, ce silence terrible
que Pomme reniflait dans tous les coins de la maison
depuis la mort du petit frère.
Ce n'était pas un silence léger de printemps.
C'était un petit vent glacé et immobile,
un silence d'hiver qui soufflait sans bruit.
Le papa de Pomme soupirait et pleurait.
De temps en temps, le papa et la maman se mettaient à chuchoter.
Et quand Pomme arrivait, sur ses coussinets roses,
silencieuse comme tous les chats, elle entendait :
« Chut ! Tais-toi ! Pas devant la petite ! »
Et hop ! le monde entier retombait dans le noir.

Bien sûr, Pomme se demandait :
« Qu'est-il arrivé à Chaton ? Va-t-il revenir ?
Qu'est-ce que j'ai fait de mal ? Est-ce que, moi aussi,
on va m'enlever ? »
Et surtout, il y avait cette question, terrible :
« Est-ce de ma faute ?
Peut-être est-ce moi qui ai fait disparaître mon petit frère ? »
Car Pomme comme tous les enfants avait été très jalouse
de son petit frère.
À force de retourner la question dans sa tête de chatte,
elle en était sûre, persuadée, Pomme :
c'était elle qui l'avait fait disparaître.
Tout ce grand trou noir des questions sans réponses,
ce grand trou noir du silence, envahit sa poitrine.

Pomme tomba malade, fit des cauchemars.
Et elle refusa de manger.

Les parents se disputèrent comme des chats en colère.
Et ça sifflait, ça sifflait, dans la maison !
Tout le monde se donnait des coups de pattes :
« Tu as dit quelque chose à Pomme !
Tu m'avais promis de ne rien lui dire.
— Non ! Je ne lui ai rien dit ! C'est toi ! »
Personne n'avait rien dit à Pomme
et ils ne savaient pas que Pomme, elle,
attendait qu'on lui dise quelque chose.
Et dans ses cauchemars,
Pomme disait : « Je veux savoir, je veux savoir ! »
Et au-delà de ces paroles, elle voulait dire :
« Le monde n'est ni rond, ni lisse, ni brillant, ni plein...
Dites-moi la vérité sur mon petit frère. »

Un jour où elle fut vraiment malade de fièvre,
elle osa (peut-être grâce à la température ?) parler à sa maman :
« Maman. Dis-moi la vérité. Est-ce que Chaton est mort ?
Est-ce qu'il reviendra ? »
Sa maman, bien sûr, en fut terriblement,
horriblement surprise.
Comment cela ? Elle qui avait fait attention à préserver
sa petite Pomme,
à l'éloigner de toutes ces choses terribles...
Bien sûr, la maman de Pomme essaya de parler,
de trouver les mots pour expliquer.
Ce fut long et difficile,
et plein de tâtonnements,
comme de retrouver le fil d'une bobine tout emmêlée.
Mais elle lui dit que le petit chaton imprudent était mort.
Et qu'il ne reviendrait plus jamais.
C'était arrivé comme ça ;
ce n'était de la faute de personne.
Et surtout pas de sa faute à elle, Pomme !
Alors, Pomme sentit qu'une grande lumière entrait dans son cœur.

Et Pomme poursuivit, tout heureuse :
« Ainsi, maman, tu m'aimes ?
Tu m'aimes tant que tu me dis le vrai de vrai, la vérité vraie ? »

Depuis ce jour, il n'y eut plus jamais
de mots autorisés et de mots interdits.
Dans la famille de Pomme, on utilisa à nouveau
les mots non autorisés.
Ils étaient nécessaires,
comme de boire, manger, jouer.
On ne se sentait pas forcément plus heureux,
mais on se sentait plus léger.

Dire la vérité aux enfants

Le désir de protéger ses enfants est un sentiment universellement partagé par les parents. Doit-on pour autant les laisser vivre dans un monde faux, aseptisé ? Bien sûr que non.

Les enfants et leur sixième sens

Si les enfants sont de grands amateurs de rêveries et de mythes, de fées et de farfadets, ils ne mordent pas toujours à l'hameçon quand on leur raconte des mensonges. Françoise Dolto écrivait : « Dans une maison, les enfants et les chats sont toujours au courant de tout. » Si le grand-père est mort et que personne ne le lui dit, l'enfant verra tout le monde soupirer, quelques larmes couler, et il va forcément interpréter ces signes à sa manière.

Il suffit de quelques mots pour expliquer : « Je suis triste, car ton grand-père est très malade. » Il ne comprendra peut-être pas les mots, mais il percevra l'intention. Il saura que, si papi est malade, ça n'est pas de sa faute. Car les enfants sont toujours prêts à sauter à pieds joints dans la culpabilité.

À savoir : avant l'âge de 6 ans, il lui est plus facile de supporter un deuil ou une maladie. À partir de 6 ans, la croyance en certains mythes (fées, lutins, farfadets, Père Noël, etc.) commence à s'effriter. Votre enfant entre dans le monde des grands : il réalise alors l'amplitude de la nouvelle.

Comment va-t-il réagir ? Il peut retourner tranquillement bricoler ses Lego, ou vous dire : « Maman (papa), j'ai faim. Est-ce que je peux prendre un gâteau ? » C'est une attitude d'autoprotection contre la souffrance. Il est préférable de ne pas trop insister. Vous en reparlerez un autre jour.

Discutez-en avec lui

Si vous lui avez caché ou lui cachez encore une vérité difficile à avaler : « Est-ce que tu t'es senti(e) parfois comme Pomme ? As-tu cru quelquefois que quelque chose de grave était arrivé par ta faute ?

Pomme est contente parce que sa maman lui dit la vérité. C'est pour elle comme une preuve d'amour, et elle a raison. Il faut dire la vérité aux gens que l'on aime. Seulement, parfois, c'est très difficile. On est maladroit, on voudrait protéger ses enfants. On aimerait tellement ne leur dire que des choses agréables, belles ! Mais la vie n'est pas comme cela. Il arrive parfois certaines choses plus difficiles que d'autres. »

Dites-lui également : « Si tu veux m'en parler ou me poser des questions, je serai toujours là pour te répondre. »

Connexions : ***Grand-Père Souris est mort, Amadou le petit Africain, Le Gros Mal de ventre du roi Dur-à-cuire, Noémie et son Arrière-Grand-Mère***

Histoire de Joé le grincheux

Il s'appelait Joé et il était très grincheux.
Il pleurait tant et si souvent
que ses yeux s'étaient mis à pencher
comme deux valises pleines de larmes.
À la moindre occasion, Joé pleurait.
Quand la maîtresse lui donnait un feu orange
à la place d'un feu vert,
quand on refusait de lui acheter une glace,
quand il fallait aller au bain, sortir du bain,
se rendre à table ou aller au lit,
il trépignait, pleurait, grinçait des dents !
À l'école, Joé était souvent seul.
Personne ne venait le chercher
pour disputer une partie de foot ou jouer aux billes.
« S'il perd, Joé va encore pleurer », pensaient ses copains.
Donc, Joé s'ennuyait.
Il allait à l'école en pleurant ; il rentrait à la maison en pleurant.
Si on avait compté ses larmes,
sûr qu'on serait arrivé à des millions et des milliards de larmes,
et encore plus !
Sans doute l'équivalent de l'Océan.

Sa maman l'emmena chez le médecin,
mais tout était normal.
« Hmm, fit le docteur, le fonctionnement lacrymal est correct.
Ça lui passera avec l'âge. »
Mais rien ne passait.

Un jour de printemps, dans la cour de récré,
le grand Pierre, le plus grand de la classe,
se planta devant Joé.
Joé se retrouva bientôt prisonnier au milieu d'une ronde.
Une ronde d'enfants qui criaient : « Jo-é bébé ! Jo-é bébé ! »
Et ça ne fit ni une, ni deux... Joé éclata en sanglots.
Et la ronde d'enfants se mit à crier :
« Jo-é le grincheux ! »
Joé s'échappa de la ronde
et se mit à courir à toutes jambes...
de telle sorte qu'il se retrouva dans la forêt,
dans un endroit qu'il ne connaissait même pas.
Il marcha encore, tant et si bien qu'il arriva près d'un étang.
Et le spectacle était si beau,
avec le soleil, le vent si doux et le chant des oiseaux,
que Joé se mit à pleurer.
Cela fit comme une petite flaque à ses pieds.
Et soudain, Joé entendit, de très loin : « Joie ! Joie ! »
Qui osait se moquer de lui ?
Il pleurait, et voilà qu'on l'appelait « Joie » ?
Joé tendit l'oreille. La voix venait de l'étang !
Il se pencha au-dessus de l'eau tranquille...
et là, il le vit.
Derrière son visage plein de larmes,
il vit, très nettement, un autre visage, dans l'eau.
Celui d'un petit garçon qui souriait.

« Que fais-tu ? Qui es-tu ? interrogea Joé, très surpris.
Est-ce que tu habites dans l'eau ? »
Le reflet du petit garçon
se mit à se brouiller par cercles
comme si on y avait lancé un petit galet.

Joé se frotta les yeux.
« Ne bouge pas tant ! Je ne vois rien !
— Je bouge parce que je réfléchis, dit le petit garçon.
À dire vrai, je n'ai pas de nom.
Il est possible que je m'appelle "le petit garçon de l'étang",
voilà tout. »
Joé sentit que le petit garçon le regardait avec attention :
« Tu sais, tout à l'heure, l'eau de l'étang était très salée.
Je l'ai bien senti, j'ai bien failli mourir !
Voulais-tu m'empoisonner ? »
Joé ouvrit grand les yeux :
« Bien sûr que non !
— Les larmes, pour moi, c'est du poison,
ajouta le petit garçon de l'étang.
Je vais te dire un secret :
quand tu pleures, tes larmes s'écoulent directement dans l'étang.
Et je m'enfonce un peu plus profondément dans l'eau salée.
Mais quand tu ne pleures pas, je suis heureux. »
Et le petit garçon reprit :
« Les larmes, c'est du poison.
C'est à force de pleurs que l'on fait mourir les étangs. »

Quand Joé rentra à la maison ce jour-là,
son visage était illuminé par un grand sourire.
« J'ai un nouvel ami », dit-il à sa maman, tout simplement.
Joé ne parla pas de sa rencontre
avec le petit garçon de l'étang.
Il avait peur de le faire disparaître.

Les choses changèrent.
Quand il avait envie de pleurer, désormais,
il entendait le rire de cristal du petit garçon de l'étang.
Alors, il choisissait plutôt de sourire.
C'était tellement plus simple !
Il suffisait de le vouloir...
Depuis, Joé se fit beaucoup d'amis.
« Joé a beaucoup changé, dit son papa un soir.
— Je crois tout simplement qu'il a grandi », répondit sa maman.

Les pleurs et jérémiades

Pourquoi les enfants geignent-ils sans raison apparente, alors qu'ils sont nourris, qu'ils ont leur lot de câlins et ne sont pas fatigués ? Peut-être pour attirer l'attention sur eux...

Que faire ?

Veillez à ne pas monter en épingle ses pleurs et grincements de dents. Occupez-vous de lui autant quand il est gentil que quand il gémit... Proposez-lui un jeu, même quand il est calme. Si vous ne daignez sortir de votre tour d'ivoire qu'aux moments où il vous met les nerfs à vif, il va rapidement acquérir le réflexe : « pleurs » égalent « attention et regard de maman/papa ».

Évitez de vous lamenter vous-même et de récriminer contre votre travail, votre belle-mère et l'univers entier. Souvent, les adultes se demandent « ce qu'ils ont fait au Bon Dieu pour avoir un enfant pareil », sans se rendre compte qu'ils fournissent directement à leur enfant le mauvais exemple.

Discutez-en avec lui

Soulignez les moments où, précisément, il ne pleure pas. Félicitez-le et remerciez-le pour ses sourires.

Expliquez-lui clairement comment il doit parler ou demander quelque chose, c'est-à-dire sans gémir. Répétez-le-lui jusqu'à ce qu'il comprenne.

Autorisez-le à pleurer uniquement dans sa chambre et pas ailleurs. Et s'il commence à pleurer ou à hurler, envoyez-le dans sa chambre. Dites-lui : « C'est dommage, tu te remets à pleurer. Rends-toi dans ta chambre immédiatement, car je ne supporte pas tes cris. Tu n'as pas à m'imposer cela. Tu reviendras quand tu seras calmé(e). »

Le Petit Souci d'Ivan le Terrible

Les plus gros requins sont les requins bleus du Pacifique.
Ivan le Terrible était l'un d'entre eux.
On l'appelait « le Terrible » à cause de son aileron pointu
comme une dague,
de ses flancs ronds et musclés.
Et surtout de ses dents longues et acérées,
qui déchiquetaient comme personne
et brillaient comme des poignards.
Ivan le Terrible, qui n'était qu'un enfant requin,
aimait beaucoup jouer à faire régner la terreur
dans les eaux chaudes du Pacifique.
Mais ce qu'il aimait par-dessus tout,
c'était contempler sa puissance dans les reflets de l'eau,
et surtout ses dents qui le rendaient fort et puissant.
Quand ça lui chantait, c'est-à-dire toutes les deux minutes environ,
Ivan pourchassait un banc de petits poissons,
faisait la nique au poisson-clown,
croquait une anguille des mers
et s'offrait une murène au dessert.

Un jour, en mastiquant un petit poisson,
Ivan le Terrible s'aperçut
que quelque chose bougeait dans sa bouche.

Il y passa sa langue de requin.
Horreur : une de ses superbes dents bougeait !
Comment était-ce possible ?
Pendant une minute, Ivan le Terrible
eut l'impression de tomber dans un grand trou noir,
le trou noir de l'angoisse.
C'était un cauchemar :
il imagina qu'il allait perdre ses dents les unes après les autres,
qu'il allait être édenté comme un vieux papi !
Du bout de sa langue de requin, il effleura ses autres dents,
les unes après les autres. Non, elles ne bougeaient pas.
Mais celle-ci qui tremblait, comment allait-elle tomber ?
Allait-il saigner à gros bouillons ? Cette dent allait-elle le torturer,
lui faire un mal de chien ou de requin ?
« C'est juste une dent, une dent de lait, expliqua sa maman.
Elle va tomber, et ensuite, tu auras tes dents de gros requin adulte.
Ne t'inquiète pas ! On ne sent rien.
Tes prochaines dents ne tomberont pas,
elles seront encore plus solides.
Allez, va jouer, maintenant ! »

Mais le bébé requin bleu du Pacifique était vert de trouille.
Vert-de-gris pour un requin.
Il imaginait des scènes sanguinolentes.
La nuit, il faisait des cauchemars terribles,
où il se réveillait sans une quenotte, la bouche nue et sans défense.
C'étaient des cauchemars où toutes ses dents
dansaient la gigue en même temps.
« Un grand requin comme toi ! plaisanta sa maman.
Te laisser embêter par une quenotte de rien du tout !
Tu n'as pas honte ! »
Non, Ivan n'avait pas honte.
Il découvrait simplement ce qu'était un souci,
un petit quelque chose qui vient vous embêter
au plus profond de vous-même.
Et qui ne vous laisse pas une seconde de répit.
C'était une toute petite dent de rien du tout,
qui prenait toute sa force de requin !

Ivan le Terrible en oubliait même de faire le beau,
au beau milieu de l'Océan.
Il ne savait plus pourchasser les bancs de poissons,
ni faire la nique au poisson-clown,
ni croquer par hasard quelques anguilles croustillantes.
Tous les petits poissons s'en souviennent encore
de ces temps où Ivan le Terrible n'était plus à craindre !
Ses beaux flancs musclés se mirent à pendouiller.
Ivan le Terrible maigrissait.
Il resta prostré derrière son rocher
où il déposa une pancarte : *Mon Beau Souci*.
« Comment peux-tu parler de SOUCI ? rigola sa maman.
Le *souci* est un mot de grands requins.
Le souci, c'est par exemple n'avoir pas un poisson
à se mettre sous la dent ;
c'est se faire attaquer par un fusil sous-marin.
Des choses bien plus graves que des dents de lait qui bougent ! »
Ivan le Terrible ne répondit rien.
Au fond de lui il pensait : « C'est faux.
Tout le monde a des soucis,
les enfants et les adultes. »
Il savait qu'il avait raison.
Les enfants ont aussi des soucis ;
les bébés requins ont des soucis ;
même les bébés ont des soucis
quand ils ont mal au ventre et qu'ils pleurent.

Tu connais la suite de l'histoire ?
Ivan le Terrible perdit sa dent un matin, en plongeant.
Et ça ne lui fit aucun mal.
Il l'enterra dans le sable, comme on le fait chez les requins.
Derrière, l'autre dent avait déjà commencé à pousser.
Ivan le Terrible eut ainsi ses nouvelles dents
encore plus solides et plus belles que les premières.
Par la suite, il connut aussi d'autres soucis,
d'autres préoccupations.
La peur du fusil sous-marin des hommes,
des courants contraires,

et tout ce qui fait la vie des requins.
Mais, curieusement, il pensa toujours à son premier souci.
Quand quelque chose l'inquiétait, il se disait :
« Patience, Ivan, mon grand !
Ton souci va disparaître comme ta première dent !
Ensuite, tu l'enterreras dans le sable. »
Il se disait aussi : « Les soucis, ça va, ça vient.
Ça passe comme une dent qui tombe. »
Il se disait encore :
« Ce n'est pas un petit souci qui va manger un gros requin ! »
Et il se rendormait tranquille comme Baptiste.
Et ainsi, Ivan le Terrible comprit qu'on était toujours plus grand, bien plus grand que son petit souci.

Connexions : *Histoire de la petite boule de tristesse, La Princesse Coquelicot sourit trop !*

Les soucis

Première lecture : la peur des dents qui tombent et des dentistes

La chute des dents serait, dans l'imaginaire, liée à la perte de puissance. Certains enfants s'angoissent à l'idée de perdre leurs dents de lait. N'est-ce pas un premier deuil, une première concession faite au monde des adultes ? C'est peut-être pour cela que le mythe de la petite souris est essentiel : elle fait « passer la pilule » et replace toutes ces histoires dans le monde magique de l'enfance.

Bien entendu, pour éviter d'augmenter son angoisse, ne le pourchassez pas en examinant sa bouche toutes les deux minutes d'un air inquiet. Et en regardant si les dents définitives sont en route. N'essayez pas non plus de devancer le cours des choses en lui retirant ses premières dents. Elles tomberont d'elles-mêmes sans problème !

Évitez d'agiter le spectre du dentiste tous les soirs : « Tu verras, si tu ne te laves pas les dents, nous irons voir le dentiste. Et ça n'est pas drôle ! Ça fait beaucoup plus mal. » Même si cela nous démange, il vaut mieux éviter. Parlez plutôt de la perte de temps qu'une visite chez le dentiste occasionnera : « Au lieu de jouer, tu seras obligé(e) d'aller montrer tes dents. »

En ce qui concerne les relations avec le dentiste, il est préférable de l'emmener assez tôt, vers 3-4 ans, pour une petite visite sympathique, au cours de laquelle l'enfant fera connaissance avec le dentiste (celui de la famille est le plus indiqué). Il va regarder le grand fauteuil, les appareils, etc.

Seconde lecture : les premières angoisses et les premiers soucis

Il ne suffit pas d'être adulte pour commencer à avoir des soucis ! Même si ceux de nos enfants nous semblent anodins, ne rions pas. Il faut éviter à tout prix les phrases-couperets comme : « Tu n'as pas honte ! » ou encore « Toi, à ton âge ! » – ce qui reviendrait à enterrer les angoisses.

Il n'y a pas de recette anti-angoisse. Peut-être faut-il simplement entourer l'enfant d'une ambiance calme et détendue au lieu de stress, et éviter de le conforter dans l'idée que le monde est sans pitié, que c'est la loi de la jungle, etc. ?

Discutez-en avec lui

« Tout le monde a, de temps en temps, des petits soucis. Les papas, les mamans, et aussi les enfants. Il ne faut pas en avoir honte. L'important, c'est d'en parler, afin qu'ils ne restent pas à l'intérieur de soi. Quand on n'en parle pas, parfois, les petits soucis sont comme des petites boules de tristesse qui nous font mal au ventre, à la gorge ou à la tête.

Dans cette histoire, Ivan est anxieux parce que sa dent doit tomber. Peut-être cela te semble-t-il bizarre ? Chacun a ses soucis, que ce soit la peur du noir, la peur d'aller à l'école ou la peur de grimper sur un toboggan. Le principal, c'est de se dire qu'un beau jour, le souci disparaît. Et c'est peut-être quand on commence à devenir grand. »

Exercices de relaxation : voir *Histoire de la petite boule de tristesse*

Histoire du grand garçon timide

Il était une fois, dans une école en carton,
un grand garçon plié en quatre qu'on appelait « grand dadais ».
Tous les jours, il arrivait plié, froissé, chiffonné.
Non pas plié de rire, non,
plié comme une cocotte en papier.
On lui disait :
« Déplie-toi ! Allons, tu vas te faire mal au ventre. »
Ou : « Oh là là, qu'est-ce qu'il est timide, ce grand dadais ! »

Il finissait par n'entendre plus que ça, le grand garçon en papier :
« timide », « timidité ».
Il entendait aussi : « nigaud », « grosse nouille »,
« empoté », « garçon à sa maman »...
Il ne savait plus être quelqu'un d'autre.
C'est normal, quand vous n'entendez que cela.
Quand vous entendez : « Comme il est méchant », ça vous donne envie d'être méchant.
Quand vous entendez : « Comme il est peureux », ça vous fait rougir jusqu'aux cheveux.
Jamais on ne l'avait appelé par son prénom.
On disait : « Oh, regarde ! C'est le grand dadais.
Salut, le grand timide. »

Comment se déplier ?
Le grand dadais avait pourtant essayé
mais sa colonne vertébrale était trop lourde à porter, maintenant.
Même quand on est en papier, c'est difficile.
Il aurait bien aimé faire comme les autres.
Tu sais, les autres qui ressemblent à des frises,
parce qu'ils se donnent la main.
Ceux qui sourient et se déplient
comme des petits morceaux de papier tout légers
qui volent et rigolent dans le vent.

Mais il restait plié.
En cours de calcul, il se pliait en dix-huit,
En cours de lecture, il se pliait en enveloppe.
Pendant les récréations, il n'était plus qu'un tout petit carré
froncé en quatre-vingt-dix-huit.
Quand il avait envie de rire, il se retroussait un tout petit peu,
mais ça durait trois secondes, et puis c'est tout.

Un jour, quelqu'un lui dit : « Oh, le grand dadais !
Je suis sûr que tu es capable de te transformer en chapeau ! »
Le grand dadais rougit et se replia un peu plus sur lui-même.
Il ressemblait maintenant à une demi-cocotte pliée en six.
Et une cocotte toute rouge en plus.
Mais Lili, la petite fille futée, passait par là.
Elle insista : « Allons ! Transforme-toi en chapeau.
Qu'attends-tu pour te transformer en tricorne ?
Un peu de nerf, mon vieux. »
De surprise, le grand dadais essaya.
Il déplia un bras, puis l'autre...
Et hop ! en un tournemain, le voilà devenu chapeau de papier.
« Génial ! dit la petite fille futée.
Maintenant, essaie de voir si tu peux devenir un bateau !
— Un bateau ? Rien de plus simple ! »
fit le timide qui déplia ses grands bras
et sortit sa tête comme une proue de navire.
« Oh, dit le grand dadais. C'est incroyable !
Je me sens décidément merveilleusement bien en bateau. »

La petite fille futée applaudit.
« Tu vois bien, dit-elle,
que tu es capable d'être autre chose qu'un timide. »
Le grand dadais remercia la petite fille futée
grâce à qui il était devenu autre chose
qu'un grand dadais tout timide comme une cocotte pliée en quatre.
« Je sens, dit-il, que je peux devenir une un bol, une galipette,
une baignoire,
un bateau de pirates, un coup de pied dans le derrière,
et mille et une choses. »
Le soir venu, le grand dadais rentra tout déplié à la maison.
C'est sa maman qui était contente !

Connexions : *Aglaé, la sorcière horriblement timide*,
Myrtille la chenille
Fiche pratique : voir *Aglaé, la sorcière horriblement timide*

Aglaé, la sorcière horriblement timide

Aglaé était une petite sorcière horriblement timide.
(Les sorcières sont toujours horriblement, terriblement
ou catastrophiquement quelque chose.)
Elle rougissait devant les beaux princes,
bégayait à la vue d'un crapaud,
se sauvait quand passait un chat noir.
Quand on lui disait :
« Aglaé, fais-nous donc un des tours que tu as appris à l'école »,
sais-tu ce qu'elle faisait ?
Elle se transformait en têtard, en fourmi, en souris,
en moucheron, en mygale, en scorpion.
En tout ce qui était le plus petit, le plus minus,
le plus ridicule de la nature.
Comme ça, elle passait inaperçue !
Un jour, on avait même failli lui marcher dessus !

À six ans, pour cause de timidité,
Aglaé n'avait pas beaucoup de bonnes notes en sorcellerie.
Quand elle était appelée au tableau noir,
elle se transformait en morceau de craie.
Dans la cour de récréation, elle regardait le bout

de ses pieds pointus
et rongeait ses petits ongles pendant que ses copines
jouaient à « chat crevé »,
un jeu pourtant passionnant.
Sur son livret, la maîtresse avait écrit :
Ne parle pas. Ne participe pas. Trop timide.
Ce qui est très grave pour les sorcières.
Pire que l'insolence.

À la maison, ses parents la disputaient un peu :
« Comment veux-tu réussir tes tours si tu rougis tout le temps ? »
Et ils lui disaient :
« Regarde un peu tout ce que nous avons fait pour toi ! »
Et c'est vrai qu'ils en avaient fait, des choses, pour elle !
Ils lui avaient construit une petite maison de jeux,
une délicieuse mare toute noire pleine de chauves-souris,
un jeu de balais volants, une maison hantée
par quinze mille fantômes,
un toboggan qui ricanait quand on glissait dessus...
rien que des choses qui plaisaient terriblement
aux petites sorcières.
Tout cela, ils l'avaient fait de leurs mains !
Et, parce qu'ils étaient tristes d'avoir une petite sorcière timide,
ils en faisaient trop pour elle.
Ils parlaient pour elle ; ils répondaient pour elle ;
ils faisaient tous les tours de sorcellerie pour elle.
Mais Aglaé, parfois, étouffait.
Tout ce qu'elle ne disait pas et ne faisait pas,
c'était autant de mots qui restaient à l'intérieur d'elle.
Les mots ne se perdent pas dans la nature.
Son papa et sa maman se demandaient parfois
comment eux, grands chefs de la sorcellerie,
avaient pu donner naissance à une petite fille si timide.
« C'est curieux, tout de même, disait maman.
Personne n'est timide dans la famille.
Ni Berthe, ni Gertrude, et encore moins Cunégonde. »

Un soir, les parents d'Aglaé donnèrent une réception très chic
en l'honneur de la maman qui avait obtenu une récompense
en Haute Sorcellerie.
Quand les premiers invités atterrirent sur leur balai, cheveux au vent,
Aglaé se dépêcha de se transformer en escargot (il pleuvait dehors).
Elle resta là, sous la pluie, pendant de longues heures,
recroquevillée dans sa coquille, en se traitant de timide
avec beaucoup de mots qui ne sortaient pas de la coquille.
Mais les escargots attrapent des rhumes, et même la pneumonie.
Aglaé, la nuit venue, rentra à la maison
avec quarante de fièvre et une énorme grippe.
Sa maman la mit au lit et lui apporta une potion magique
au pipi d'éléphant et aux petites crottes d'hippopotame,
et un cataplasme de chauve-souris.
Mais Aglaé n'en voulait pas !
« Non, arrête de tout faire pour moi, dit Aglaé. C'est trop.
C'est à moi de guérir. Je vais faire MA potion magique. »
Sa maman fut très surprise.
Sans doute pensa-t-elle qu'Aglaé délirait à cause de la fièvre ?
Mais non.
Aglaé prépara une petite potion qui la fit guérir.
Dès ce jour, elle reprit confiance en elle
et elle perdit sa timidité.

Plus tard, elle devint une grande sorcière
spécialisée en produits pharmaceutiques.
Et plus jamais elle ne chercha à se transformer
en crapaud, en mygale, en tortue de Floride
ou autres petits animaux minuscules et ridicules.

Les enfants timides

Il est collé dans vos jupes, rougit, baisse la tête, ne dit pas bonjour... Bref, votre bout de chou a tout le comportement d'un grand timide. Mais, même et surtout s'il passe une phase difficile, n'insistez pas !

Que faire ?

Ne le traitez surtout pas de « timide ». Ne dites pas non plus devant autrui : « Mon fils / ma fille est terriblement timide. » Votre enfant se persuaderait alors qu'il est timide et le deviendrait réellement, rien que pour être conforme à ce que vous dites de lui ! Les psychanalystes appellent ce phénomène « l'injonction prédicative » : l'enfant, qui est très vulnérable dans son identité, s'arrange pour devenir ce qu'il entend dire de lui.

Si votre enfant reste dans les jupes maternelles et refuse de voir ses amis ou même de sortir, le père peut alors prendre le relais auprès de lui, surtout s'il s'agit d'un garçon. Peut-être l'enfant est-il un tout petit peu trop scotché à sa mère ?

Les parents pleins de sollicitude bienveillante et de bons sentiments peuvent aussi renforcer la timidité et l'inhibition de l'enfant. Si on fait tout à sa place, comment l'enfant peut-il développer sa confiance en lui ?

Ce manque de confiance en lui peut naître d'une insécurité affective. Il craint de n'être pas aimé de façon inconditionnelle par ses parents. Peut-être a-t-il entendu une parole malheureuse du style : « Si tu continues, je ne t'aimerai plus », ou « Je vais t'inscrire en pension si tu es insupportable », etc. ? Peut-être sent-il que l'amour parental est soumis à condition ? Parfois, des parents très dynamiques, trop exigeants et très doués peuvent aussi augmenter la timidité de l'enfant.

Discutez-en avec lui

« Est-ce que tu sens que tu as peur des autres ? Tu aurais envie d'aller vers eux, de t'ouvrir, de communiquer, mais quelque chose en toi pense : "Je n'y arriverai pas, on va me rejeter." As-tu peur de ce qu'on peut penser et dire de toi ? Tu sais, on ne peut pas plaire à tout le monde. Il y a certaines personnes qu'on aime beaucoup ; pour les autres, ça n'est pas très grave.

Est-ce que tu penses, de temps en temps : "Ça, je n'y arriverai jamais, je ne suis pas assez bon(ne)" ? En fait, c'est souvent parce qu'on n'a pas assez confiance en soi qu'on n'y arrive pas. Il suffit d'y croire. »

Connexions : *Myrtille la chenille, Philémon le papillon, Histoire du grand garçon timide*

L'Enfant-qui-s'ennuie et l'Enfant-qui-joue-tout-seul

Il était une fois un enfant qui s'ennuyait.
Il s'ennuyait au cinéma, à la gymnastique,
sur son vélo, en vacances, à l'école,
en croquant un biscuit, en suçant un Esquimau,
en jouant aux échecs, aux dominos, aux Playmobil, au robot géant.
C'est pourquoi on l'appelait « l'enfant-qui-s'ennuie ».
Avant d'être né, il s'était ennuyé
dans un coin du ventre de sa maman.
Et il avait boudé, les bras croisés, la bouche pincée.
Il avait refusé de jouer avec le cordon ombilical
(dont on dit que c'est le premier jouet qui existe)
et de faire des galipettes dans l'eau,
comme font tous les enfants poissons.

Aujourd'hui, c'était la même chose.
L'enfant-qui-s'ennuie restait dans un coin de sa chambre,
les bras croisés, en soupirant toute la journée.
De temps en temps, par surprise et par hasard,
il s'amusait pendant un quart de seconde.
Quand un robot glouton dévorait une armée de six cents hommes,
quand l'obscurité tombait sur l'écran de la salle de cinéma,

quand un tyrannosaure poursuivait un diplodocus,
toutes dents dehors,
au moment où l'on apportait le gâteau d'anniversaire
avec les bougies,
au moment où il déchirait le papier des cadeaux de Noël.
À tous ces moments-là, son cœur battait un peu plus fort.
Pendant une minute, il ne s'ennuyait pas.
Puis, dès que le robot glouton avait fini son déjeuner,
quand le diplodocus semait le tyrannosaure,
quand les bougies étaient soufflées et le papier tout déchiré,
il re-soupirait.
« Comme ce robot glouton intersidéral
dévoreur de Martiens m'ennuie.
Comme les diplodocus et tous les tyrannosaures m'ennuient. »
Et il réclamait d'autres cadeaux et demandait sans cesse :
« C'est quand, mon anniversaire ? »
Et aussi : « J' veux plus de ces jouets !
Achète-moi une voiture téléguidée ! »
Et il pleurnichait, la bouche en coin.
Parce que, quand on s'ennuie,
le plus facile, c'est de pleurer.

Sa maman se grattait la tête. Que devait-elle faire ?
Elle avait pourtant tout essayé : les pieds au mur,
les grimaces de singe,
les perruques vertes et bleues.
Elle s'était déguisée en tomate mûre,
en canette de Coca-Cola et en bébé boudeur.
Il n'avait même pas souri !
Comme rien n'y faisait,
elle emmena l'enfant-qui-s'ennuie chez le docteur.
« Hmm, hmm. Je ne vois rien de spécial », dit le docteur,
après avoir examiné ses yeux (qui pleuraient beaucoup),
sa bouche qui était très en coin,
son cœur lourd comme une pierre.
Et le docteur prescrivit sur son ordonnance
une poignée de livres amusants, de dessins animés poilants,
de jeux hilarants et de sports violents.

« Malheureusement, dit-il,
je n'ai pas de potion magique qui fasse rigoler comme un fou. »
Et il ajouta, en n'y croyant pas trop :
« Emmenez-le au jardin. Là, il y a d'autres enfants.
Sait-on jamais ? plus on est de fous, plus on rit ! »
Mais les autres enfants jouaient à « chat couleurs »,
aux jeux de cartes, au ballon,
et l'enfant-qui-s'ennuie les jugea fort ennuyeux.

Un jour, pourtant, il arriva quelque chose de curieux
à l'enfant-qui-s'ennuie.
Dans un square, alors qu'il était assis,
bras croisés, sur un petit banc,
il remarqua, assis sur l'herbe, devant lui,
l'enfant-qui-joue-tout-seul.
Ses yeux brillaient ; les coins de sa bouche souriaient.
Le plus étonnant, c'était cette petite boîte vide devant lui.
L'enfant-qui-s'ennuie s'approcha.
« Que fais-tu ? demanda-t-il d'un ton rogue.
— Je joue. Je m'amuse, tu vois bien »,
rétorqua l'enfant-qui-joue-tout-seul.
Et il referma sa petite boîte.
« C'est impossible, s'énerva l'enfant-qui-s'ennuie
de sa petite voix pointue.
On ne s'amuse pas avec une boîte vide ! »
L'enfant-qui-joue-tout-seul ne répondit rien,
mais ouvrit à nouveau sa boîte.
« C'est une sale vieille boîte de camembert de rien du tout !
Une sale vieille boîte ! pleurnicha l'enfant-qui-s'ennuie,
de sa voix pleurnicheuse.
— C'est peut-être une sale vieille boîte,
mais elle n'est pas vide, répondit l'enfant-qui-joue-tout-seul.
Regarde : il y a sept éléphants qui montent la garde dans ma boîte,
parce que les lions vont arriver dans la savane. »
Il ferma la boîte.
« Je la ferme pour qu'ils ne s'échappent pas.
Ça y est, ils sont prisonniers.
Elle contient aussi (il ouvrit à nouveau la boîte) dix pélicans.

Tu vois les pélicans avec leur long bec, leur petite poche ?
Tu ne devineras jamais tout ce qu'il y a, dans cette petite poche :
une couverture en laine pour les mois d'hiver,
un réveil pour les tirer du lit le matin,
et trois petits bébés pélicans ! »
Et l'enfant-qui-joue-tout-seul murmura,
comme pour lui-même :
« C'est drôlement pratique, une poche comme ça.
Eux, ils ont une poche, et moi, j'ai ma boîte.
D'ailleurs, je vais la fermer,
parce que j'entends une armée de lions qui arrivent. »
L'enfant-qui-joue-tout-seul roula de gros yeux.
« Les lions adorent les pélicans.
— Ah bon ? fit l'enfant-qui-s'ennuie.
Je savais qu'ils mangeaient les gazelles, et les biches, et les girafes.
Mais je n'ai jamais lu que les lions mangeaient les pélicans.
— Moi non plus, répondit l'enfant-qui-joue-tout-seul.
Mais c'est facile à imaginer, n'est-ce pas ?
Moi, je l'invente, dans ma tête.
Les pélicans, il faut les protéger à tout prix. »
Et il ferma la boîte.
Puis il dit : « Ça y est, les lions sont repartis. Je les ai bien eus ! »
Et l'enfant-qui-joue-tout-seul se mit à rire tout seul.
« Maintenant, si j'ouvre la boîte
(et il l'ouvrit avec infiniment de précaution),
ils repartiront dans le ciel.
Regarde ! Ils volent au-dessus de l'Océan,
avec leurs petits bébés dans leur poche. Ils ont l'air content ! »
Et l'enfant-qui-s'ennuie leva la tête, ravi,
bien qu'il sache qu'il n'y avait rien à voir.
« Dans ma boîte, il y a encore beaucoup d'histoires,
dit l'enfant-qui-joue-tout-seul.
Il y a cent, mille, trois millions d'idées,
cinq cent cinquante milliards de millions de pélicans ! »
L'enfant-qui-joue-tout-seul avait les yeux brillants.

L'enfant-qui-s'ennuie sourit.
Il comprenait que, boîte ou pas boîte,
des milliers et des millions de jouets
pouvaient sortir de la tête d'un petit enfant.
Il avait tellement bien compris qu'il lui dit :
« Je crois que ta boîte, c'est un peu comme ta tête, dit-il.
Tu l'ouvres et tu la fermes, et tu fais ce que tu veux avec.
— Toi aussi, tu peux faire la même chose !
dit l'enfant-qui-joue-tout-seul.
Il te faut simplement un peu de poudre magique. »
Très délicatement, il retourna sa boîte,
fit un tour de passe-passe et la rouvrit.
« Donne-moi la main », dit-il à l'enfant-qui-s'ennuie.
Et il lui tendit la main dans laquelle il n'y avait rien.
« Voilà un peu de poudre magique
qui vient de ma boîte magique.
Tu la verses dans ta boîte ;
tu attends vingt-quatre heures (un jour et une nuit),
et voilà des brigands, des seigneurs, des fées,
des dinosaures, et tout ce que tu veux.
Comment peux-tu t'ennuyer encore ? »
Les deux enfants rirent et commencèrent à inventer une histoire.

Il n'arrive pas à jouer tout seul

L'autonomie ne s'acquiert pas en vingt-quatre heures. Jusqu'à 6 ans environ, il est tout à fait normal qu'un enfant s'interrompe fréquemment, toutes les vingt ou trente minutes environ.

Développer sa créativité

S'il ne cesse de venir vous voir et de se plaindre, posez-vous des questions :

- Êtes-vous (vous ou les personnes qui le gardent) trop directif(ive) ? Allumez-vous trop fréquemment la télévision ? Cédez-vous un peu trop facilement aux activités « toutes faites » ?
- Peut-être votre enfant est-il surchargé par un emploi du temps de ministre pendant la semaine ? Dans ce cas, il est probable qu'il ait l'impression de s'ennuyer dès qu'il a une minute à lui. Pour développer leur créativité, les enfants ont besoin de petites plages de désœuvrement et de rêverie.

En un mot, développez sa créativité. S'il déclare s'ennuyer en réaction par rapport à vous, ne vous précipitez pas, à chaque fois, pour céder à ses caprices. Il est bon d'avoir des moments où vous jouez tous les deux ensemble et des moments où il peut jouer tout seul.

Marie-Rose est dans la Lune

Elle semblait toujours être ailleurs, Marie-Rose !
Dans la Lune, sur Mars, Jupiter ou Vénus...
en tout cas, très loin de la Terre.
Le maître disait : « Marie-Rose, au tableau »,
et Marie-Rose allait vers le préau.
Le maître disait : « Marie-Rose, dis-moi ta poésie »,
et Marie-Rose chantait une chanson.
Quand c'était l'heure de la cantine,
Marie-Rose enfilait son costume de gymnastique,
et, en cours de gymnastique, elle contemplait le ballon
d'un air rêveur...
en oubliant de le renvoyer !
Le matin, elle rangeait son pyjama dans le congélateur
et se servait un grand bol de miel au lieu de céréales.
Puis elle se brossait les dents avec le tube de mayonnaise,
et enfilait sa culotte sur la tête comme bonnet.
« Mon Dieu, Marie-Rose ! Où as-tu la tête ? »
demandaient ses parents.
Le papa de Marie-Rose,
dont le métier était de surveiller les avions dans le ciel,
lui tirait souvent l'oreille :
« Tu imagines combien d'avions s'écraseraient
si je n'étais pas là pour régler les problèmes

de circulation dans le ciel,
si je pensais toujours à autre chose, comme toi ?
Où es-tu, Marie-Rose ? »
Où elle était ? Bien malin qui aurait pu y répondre.
Était-elle dans la Lune, sur Mars, Vénus ou Jupiter ?

Parfois, Marie-Rose était triste. Parfois, elle s'ennuyait.
Mais toujours elle rêvait...
« Quand je serai grande, moi,
je voyagerai sur d'autres planètes.
Je serai astronaute ! disait-elle.
— Astronaute ? répondait son papa en riant.
Pense déjà à être professeur de géographie.
Ça sera bien beau.
Car pour réussir son avenir, ma fille, il ne faut pas trop rêver. »
Alors Marie-Rose essaya de faire des efforts
pour devenir un bon professeur de géographie.
À l'école, elle plissait le front pour écouter le maître.
Mais ça ne durait que deux secondes.
Son esprit gambadait déjà vers le grand nuage gris.
Et elle restait les yeux dans le vague.
Et le maître savait bien qu'elle n'écoutait pas,
car les enfants trop sages s'appliquent à être sages,
et ils n'écoutent pas.

Un jour, le directeur de l'école
convoqua les parents de Marie-Rose.
« C'est a-nor-mal ! Elle em-bê-te tout le mon-de !
C'est de l'in-so-len-ce ! »
Ce directeur parlait en séparant bien les mots,
tant il craignait que les parents eux non plus n'écoutent pas.
Au contraire, les parents de Marie-Rose
se tenaient droit comme un *i*.
Ils ne prenaient pas beaucoup le temps de rêver ;
ils travaillaient beaucoup.
Il n'y avait aucune place pour la rêverie chez eux.
Et c'est peut-être pour cela qu'elle rêvait autant, Marie-Rose.
En sortant de chez le directeur,

le papa de Marie-Rose lui dit : « Tu me déçois. »
Ce qui voulait dire : « Tu n'es pas comme je te voulais.
Tu es toi et tu n'es pas moi. »

Marie-Rose essayait pourtant de faire des efforts,
mais le grand nuage gris dans sa tête
l'entraînait toujours très loin d'elle-même.
C'était comme si, à la moindre occasion,
son esprit décollait comme un avion !
C'était toujours mieux que de s'ennuyer, n'est-ce pas ?
Et c'était toujours mieux, pensait Marie-Rose,
que ce monde terrifiant où il fallait compter et apprendre à lire
et surveiller la trace des avions dans le ciel
– comme si on ne pouvait pas laisser ces pauvres avions
rêver et tracer leur propre chemin !
« Moi, quand je serai grande, je serai astronaute »,
disait Marie-Rose.

Quand Marie-Rose grandit,
elle commença à lire des livres, à écouter de la musique,
à jouer du violon et à composer de jolies mélodies.
C'est alors que son envie d'être astronaute lui passa.
Tout net. Tout comme ses étourderies.
Du jour au lendemain, elle remplit son bol
avec des céréales et non plus du miel ;
elle brossa ses dents
non plus avec de la mayonnaise mais avec du dentifrice à la fraise ;
elle ne rangea plus jamais son pyjama dans le congélateur ;
elle porta de jolis chapeaux à ruban en satin,
et non plus de vilains slips sur la tête !
Car certains enfants sont là et bien là.
Mais d'autres, pour une raison ou pour une autre
(parce que leurs parents se disputent,
parce qu'ils ne sont pas contents à l'école,
parce qu'ils s'ennuient,
ou pour une tout autre raison qui ne nous regarde pas),
vivent toujours ailleurs.
Dans la Lune ? Difficile à dire.

Ce peut être aussi sur Mars, Uranus, Jupiter,
ou tout simplement sur un grand nuage rose.
Dans un autre monde où ils se sentent mieux, plus en sécurité.
Parfois, ils font du piano, lisent des livres, jouent aux échecs.
En tout cas, ils sont à leur place,
et c'est tout ce qui compte.

Il est « dans la lune »

Combien de fois entendons-nous cette expression ? Combien de fois l'avons-nous « subie » quand nous étions enfants ? Au dire des pédiatres, ce serait même la destination préférée des enfants, ces temps-ci ! Un écolier sur dix est souvent ailleurs : « Les troubles de la concentration sont devenus la principale cause de difficultés scolaires », affirme le pédiatre Edwige Antier[1].

Distraction et concentration

Analysez son type de distraction. Est-elle positive : l'enfant pense, aime jouer, est absorbé dans telle ou telle activité ; ou négative : il a l'air triste et angoissé, il est seul ? Pour vous aider, interrogez l'institutrice/instituteur et éventuellement prenez rendez-vous avec votre pédiatre.

Aidez-le à avoir un bon rythme de vie : incitez-le à se coucher tôt. Les phases de sommeil paradoxal sont indispensables à la concentration.

Attention à la télévision ! Pas de télévision le matin et trop tard le soir. Il ne s'agit pas de diaboliser le petit écran (il en serait d'autant plus accro), mais de le réserver à des plages précises de temps : l'idéal est de la réserver pour la fin de la journée, après les devoirs et avant le dîner, ou bien sûr pour les jours pluvieux.

Pas de boulimie d'activités extrascolaires : on a pu remarquer que l'attention de l'enfant diminuait quand il était surchargé par un programme de ministre. N'est-ce pas logique ? Il faut aussi laisser à l'enfant le temps de rêver.

Pas d'obsession ou de « *forcing* » : même si vous essayez d'augmenter ses possibilités, ne dépassez pas la durée de concentration correspondant à son âge (30 mn à 6 ans, 40 mn à 10 ans, 45 mn à 11 ans).

---

1. *J'aide mon enfant à se concentrer*, J'ai Lu, 2005.

Discutez-en avec lui

« Parfois, on est complètement ailleurs, dans la lune, dans son monde à soi. Ce peut être parce qu'on n'est pas content de soi ou, au contraire, parce qu'on est totalement concentré sur quelque chose que l'on aime faire.

C'est très bien d'avoir des moments de rêverie, et c'est même normal. C'est agréable de rêver, d'imaginer des choses dans sa tête, ce qui peut se passer ou pas. Mais parfois il faut aussi "redescendre sur terre" et se concentrer sur ce que l'on fait. À l'école, par exemple, quand tu écoutes la maîtresse ou quand tu joues avec des amis, il faut que tu sois là, les deux pieds sur terre.

Tu as le droit, bien sûr, d'avoir des secrets et d'être un peu dans ta bulle. Mais si tu es triste, si tu as des soucis, j'aimerais que tu me le dises. Sache que je serai toujours là pour t'écouter et te conseiller. »

La Princesse Coquelicot sourit trop !

Il était une fois, dans le palais de Baratin,
une petite princesse qui venait de naître
dans ses langes royaux.
On l'avait appelée Coquelicot
à cause de son joli teint rose
et parce que les coquelicots
sourient dans les champs de blé
sans embêter personne.
Quand le vent les décoiffe,
ils se retournent sans rien dire
et leurs pétales rouges
se transforment en robe de danseuse.

Ce matin-là, le roi et la reine de Baratin
fêtaient le baptême de la princesse.
La reine de Baratin avait convié
toutes les fées-marraines les plus délicates,
les mieux élevées, les mieux chapeautées,
en leur disant :
« Faites de votre mieux.
J'aimerais que ma petite fille

soit toujours souriante, ravissante,
et pas trop bavarde.
Je déteste les enfants braillards,
les enfants qui parlent à table,
les enfants qui crient et qui pleurent
sans y avoir été invités. »

La reine épousseta une dernière fois
sa robe à traîne de trois cent quarante mètres de long ;
le roi ajusta sa cravate incrustée de rubis,
et le baptême commença.
La fée Sourire s'avança vers le berceau
et prononça d'une minuscule voix :
« Tu ne pleureras jamais,
ne geindras jamais, ne gémiras jamais. »
La fée Bel Canto lui dit :
« Jamais, jamais tu ne crieras,
même quand tu ne seras pas contente.
Tu chanteras ! »
La fée Rigolado, elle, pointa sa baguette
d'un air menaçant sur le nombril de la princesse :
« Jamais tu ne seras triste. Tu souriras toujours
car les petites filles ne sont charmantes
que quand elles sourient ! »
Enfin, pour en finir, la plus puissante des fées, la chef des fées,
qui s'appelait Diadème de La Racaille, lui prédit :
« Tu plairas à tout le monde, et tout le monde t'aimera. »
Le roi et la reine de Baratin
jugèrent que tous ces dons étaient fort sages.

La princesse Coquelicot
rosissait tranquillement dans son berceau
sans pleurer, sans se plaindre, sans réclamer.
Elle était toujours d'accord sur tout,
même quand il lui arrivait malheur !
Un jour, elle tomba sur un énorme caillou.
Son genou saigna, mais au lieu de pleurer,
elle chanta un bel air d'opéra.

Quand elle avait faim, au lieu de crier :
« J'ai faim ! Un gâteau, un bonbon »,
elle souriait et attendait l'heure du repas.
Même son estomac, très poli,
ne disait jamais « gloups, bloubs, bolop, bolop, frccchhh »,
comme font les estomacs qui ont faim.
Au jardin, quand on lui prenait ses jouets en or,
elle riait et souriait.
Et elle disait : « Que puis-je faire encore pour te faire plaisir ?
Veux-tu ma robe ? Veux-tu mon vélo en or incrusté de diamants ? »
Ce qui était bien sûr extrêmement généreux.
Et tout le monde disait : « Quelle enfant charmante ! »

Un jour pourtant,
la princesse eut très, très mal au ventre.
Cela survint un matin :
ça brûlait, ça se tordait dans le royal ventre.
Bien sûr, la princesse continua à sourire
de sorte qu'on ne s'en aperçut pas tout de suite.
Elle disait : « J'ai mal. J'ai très, très mal »,
avec un immense sourire ou en riant aux éclats.
Tout le monde avait du mal à la croire.
Elle chanta : « J'ai mal. Oh, mon Dieu, comme j'ai mal »,
d'une jolie voix d'opéra.
« Ne raconte pas d'histoires, ma chérie, dit la reine.
— Ne te moque pas de nous, dit le roi. Tu nous fais de la peine.
— Je vous prie de m'excuser, répondit Coquelicot.
C'est comme vous voulez. »
Car la princesse – rappelle-toi – devait plaire à tout le monde,
à commencer par ses parents.

Coquelicot, pourtant, se tordait de rire sur son lit.
On appela le docteur qui trouva ce ventre fort gros
et décida d'opérer la petite.
Ce fut une opération très longue,
car à l'intérieur du ventre, le docteur trouva
des tas de choses curieuses :
des files de mots ininterrompues, des petits cris, des hurlements,

des « ooooh », « aaaaaahhhh » qui avaient trouvé à se loger là.
Il y avait aussi des morceaux de phrases qui criaient :
« Je ne veux plus sourire », « Je veux pleurer »,
« Je m'ennuie », « J'en ai assez »,
et des bêtises, des bêtises...
Il en sortit par dizaines :
« Je veux sauter sur les lits à baldaquin
et écrire sur les murs du royaume. »
On était fort étonné dans le royaume
qu'une petite princesse si jolie et si gentille
ait de telles horreurs à l'intérieur d'elle !
Et la reine de Baratin, toute pâle, menaça de s'évanouir.

Maintenant, la princesse Coquelicot dormait tranquillement,
allongée sur son lit.
Elle semblait apaisée, comme après une grosse colère.
Le docteur parla au roi et à la reine de Baratin :
« Cette petite garde beaucoup trop de choses à l'intérieur !
Il faut qu'elle parle de temps en temps,
qu'elle pleure et qu'elle dise ce qui ne va pas. »
On convoqua aussitôt les marraines
pour qu'elles annulent leurs vœux.
« Je préfère une petite fille qui sourit moins,
mais qui n'a pas mal au ventre comme ça »,
déclara la reine.

Et la vie continua au château de Baratin.
La princesse s'appela toujours Coquelicot,
mais quand un vent contraire retournait sa robe,
elle rouspétait gentiment :
« Oh, toi, le vent, disait-elle,
veux-tu bien me laisser tranquille ? »
Coquelicot avait changé.
Elle souriait un peu moins et parlait un peu plus.
Mais finalement le roi et la reine étaient ravis
de leur nouvelle petite fille
qui ne gardait plus autant de choses en elle.

Les enfants trop sages

Le concept d'« enfant trop sage » va certainement en faire rire quelques-uns ! Pourtant, à partir de 5 ou 6 ans, alors qu'il entre dans la fameuse période de « latence » (mise en sommeil des pulsions), l'enfant prend beaucoup sur lui. Et parfois beaucoup trop !

L'enfant doit s'exprimer

À l'âge de 5 ou 6 ans, l'enfant entre à l'école élémentaire. Il commence à être soumis à une pression scolaire et sociale importante, comme rester concentré pendant de longues heures. En général, c'est à cette période que les parents voient surgir des maux de ventre et autres troubles psychosomatiques, surtout chez les enfants introvertis.

Bien sûr, il ne s'agit pas de leur apprendre à hurler ou à brailler pour se défouler. Au contraire, toute l'éducation est fondée sur la canalisation et la sublimation de ces pulsions. Mais il faut les inciter à être eux-mêmes, à exprimer leurs malaises, à ne pas se laisser « stresser » par le regard de l'autre. Sans doute faut-il faire preuve d'indulgence envers les légères « crises de défoulement » à la maison...

Discutez-en avec lui

« C'est très bien, d'être très sage. Mais il faut aussi s'exprimer, dire ce que l'on pense. On a souvent envie de plaire à tout le monde, d'être très gentil, de ne jamais dire qu'on est triste, déçu ou pas très content. Par exemple, si on a été déçu par un copain, si on rapporte une mauvaise note à l'école, on n'a envie de rien dire en rentrant à la maison. Alors, toute sa tristesse, on la garde à l'intérieur et elle finit par faire des nœuds. Parfois, ça rend malade, de ne pas dire ce que l'on pense. »

Connexions : *Histoire de la petite boule de tristesse, Le Petit Souci d'Ivan le Terrible, Histoire du grand garçon timide, Aglaé, la sorcière horriblement timide, Nicolas et son Copain bizarre*

Myrtille la chenille

Au printemps, quand les chenilles
sortent de leur cocon
et se transforment en papillons,
elles frottent leurs ailes l'une contre l'autre.
On appelle ça « la danse de la liberté ».
Elles comparent la couleur de leur robe :
orange tacheté de brun, rose et jaune...
Elles sont si contentes de s'envoler
après avoir serpenté sur la terre
pendant de longues années.

Pourtant, Myrtille la chenille
n'en finissait plus de « cocooner ».
Elle ne voulait pas papillonner.
Elle restait enfermée, empêtrée et emberlificotée
sous des dizaines et des centaines de fils de soie.
Dehors, tout le monde s'impatientait. Il était temps de sortir !
« Arrête de bouder ! disait son grand frère.
— Tu vas sortir, oui ? disait son papa.
— Ne reste pas encoconnée, tu nous enquiquines ! »
disaient ses copines.
Mais Myrtille était si bien à l'intérieur,
enrobée dans son cocon de soie.

C'était comme un immense doudou !
Elle avait attrapé un fil de soie dans sa bouche
– ce qui lui permettait de grignoter un peu.
Et de tromper sa faim.
Bien sûr, ça n'allait pas durer.
Il allait bien falloir qu'elle sorte.
Elle n'était pas qu'un bébé dans le ventre de sa mère, n'est-ce pas ?

De son côté, la maman papillon était très en colère.
Elle pensait que sa fille chenille était désobéissante :
« C'est dans l'ordre des choses ! disait-elle.
Toutes les petites chenilles papillonnent, un beau jour.
C'est tout de même beau de voler ! » disait-elle.
Et elle ajoutait :
« Tu ne peux pas te laisser mourir de faim
et d'ennui dans ton cocon. »
Myrtille ne répondait rien.
Car elle avait peur qu'on ne se moque d'elle.
Au fond, si une oreille avait pris la peine
de se pencher tout contre son cocon,
elle aurait entendu le secret de Myrtille.
Myrtille avait peur. Peur de quoi ?
Elle avait peur d'avoir le vertige, d'avoir trop d'air
à respirer d'un coup.
Et surtout, une fois dehors, elle craignait d'être trop légère,
avec ses ailes de papillon toutes neuves.
Peur de s'envoler et que personne ne puisse la retrouver.
Car, quand on est enfermé dans son cocon,
on imagine toujours des choses terribles
et bien plus terribles qu'elles ne sont !

Un jour – il faut bien te le dire –,
pendant qu'elle tissait son cocon,
Myrtille avait entendu un groupe de papillons dire des mots terribles :
« bombe », « explosion », « guerre contre les insectes »...
Ils parlaient de produits avec lesquels on tue les insectes.
Puis les papillons s'en étaient allés,
les mots étaient partis dans le vent.

Mais certains étaient restés dans l'oreille de Myrtille.
Quand on est une petite chenille,
dans le fond de son cocon,
ça ne vous incite pas à pointer le bout de votre nez.

Le troisième jour, le grand frère de Myrtille frappa à son cocon.
« Allons, Myrtille, as-tu oublié comme c'était joli dehors ?
Je viens là pour t'aider.
Je t'apprendrai à voler ; je te prendrai sur mon dos.
Tu ne risqueras rien.
Tu ne t'envoleras pas trop haut.
Quand tu seras fatiguée,
tu te poseras dans le cœur d'une rose.
Et le cœur des roses, c'est un sacré joli cocon.
C'est tout doux à l'intérieur.
C'est bien mieux qu'être empêtré dans des fils ! »
Voici ce que lui dit son grand frère.
Il y a des choses, des mots,
des couleurs et des odeurs qui font rêver.
Et le cœur des roses fit rêver Myrtille la chenille.

Un jour, sans y penser, elle sortit de son cocon.
Sans même l'avoir voulu. C'était comme ça.
Elle ne pensait à rien,
ou peut-être au cœur des roses.
Car on a toujours besoin d'avoir un petit endroit chaud et parfumé
pour dormir et se reposer.
Qu'on soit une chenille ou un petit enfant.
Le ciel était très beau, il n'y avait pas de vent.
C'était le tout petit matin.
Myrtille déplia ses ailes.
Comme elle était bien, comme elle était belle !
Tous les papillons, autour d'elle, l'applaudirent.
« Tu es devenue grande ! Tu voles ! C'est formidable ! »
Myrtille frotta ses deux ailes l'une contre l'autre.
C'était la fameuse danse de la liberté.
Et elle découvrit sa nouvelle robe :
rose clair, avec de grands anneaux dorés.

Le sentiment de sécurité

Les squares sont un fabuleux terrain d'observation. On y voit des enfants sûrs d'eux, toujours prêts à foncer vers le toboggan le plus haut, des casse-cou qui se retrouvent en deux temps trois mouvements en haut d'une « toile d'araignée », tandis que d'autres se font sermonner par leur mère : « Vas-y ! Allez, sois grand(e) ! Tu ne risques rien, voyons. »

La confiance en soi s'acquiert

La confiance en soi, le sentiment de sécurité ne sont bien évidemment pas innés. Ils se développent au fil de la toute petite enfance. On sait aujourd'hui que le fait de répondre positivement et sans excès d'angoisse aux pleurs du nourrisson ne fait que le conforter dans sa confiance en lui. Reste à ne pas en faire trop... Car, comme le pédiatre Donald Winnicott le constate, « les parents pèchent souvent par excès en la matière. Les parents qui couvent les enfants suscitent chez eux une certaine détresse, de même que ceux qui manquent de sûreté provoquent confusion et peur[1]. » Si vous traitez votre enfant comme un timoré, vous en ferez un petit timide.

Restent les petits incidents qui peuvent perturber la vie d'un enfant et son sentiment de sécurité, comme la chute du haut d'un lit superposé. Si le petit bout de chou a de la peine à monter sur un toboggan pendant quelque temps, c'est assez logique. En ce cas, une petite visite chez son pédiatre peut suffire : on reparle de l'incident, des souvenirs qui y sont liés, des peurs que l'on a eues (nous les parents, eux les enfants) et parfois tout se dénoue très vite.

Discutez-en avec lui

Évitez d'être toujours derrière lui, de lui répéter à tout bout de champ : « Va donc », et de le comparer aux casse-cou. Évitez les phrases blessantes du style : « Regarde, Léo. Il n'a pas peur, lui ! »,

---

1. *Conseils aux parents*, Payot, 1995.

« Ah, cet enfant, quel héros ! », ou « Courageux mais pas téméraire, n'est-ce pas, mon chéri ? » etc.

Plutôt que de le couver à outrance, essayez de lui donner confiance en lui. N'en faites pas trop, mais soulignez ses qualités : « Je trouve que tu es vraiment formidable en dessin, en peinture, en musique », ou « Tu es devenu(e) très fort(e), tu as beaucoup grandi », etc. Dites-lui tout ce qui est susceptible de l'encourager à s'aimer un peu plus et à avoir une plus haute opinion de lui.

Enfin, dites-lui que l'amour que l'on a pour soi fait soulever les montagnes.

Connexions : ***Philémon le papillon, Histoire du grand garçon timide, Aglaé, la sorcière horriblement timide***

Les Bobos de Maylis

Il était une fois une petite fille, Maylis,
qui passait ses vacances chez sa grand-mère.
C'étaient de très bonnes vacances,
sauf que Maylis, aujourd'hui,
s'était fait très mal au genou
en tombant de son vélo. Aïe !
En plus, ça saignait.
Et, quand ça saigne, tu le sais encore mieux que moi,
ça fait encore plus mal ! Ça brûle !
Maylis cria : « Maman, maman ! »
(C'est ce qu'on fait tous, quand on a mal, n'est-ce pas ?)
Mais sa maman n'était pas là.
Alors, elle alla voir sa grand-mère
qui ramassait des pommes dans le verger.
« Oh, oh, fit la grand-mère. Un bobo !
Voilà qui est ennuyeux. »
Mais elle sourit aussitôt :
« Ta maman t'a bien expliqué la méthode pour enlever les bobos ?
— Non, gémit Maylis. Pas encore. Mais j'ai mal !
— Viens là... Les bobos, on les enlève en soufflant dessus. »
Et la grand-mère souffla doucement,
comme on souffle sur une fleur des champs.
« Imagine que c'est une de ces fleurs si fragiles

dont les pétales s'envolent dans le vent d'été.
Eh bien voilà, ton bobo est comme les pétales.
Il s'est envolé ! »
La petite fille s'arrêta de renifler pendant quelques secondes.
Puis elle gémit encore, un peu moins fort :
« Ce souffle est menteur ! Ça ne marche pas !
Le mal est resté un peu dans mon genou. »
Grand-mère fronça les sourcils :
« Hmm ? Ça, c'est curieux, alors...
C'est vrai, il ne s'est pas envolé.
Je le sens encore du bout de mes doigts.
Nous allons passer à la méthode numéro deux : le bisou fou.
J'embrasse ton genou et, hop !
le bobo se met à fondre, fondre...
et il disparaît. »
Et la grand-mère posa très doucement ses lèvres sur le genou.
« Ça a marché ? »
Maylis baissa la tête et mentit un peu
car elle voulait connaître la suite de l'histoire.
Elle répondit, en pleurant un peu moins fort :
« Non, ça n'a pas marché.
Il reste un petit quelque chose ! »
Grand-mère soupira :
« Eh bien, voilà un bobo bien coquin et récalcitrant ! »
Et elle ajouta sérieusement :
« Méthode numéro trois...
— Ah, qu'est-ce que c'est, ta méthode numéro trois ?
— C'est la main magique,
qui fait rentrer le bobo à l'intérieur. »
Avec le bout de ses doigts,
grand-mère ferma les yeux et massa doucement.
Mais Maylis, qui n'avait plus l'ombre d'un mal,
fit « non » de la tête.
« Alors, reste la solution numéro quatre :
la bouche dévoreuse. »
Et grand-mère ouvrit grand sa bouche
et fit semblant d'avaler : « Miam ! Et voilà. »
Maylis se retint pour ne pas rire.

Mais elle avait envie de connaître la méthode numéro cinq.
Alors elle dit :
« Ça n'a pas marché.
— Ce bobo me semble bien coquin ! dit grand-mère.
Alors je ne vois plus qu'une solution :
la chatouille-zigouilleuse. »
Elle attrapa Maylis dans les bras,
la serra très, très fort contre elle.
Et, hop ! elle se mit à la pinçailler
et à la pinçouiller sur les bras !
Maylis éclata de rire.
« Eh voilà ! dit la grand-mère en la reposant par terre.
Ton bobo est parti dans les rires.
Je ne connais rien de mieux
qu'un gros câlin chatouilleux ! »
Et elle attrapa le menton de sa petite-fille :
« Ce qui est bien avec la chatouille-zigouilleuse,
c'est qu'elle peut assassiner n'importe quel bobo.
Le souffle magique, puis le baiser guérisseur,
puis la main qui masse, la bouche qui mord,
et enfin la chatouille-zigouilleuse.
Tu t'en souviendras ?
— Promis, fit la petite fille. Et je le dirai à maman.
— Tu lui diras aussi, répliqua grand-mère,
que ça marche de la même façon pour les chagrins,
les petits et même les très gros chagrins.
Tu t'en souviendras ?
— Promis », dit Maylis
qui repartit *illico* sur son vélo !

Les bobos

Votre enfant s'est fait mal ? Ne sortez pas immédiatement la trousse à pharmacie ! Souvent, un bisou, un câlin suffisent à le guérir.

Les gestes magiques

Tout d'abord, essayez de garder votre sang-froid même si ce n'est pas très facile devant un enfant qui hurle.

Mais si vous vous énervez aussi, si vous lui montrez un visage ravagé par l'angoisse, vous redoublerez son mal et ses pleurs. On l'oublie parfois, mais un sourire, une voix douce sont aussi apaisants qu'un joli pansement.

Pourquoi les gestes magiques sont-ils si efficaces ? Parce qu'ils renferment tout l'amour et la tendresse qui nous portent quand nous sommes enfants. Nous prenons le bobo à notre compte ; nous en faisons un sort !

Même si vous avez un petit casse-cou, évitez d'être toujours derrière son dos comme ces mamans de square que l'on voit toujours en train de dire : « Ne fais pas ci, ne fais pas ça, tu vas tomber »... C'est encore le meilleur moyen pour que l'enfant se casse la figure. De la même façon, les pédiatres ne recommandent pas toujours l'usage du parc des coins de table, qui sont une manière de faire vivre l'enfant dans un cocon. Sans doute vaut-il mieux dès le départ l'habituer à la réalité.

Discutez-en avec lui

Ne dites pas : « Ce n'est rien » ; ne le traitez pas de douillet. Rien de pire à entendre, et nous le savons bien, nous aussi, quand nous avons une peine sur le cœur ! Dites plutôt que vous comprenez sa souffrance.

Même si votre enfant a désobéi, s'il est monté sur un escabeau pour boulotter des gâteaux au chocolat, ce n'est pas le moment de lui faire une scène. Vous en reparlerez plus tard.

Connexions : ***Comment tuer un monstre, Le Petit Souci d'Ivan le Terrible, Histoire de la petite boule de tristesse***

Histoire de la petite boule de tristesse

Il était une fois une petite boule.
Pas une boule de gomme, ni une boule de billard,
ni une boule de pétanque...
C'était une petite boule de tristesse
faite de sanglots ravalés, de rancœurs,
d'angoisses et de larmes sèches.
Tout ça dans une boule ? Oui, car la tristesse
avait été compressée, appuyée, piétinée farouchement,
pour que tout cela tienne ensemble.
Ces petites boules, on les voit parfois
dans le cœur ou dans la gorge des gens.
Je vais te dire un secret :
certaines grandes personnes
ont une petite boule dans la gorge
qui leur fait mal en avalant.
Elles vont chez le médecin,
et le médecin dit : « Belle angine ! »
Mais ce n'est pas une angine.
C'est une boule devenue rouge de honte.

Pour l'instant, cette boule de tristesse
était restée dans la gorge d'un enfant.
Ça ne l'empêchait pas de respirer, Petit Pierre,
car elle était vraiment minuscule,
comme la moitié de l'ongle de ton petit doigt.
Parfois, la boule grossissait
et alors il avait du mal à avaler sa soupe aux légumes.
Parfois, elle disparaissait
et il se sentait gai et léger comme un vent d'été.
Mais on ne pouvait pas la déloger.

Quant à la petite boule de tristesse,
elle s'ennuyait vraiment.
Elle aurait voulu partir, jouer, rouler, frapper !
Après tout, les boules sont faites pour rouler
et pas pour rester en prison
dans le fond d'une gorge.
« Si seulement j'étais une boule de gomme de rien du tout,
se plaignait-elle. Ou bien une boule de pétanque,
qui roule dans le sable, sous les platanes ! »
Et elle trépignait, elle grognait,
dans la gorge de Petit Pierre.
Il lui venait même des idées terroristes.
Pourquoi ne pas fabriquer une bombe,
qui la pulvériserait, la délogerait de là ?
Mais c'était à Pierre de décider
car c'était sa gorge à lui.
Elle n'était qu'une prisonnière.

Un jour, Petit Pierre entendit la petite boule de tristesse.
Il décida lui aussi d'étrangler cette boule qui l'étranglait.
« ASSEZ ! ASSEZ ! cria-t-il.
JE NE VEUX PLUS TE VOIR. PARS, DISPARAIS !
JE T'AI ASSEZ VUE ! TU M'AS COMPRIS ? »
Quand il commença à crier,
la boule se mit à rouler dans la gorge.
Elle se décolla et elle s'envola à tire-d'aile.

Petit Pierre ressentit un énorme soulagement
Il se mit à chantonner à tue-tête.

Je sais ce qu'est devenue la petite boule de tristesse.
Elle a épousé un morceau de nuage et a disparu dans le vent.
Ensemble, ils furent heureux et eurent beaucoup d'enfants.

Les troubles psychosomatiques

Les enfants ne vivent pas constamment dans le jardin d'Éden. Ils éprouvent eux aussi des angoisses et des soucis. La différence avec les adultes qui, eux, ont appris à parler de leurs malaises, c'est qu'ils expriment davantage cette angoisse dans leur corps. Ce sont les fameux troubles psychosomatiques de l'enfant ou « conversion somatique ».

Apprendre à maîtriser son corps

Certains enfants sont ainsi candidats aux « gorges serrées » et autres maux de ventre, surtout à partir de 6 ans. En effet, à l'entrée au cours préparatoire, on demande à l'enfant de fournir des efforts scolaires importants, d'être sage, etc. Et ces exigences s'accompagnent parfois de petits troubles psychosomatiques.

Apprenez-lui à comprendre ce qui se passe en lui : il saura mieux maîtriser ses symptômes.

Discutez-en avec lui

« Parfois, on ressent un énorme chagrin sans avoir envie de l'exprimer, de pleurer ou de crier. Alors, c'est comme si on l'avalait à l'intérieur. La tristesse se transforme en boule, et ça fait mal à la gorge, mal au ventre. On a mal au ventre comme si on avait l'appendicite, mais c'est simplement parce qu'on a ce chagrin dans le cœur. Parfois, il vaut mieux pleurer et crier. Ça n'est pas que pour les bébés. »

Exercices de relaxation

Les enfants sont des clients idéaux pour des mini-relaxations. Dans certaines écoles maternelles, après la cantine, des enseignants incitent leurs élèves à s'allonger et à se relaxer. Non seulement ça leur procure un bien-être formidable, mais ces techniques leur apprennent aussi à lutter contre leur angoisse.

En voici quelques-unes[1] :

« 1/ "Je respire avec le ventre" :

Allongés par terre (avec votre enfant), faites l'exercice du "ventre-ballon". Le ventre est un ballon que vous devez remplir d'air en inspirant, puis dégonfler en expirant. Faites-le compter : trois secondes pour l'inspiration, cinq pour l'expiration. Recommencez dix fois.

2/ "Je suis une marionnette" :

Allongés par terre, vous vous détendez totalement comme une marionnette. Vous levez le bras à quelques centimètres du sol, comme si on tirait sur un fil. Vous respirez jusqu'à dix puis laissez retomber le bras par terre, comme si on coupait le fil. Vous passez ensuite à l'autre bras, puis aux jambes.

3/ "Je voyage" :

Muscles relâchés, allongés sur le dos, vous respirez avec le ventre. Rappelez-vous un souvenir agréable. Décrivez une scène de plage, la chaleur du soleil, le bruit des mouettes, le souvenir d'un été passé. Ou lisez une petite histoire… »

Connexions : *La Princesse Coquelicot sourit trop !, Le Petit Souci d'Ivan le Terrible*

1. Texte extrait de Garber Stephen et Marianne, Spizman Robyn, *Les Peurs de votre enfant*, Odile Jacob, 1997.

Le petit garçon qui bougeait tout le temps car il voulait toujours être ailleurs

Étienne était un petit garçon intenable. D'ailleurs, tout le monde l'appelait Zébulon.

Tu sais pourquoi ? Parce qu'il bougeait tout le temps, comme un diablotin sur son ressort. Il courait, marchait à cloche-pied, tournait sur lui-même comme une toupie, hochait la tête, clignait de l'œil, virevoltait, dansait la gigue, sucrait les fraises.

Il ne supportait pas de rester en place. Pas une minute, pas même une seconde ! Parfois, son corps se mettait à bouger tout seul : les doigts tambourinaient ; ses jambes dansaient sous la table ; ses narines palpitaient. C'était comme si l'énergie qu'il avait au fond de lui explosait dans la plus petite partie de son corps.

À l'école, Étienne vivait un véritable cauchemar. Comme il fallait rester toute la journée assis, il se mettait à cligner de l'œil, à crier, à hurler, à chantonner en classe. Et la maîtresse le traitait d'« insupportable garnement », de « pile électrique », d'« insolent ». Les dames de la cantine voyaient valser les plats de frites, tournicoter les petits pois dans l'air. Et Étienne bougeait tant que, à la fin du repas, on le retrouvait fréquemment avec un cordon bleu dans les cheveux, de la purée sur les sourcils et du flan dans le creux des oreilles.

Avec son papa et sa maman, à table, c'était pire encore. Étienne partait à peine la première bouchée avalée et tournait autour de la table à cloche-pied. Il était régulièrement privé de dessert pour cause de danse impromptue.

Ce qu'il détestait par-dessus tout ? Les voyages en voiture, coincé entre son petit frère et sa grande sœur, dans la petite place du milieu, derrière le frein à main, là où il n'y a même pas de fenêtre pour regarder dehors.

Car Étienne, qui était le deuxième de la famille, était toujours un enfant du milieu. Le milieu partout et en tout ! Jamais l'aîné, jamais le cadet. Ni le premier, ni le dernier, mais celui qui est pris en sandwich entre deux.

« Qui suis-je ? se demandait Étienne. Ni le grand, ni le petit. »

Pendant les voyages en voiture, l'aîné lisait ses livres ; le petit dernier buvait son biberon. Lui, Étienne-du-milieu, il sautillait d'une fesse sur l'autre ; il faisait « vroum, vroum » pendant des heures. Et parfois même, comme s'il avait été piqué par un moustique, il sautait au cou de sa maman qui était en train de conduire.

Pauvres parents d'Étienne ! Ils ne savaient plus quoi faire. Ils avaient même acheté un livre et avaient découvert, avec tristesse, qu'Étienne était « hyperactif ». Ça veut dire qu'il avait trop de force, trop d'énergie en lui.

Bien sûr, il aurait fallu lui ligoter les mains et les pieds, lui enfourner un bouchon dans la bouche, ou l'enfermer dans le noir (ce sont les recettes qu'ils trouvèrent dans ce même livre). Mais, pensèrent-ils, Étienne n'était tout de même pas un ennemi. C'était leur fils adoré !

« Qu'est-ce qu'on va faire de lui ? Mais qu'est-ce qu'on va faire de lui ? soupirait son père à longueur de journée. – Étienne ! Étienne ! » s'exclamait d'un ton las sa maman. Tous deux étaient extrêmement fatigués à cause du manque de sommeil.

Car devine ce que faisait Étienne, le soir tombé... Il dansait la java, bien sûr ! C'était comme si rien ne le fatiguait. Et pourtant, il en faisait, du sport ! Il avait tout essayé : le judo, l'aviron, le vélo à 5 heures du matin, la nage papillon (celle des champions olympiques), la plongée sous-marine...

Enfin, quand, par le plus grand des hasards, il sombrait dans un sommeil de plomb, Étienne devenait somnambule. Cela signifie qu'il continuait à marcher, dans l'appartement, en dormant !

« Donnez-lui donc une bonne cuillerée de sirop hypnotique à la banane », proposa le docteur Schnock. « Une bonne recette : ligotez-lui les poings et les pieds. C'est simple. Les muscles perdront l'habitude de bouger », proposa très courtoisement le docteur Pouf, qui aimait tant dormir. Un troisième médecin préconisa une cure de sommeil pour Zébulon. De loin, ce fut la solution que les parents d'Étienne jugèrent la meilleure. Mais, à force de dormir, Étienne devint mou, mou, mou, comme un gros chat de salon. On cessa immédiatement le traitement, car il s'endormait partout, même en classe, et ses maîtresses le traitaient tout autant d'« insupportable garnement » et d'« insolent ».

Tu te demandes comment l'histoire se termine ?

En grandissant, Étienne s'assagit tout de même un peu. Car on ne peut pas avoir toute sa vie la même énergie ! Il était toujours un peu plus agité que son frère aîné qui était « le grand » et que le petit dernier que l'on appelait « le petiot ». Mais finalement, on réussit à le calmer...

Bien plus tard, quand il fut grand et même papa, Étienne devint océanographe. Il explorait la faune et la flore sous-marines, et connaissait le nom de toutes les algues et de tous les petits poissons sur le bout des doigts. C'est ainsi que l'envie de bouger lui passa. Il put dormir d'un sommeil de plomb sans bouger, même quand il voyageait sur son bateau. À table, même quand la mer était déchaînée, il terminait tranquillement son dessert, sans avoir du flan dans le creux de l'oreille, du cordon bleu dans les cheveux et de la purée sur les sourcils ! Il avait trouvé sa place.

De telle sorte qu'on ne l'appela plus jamais « l'intenable » ou même « Zébulon », mais « le Grand Voyageur ». Et c'était très bien comme cela.

Les enfants hyperactifs

On parle de plus en plus des enfants hyperactifs, à croire qu'ils sont devenus la nouvelle hantise des professionnels de l'enfance. Ces Zébulon en culottes courtes bougent, ne tiennent pas en place, sont turbulents. Mais doivent-ils pour autant être traités ?

Que faire ?

Les spécialistes dénoncent aujourd'hui les prescriptions abusives de *Ritaline*, un médicament prescrit outre-Atlantique pour calmer les petits turbulents. Une véritable dérive : « Quand un adulte déprimé n'arrive plus à travailler, on le met sous *Prozac*. Aujourd'hui, on assiste à la même chose avec la *Ritaline* », confirme un psychiatre.

Reste que, effectivement, selon 54 % des Français, les enfants d'aujourd'hui seraient plus turbulents, plus agités que ceux des générations précédentes. Accusée, entre autres, l'autorité en déroute de certains parents qui ne s'opposent plus à leurs enfants : « C'est comme s'ils manquaient de cadre, de contenant », analyse un psychologue qui poursuit : « Quand ils s'agitent ainsi, ce peut être aussi pour réclamer, inconsciemment, une punition. » Serait-ce une des causes de la recrudescence de la violence dans les écoles ?

Françoise Dolto, quant à elle, dit qu'un enfant « ne tient pas en place quand il ne sait pas quelle est sa place dans la famille ». C'est peut-être aussi de ce côté qu'il faut chercher la vérité...

Discutez-en avec lui

« Que penses-tu d'Étienne et de son problème ? C'est difficile, pour lui, de rester en place. Pourquoi a-t-il toujours envie de bouger, de sautiller ? Penses-tu que, comme lui, tu as du mal à trouver une place qui te convienne : dans la famille ou à l'école ? Penses-tu à une solution, en particulier ?

Étienne, quand il devient grand, se met à voyager et à regarder le fond des océans. Existe-t-il quelque chose qui te plaise vraiment, à toi aussi ? »

Philémon le papillon

Tu connais les papillons.
Tous les papillons papillonnent,
c'est-à-dire qu'ils vont d'une fleur à une autre,
pour se nourrir, voyager, voleter.
Être heureux, enfin.
Philémon, lui, ne voulait pas partir de la fleur qu'il habitait.
Ses copains voletaient d'un pistil à un autre.
Lui restait accroché à son cœur de fleur
comme si sa vie en dépendait.
Quand il fallait partir, pour changer de maison,
pour changer de classe
(car les papillons vont aussi à l'école : celle des papillons),
quand il fallait, après les vacances,
quitter son massif de roses
pour rejoindre celles de son jardin habituel,
c'étaient des concerts de pleurs.
Comme si on lui arrachait le cœur et les ailes.
Cela irritait considérablement ses parents papillons.
Sa maman disait :
« Tu n'es ni un escargot, ni une limace !
Tu es un papillon et, si tu continues,
tu finiras épinglé au tableau d'un collectionneur ! »
Son papa le rabrouait :

« Tu vas te faire attraper
par n'importe quel filet d'enfant ! »
Son grand frère se moquait de lui :
« Dans trois jours, tes ailes vont rapetisser...
Et tu redeviendras chenille. »
Ce qui était faux et vrai à la fois.
Car, quand on refuse de visiter le vaste monde,
on n'a pas toujours la place de grandir et de se développer.
Mais Philémon restait accroché à sa fleur.
« Peu importe, se disait-il, si je finis sur un tableau.
De toute façon, je suis déjà bien déchiré comme ça
à l'intérieur de moi. »
Car il lui suffisait d'imaginer qu'il quittait la rose
pour être terriblement malheureux.

Un jour, un seul jour, il était allé d'une rose à une autre,
à deux petits sauts de puce de papillon.
Eh bien, il en avait été désespéré.
Il avait battu des ailes pendant de longues heures,
car c'est ainsi que pleurent les papillons.
« La vie, c'est aussi se déplacer
d'un cœur de rose à un autre cœur de rose, n'est-ce pas ?
lui dit la maman papillon.
Sinon on n'a plus rien à manger.
Pour grandir il faut aussi changer de maison.
Les roses, ce sont des maisons...
ce ne sont pas des amoureuses !
Ne confonds pas les deux ! »

Elle se posait des tas de questions,
la maman de Philémon.
Et, bien sûr, elle se sentait coupable
comme toutes les mamans.
Elle papillonnait d'une idée à une autre.
Elle s'interrogeait :
« Peut-être ne l'ai-je pas suffisamment pris dans mes ailes
quand il était bébé ? »
Elle imaginait qu'il ne se sentait pas assez en sécurité.

Peut-être était-il sorti du cocon un tout petit peu trop tôt,
sans avoir eu le temps de bien former ses ailes ?
Voilà toutes les questions qui la hantaient...
Même si elle n'en laissait rien paraître.

Un jour, Philémon eut envie de grandir.
Cela arriva un peu plus tard que les autres
Mais cela arriva quand même.
Il pensa : « C'est aujourd'hui »,
et il décida de changer de rose.
C'était un peu comme se jeter dans le ciel,
quand on apprend à voler.
Comme il était sentimental, il frotta ses ailes
contre les pétales de rose.
Ce qui est signe, chez les papillons,
qu'ils vont quitter la fleur.
La rose, qui était triste aussi, lui dit :
« Petit papillon, tu sais que tu peux revenir quand tu veux.
Tu seras toujours chez toi ici.
Quand tu auras envie de te sentir en sécurité,
tu penseras à moi.
Et tu verras que le fait de rêver de moi pourra te suffire.
Ça sera comme me réinventer à chaque fois,
m'emporter dans ton cœur.
Ainsi, dit encore la rose,
ce n'est plus moi qui te porterai.
C'est toi qui me porteras dans ton souvenir. »

Le petit papillon en prit de la graine
– c'est le cas de le dire.
Quand il se sentait triste, il pensait à toutes les roses
dans lesquelles il s'était senti très bien.
Et ces souvenirs étaient comme autant de maisons
qu'il portait dans son cœur.
Des maisons pleines de parfums qui tourbillonnent.

Les repères

Un enfant a besoin de repères précis (lieu, horaires, rituels) et d'une maison, « sa » maison, où il loge ses souvenirs, ses doudous, ses secrets et toute sa sécurité intérieure.

« Sa » maison : un repère

Pour l'enfant, peu nomade par nature, la maison est un vrai petit nid à secrets, presque une métaphore et une annexe du ventre maternel. D'où son désir, souvent, de ne pas en bouger. Même s'il aime vagabonder et découvrir de nouveaux lieux avec ses parents, il lui faut toujours revenir dans « sa » maison, refuge contre l'inconnu.

À l'occasion d'un événement grave de sa vie (séparation ou divorce de ses parents, décès, déménagement impromptu, ou s'il apprend qu'il est un enfant adopté), certaines de ses angoisses de séparation peuvent être réactivées. À ces moments-là, les enfants sont attachés à leur domicile de façon presque névrotique. C'est peut-être là le signe d'un manque de sécurité intérieure.

Discutez-en avec lui

« Quand on est un petit enfant, on aime avoir toujours le même appartement, la même maison de vacances... Mais vivre, c'est aussi bouger. Est-ce qu'il t'arrive d'être très triste quand tu pars de vacances ? Certains se mettent à pleurer, parce qu'ils quittent des copains. Mais il faut bien rentrer à la maison. C'est normal d'être triste de quitter quelqu'un ou un endroit où l'on a été heureux.

Tu dois te dire qu'on ne part jamais sans rien. On emporte ses souvenirs avec soi. Cela veut dire que l'on se rappelle ; on rêve à la maison qu'on a habitée. Et parfois les souvenirs sont encore plus beaux que ce qui se passe dans la réalité.

Grandir, c'est découvrir de nouveaux endroits. Parfois, on n'en a pas envie, parce qu'on ne se sent pas en sécurité. Notre première maison, c'est d'abord le ventre de notre maman. On n'avait pas vraiment envie d'en sortir... On en est sorti parce qu'on était trop à l'étroit, c'était trop petit. Plus tard, on continue aussi à changer de lieu. Même pour les grandes personnes, c'est difficile de laisser une maison et des amis. Mais vivre, c'est bouger. Et bouger, c'est grandir ! »

Connexions : ***Pierrot Lapin change de terrier, Myrtille la chenille***

14

Petites et grosses bêtises

Histoire de Petit Tom qui disait des bêtises

Je vais te raconter l'histoire de Petit Tom,
un garçon tout à fait mignon
mais qui n'était pas content de lui.
Que lui était-il arrivé, dans sa famille,
quand il était petit, pour se détester ainsi ?
Il s'aimait si peu qu'il lui arrivait,
devant son miroir,
de se faire d'horribles grimaces.
Des grimaces de singe, de fantôme, d'épouvantail,
avec des yeux tout exorbités, une bouche qui se tortille
et qui ricane, comme un vampire !
« Je suis nul, nul, nul ! » disait Tom
en se tirant la langue.

Un jour – on ne sut pas trop pourquoi –,
Tom en eut assez, plus qu'assez de lui-même,
jusqu'au bout de ses grimaces.
Alors il inventa Tom Ier.
Tom Ier était un petit empereur
avec un sceptre, une couronne et des serviteurs.
Tom Ier habitait dans un château,

avec une fontaine de Coca dans le jardin,
des arbres pleins de Smarties,
Des écrans de télé grands comme une maison
où il pouvait regarder dix mille dessins animés en même temps.
Dans sa chambre, il y avait une piscine,
une salle de jeux immense,
un manège pour lui tout seul,
des autotamponneuses,
et même un magasin de jouets rien que pour lui !

Tom était très doué pour raconter des histoires,
si doué que, pendant toutes les récréations,
un attroupement se créait autour de lui.
« Tom, raconte-nous ! » disaient les enfants.
Et Petit Tom racontait :
« Hier, mon papa m'a rapporté un lionceau d'Afrique.
Il est grand comme mon bras !
Il dort dans mon lit, à côté de moi.
Je lui donne à manger des pigeons
et des poussins tout frais,
qui se promènent dans le jardin.
Et quand il grandira, il vous dévorera tous ! »
Il disait aussi : « Mon oncle est cosmonaute.
Il va partir pour la prochaine mission sur la Lune.
Et il va m'emmener dans sa capsule. »

Tom était vraiment devenu quelqu'un d'important.
Quand il se promenait dans l'école,
il entendait des murmures sur son passage :
« C'est Tom, tu sais, celui qui a un lionceau dans sa maison !
— Tu sais, c'est Tom ! Son oncle est cosmonaute,
son papa agent secret. »
Et tous ces chuchotements faisaient comme une gigantesque traîne de murmures,
que l'empereur Tom Ier traînait derrière lui.
Tu le vois, ce n'était pas si désagréable.

Un jour, les enfants le suivirent chez lui,
pour voir le lionceau.
Et ils virent une maison toute banale
qui n'avait rien d'un château.
Le lendemain, ils lui dirent : « Tu nous as raconté des histoires ! »
Tom rit : « Oh, mais, c'était chez ma grand-mère ! »
Tom ne pouvait plus s'arrêter.
Il racontait mensonge sur mensonge,
découvrant qu'une histoire en amène une autre,
et encore une autre,
et que tout cela est sans fin.
Un château amène un lionceau, une piscine, une fusée...
Ça n'en finissait plus !
Ce Tom Ier encombrait de plus en plus
l'existence de Petit Tom.
Il l'empêchait même de bien dormir la nuit
sur ses deux oreilles.
Mais comment aurait-il pu s'arrêter ?
Comment cesser de dire des bêtises ?
C'était comme sortir d'une maison où l'on était bien,
bien au chaud !
C'était comme se retrouver tout nu dehors,
sous la pluie, sous la neige.
C'était cela, cesser de mentir.
C'était redevenir un peu soi, aussi.

Une nuit, alors qu'il essayait de dormir,
Tom fut réveillé par un minuscule bruit.
Un petit bruissement d'ailes...
Il se redressa, claqua des deux mains pour attraper le moustique.
Mais la petite bestiole se mit à rire :
« Je ne suis pas un moustique !
Je suis la Fée des songes.
J'ai quelque chose d'important à te dire.
Ça me prendra deux ou trois secondes. »
Et la Fée des songes lui chuchota un secret à l'oreille.
C'était le secret des choses vraies.
Puis elle l'embrassa sur le lobe de l'oreille,

et cela fit un petit baiser en forme de cœur.
« Demain, annonça la Fée des songes,
tu regarderas ton oreille
et tu sauras que tu n'as pas rêvé ! »

Depuis, les choses ont tout de même un peu changé.
Tom a grandi, tant et si bien qu'il est aujourd'hui devenu papa.
Longtemps, longtemps, il essaya de se souvenir
du secret des choses vraies.
La nuit, il restait, l'œil aux aguets,
guettant le retour de la Fée des songes.
Mais jamais elle ne revint.
Quel était donc ce secret ?
Était-ce quelque chose comme :
« Les mensonges rendent malheureux »,
ou « Le monde est plus beau quand il est pour de vrai » ?

Un jour, Tom cessa de se poser la question.
À quoi bon, finalement ?
Mais il ne dit plus jamais de bêtises.
Plus une seule.
À la place, il prit son pinceau
et dessina de très belles histoires.
Des histoires de châteaux forts, de cosmonautes,
des histoires de sceptres, de couronnes, de lionceaux.
Et beaucoup d'autres choses encore...

Les mensonges

Les enfants mentent très souvent. Mais, attention, ils n'en deviennent pas voyous pour autant !

Pourquoi mentir ?

Le mensonge peut survenir pour différentes raisons :

• votre enfant prend conscience qu'il est un individu doté d'une pensée unique, radicalement différente de celle de ses parents. Il prend conscience également que ses parents ne peuvent pas pénétrer dans son jardin secret. Il en profite ! D'ailleurs, il peut avoir un sentiment de puissance en s'apercevant qu'il n'est pas tout transparent face à ses parents ;

• il s'aperçoit que les grands aussi s'arrangent avec la vérité, même si ce sont des mensonges pieux. Certains enfants déforment totalement la vérité parce que leurs parents leur ont menti lors d'un deuil, d'une adoption, etc. ;

• enfin, il peut ressentir le besoin de s'inventer un autre monde, une seconde identité, parce qu'il est peu sûr de lui. Dans ce cas, le mensonge est symptôme de « mal-être ».

Que faire ?

Surtout, ne traitez pas votre enfant de « menteur » immédiatement. Cela l'humilierait et pourrait entériner une situation qui n'est peut-être qu'accidentelle ou occasionnelle. Si vous l'appelez « menteur », il risque de se persuader qu'il l'est réellement.

Néanmoins, il est important de marquer le coup. Vous n'êtes pas dupe, vous le lui faites remarquer, et ainsi il redescend sur terre.

Discutez-en avec lui

Au lieu de parler de « mensonge », préférez la formule « pour de vrai » ou « pour de faux » : « Ce que tu m'as dit là, c'est pour de faux, n'est-ce pas ? » Ou : « Moi, j'ai l'impression qu'il s'est passé le contraire. » En empruntant son vocabulaire d'enfant, vous lui épargnez le banc des accusés.

Faites-lui comprendre qu'une faute avouée est à moitié pardonnée : « Tu vois, je ne te punirai pas parce que tu as fini par me dire la vérité. »

Faites-lui comprendre l'engrenage dans lequel il risque de s'enfermer : « Quand on commence à dire des bêtises, on est obligé de continuer. Une bêtise en entraîne une autre... Et après, on raconte vraiment n'importe quoi ! »

S'il ne cesse de mentir, passez au stade supérieur, montrez-vous plus ferme : « Je ne supporte plus que tu me racontes des histoires. J'ai besoin d'avoir confiance en toi. » Passez éventuellement au stade des punitions.

Connexion : *Tout un monde de mensonges*

La Princesse aux gros mots

Il était une fois une petite princesse jolie comme un cœur.
Comme elle était belle avec ses yeux couleur pistache,
son rideau de cheveux noirs,
sa bouche rose comme une fraise !
Hélas ! de cette bouche sortaient des mots terribles, des gros mots,
d'énormes, de gigantesques, de monstrueux gros mots.
Des mots qui ressemblaient
à des monstres aux dents noires avec plein de poils partout,
à des torrents de boue, à un ciel d'orage.

Au lieu de dire bonjour, elle disait : « Prout, prout »
– ce qui n'était pas très élégant pour une princesse.
Pour dire au revoir, elle faisait : « Crotte de bique, tout le monde ! »
Et pour souhaiter un bon appétit, elle crachait par terre.
(Bien sûr, je te raconte là ce qu'elle faisait de moins grave.
Car pour le reste, il n'est pas question
que je t'apprenne tous les gros mots qu'elle connaissait !)
Tu imagines la tête de ses parents :
son papa la grondait ;
sa maman faisait une grosse crise d'urticaire
après chaque insolence,
car elle était allergique aux gros mots.

Pour te dire la vérité sur cette histoire,
c'était une méchante sorcière qui,
le jour du baptême de Marie-Inès,
lui avait jeté un sort.
Parce qu'elle était jalouse de ses yeux couleur pistache,
de son rideau de cheveux noirs
et de sa bouche couleur fraise,
elle qui n'avait en tout et pour tout
qu'un horrible nez cabossé, un poireau avec des poils dessus,
et des dents jaunies par la fumée de cigare.
La sorcière lui fit ce vœu terrible :
« Tu prononceras les plus gros mots des gros mots
que la Terre ait jamais entendus. »
Le roi et la reine (qui s'était évanouie à ses paroles)
n'avaient pas pensé à lui demander comment briser le charme.
Car – tu le sais – il y a toujours un moyen
de rompre les mauvais sorts que l'on te jette.

La reine pensa qu'un baiser de prince charmant
pouvait sauver sa fille.
Ne dit-on pas que, dans les contes,
on parvient à transformer un crapaud en doux prince,
une horrible sorcière en ravissante donzelle ?
« Croyez-moi, cher ami, dit la reine Marie-Astrid
au roi Jean-Léopold Ier.
Les baisers sont notre seul salut. »
Elle prit sa plus belle plume
et écrivit ainsi une annonce sur le *Royal Bulletin* :

> *Jolie princesse aux yeux pistache,*
> *aux cheveux chocolat et à la bouche en fraise*
> *recherche jeune prince sur son cheval blanc.*

Suivait ensuite l'adresse du royaume,
avec un plan accessible pour les blancs destriers.

Ils arrivèrent tous, les beaux princes !
Les blonds, les bruns, les petits,
les grands, les costauds, les maigres,
avec leurs cadeaux et leurs beaux discours.
Du genre :
« Belle marquise, vos beaux yeux
me font mourir d'amour. »
Et ils repartaient tous, terriblement dépités,
après avoir entendu le « Prout, prout » de la princesse,
son « Crotte de bique, tout le monde ! »
et autres gros mots que je ne te dirai point.
L'air dégoûté, ils enfourchaient leur blanc destrier
qui avait l'air encore plus dégoûté qu'eux.
Quel prince charmant aurait voulu d'une princesse si mal élevée ?

Un jour, pourtant, le très mignon mais très mal élevé
prince Charles-Édouard
se dirigea vers le château.
Il avait lu, lui aussi, le *Royal Bulletin*.
« Salut, mec ! fit-il en entrant dans le château.
Prout de bique, tout le monde,
et caca de chien tout mou !
Il fait un temps d..., n'est-il pas ? »
Et il déversa à la princesse un chapelet de mots si horribles
que le château en vacilla sur ses bases.
La princesse, qui n'avait rien entendu de pareil,
piqua une crise d'urticaire géante et tomba dans les pommes.
Elle vit défiler sous ses yeux
une armée de robots gluants, poilus aux dents noires,
et des torrents de boue, d'affreux petits monstres
gambader partout, tout autour d'elle.
Quand ils sont prononcés par quelqu'un d'autre,
c'est l'effet qu'ils font, les gros mots.

Le remède fut beaucoup plus efficace qu'un simple baiser.
En écoutant Charles-Édouard,
la princesse devint terriblement allergique aux gros mots,
tout comme sa mère.

Elle cessa d'en prononcer du jour au lendemain.
Ce jour-là, comme par magie,
une ribambelle de prétendants se pressèrent
aux portes du royaume.
On lui proposa des royaumes, des maisons de campagne,
des châteaux en Espagne, des baquets énormes de pierreries.
Parce que non seulement elle était belle,
mais, depuis qu'elle ne disait plus un seul gros mot,
elle était irrésistible !
Mais la jolie princesse déclina leurs propositions.
Elle épousa Charles-Édouard qui,
en tombant amoureux de la princesse,
ne prononça plus un seul gros mot...

Tous les deux se marièrent
et eurent beaucoup d'enfants polis, mais pas polissons.
On ne connut jamais d'enfants mieux élevés dans le royaume.
Ils disaient :
« Bonjour, au revoir, merci, je vous en prie, s'il vous plaît,
après vous, non après vous, non vraiment... »
Et puis ils attachaient leur grande serviette blanche
autour du cou avant le déjeuner,
couraient se brosser les dents après le dîner
(sans même qu'on le leur demande une seule fois),
attendaient le marchand de sable en souriant,
tapis au fond de leur lit.
Enfin, rien que des choses incroyables,
qui n'arrivent que dans les contes.

Celle qui hurla de rage fut la méchante sorcière.
Elle prononça de gros, d'énormes, de terribles mots :
un vrai torrent de boue qui l'emporta à l'autre bout de la Terre.
Bien évidemment, tous ces mots, je ne te les rapporterai pas ici.

Les mots interdits

Comme il est tentant, pour les enfants, de prononcer ces mots interdits ! Plus on le leur interdit et plus ils s'en gargarisent. Il n'y a qu'à voir leur air réjoui quand ils les disent.

Que faire ?

Tout d'abord, imposez à votre enfant d'être poli avec vous. Il ne doit pas vous appeler par votre prénom, histoire de vous mettre sur un pied d'égalité. De même, il doit parler de vous en disant « maman » ou « papa » et non « elle » ou « il ».

Ne placez pas non plus la barre trop haut. Ne cherchez pas à en faire un petit surdoué de la politesse ou à employer un vocabulaire précieux. Exigez seulement ces quelques mots magiques : *merci, s'il te plaît, bonjour, au revoir.*

Incitez-le à faire preuve d'humour et à puiser dans le répertoire du capitaine Haddock[1]. Il sera ravi d'appeler son copain « bachi-bouzouk » ou « moule à gaufre ». Et pourquoi ne pas stimuler sa créativité en l'incitant à en inventer d'autres, comme « poulet déplumé », « tyrannosaure à trois cornes », etc. ?

Attention également à ce que vous dites. Les enfants procèdent par mimétisme, et la loi qui consiste à interdire les jurons en société est valable aussi pour les grands ! S'il vous arrive d'en laisser échapper un, excusez-vous auprès de lui.

Enfin, si la situation s'aggrave, sanctionnez-le : à cinq gros mots, privation de dessert ; à dix gros mots, privation de télé ; etc.

Discutez-en avec lui

« On ne s'en rend pas compte quand on les prononce, mais les gros mots ne sont pas beaux ! Ils roulent comme des torrents de boue. C'est pourquoi on n'a pas envie de se faire un ami d'un enfant ou d'un adulte qui jure tout le temps.

1. Albert Algoud, *Le Haddock illustré*, Casterman, 2004.

Les gros mots prononcés devant les autres sont plus graves que ceux que l'on garde pour soi. Je n'ai pas envie d'entendre tes gros mots. Ils n'appartiennent qu'à toi. Si tu ne peux vraiment pas t'empêcher d'en dire, tu vas dans ta chambre. »

Tout un monde de mensonges

Un jour, quand son papa eut le dos tourné,
Petit Pierre se glissa dans son bureau
pour jouer avec le gros ordinateur
– ce qui était parfaitement interdit !
Il joua, et joua, et joua…
Et quand il partit, il oublia de l'éteindre.
L'ordinateur resta là, à grésiller toute la journée.
Le soir même, papa dit, avec sa grosse voix
(un peu comme celle du gros ours) :
« Qui a joué avec mon ordinateur ? »
Et tout le monde répondit « personne ».
Petit Pierre aussi dit « personne », sans rougir,
en posant ses yeux clairs dans les yeux de son père.
Ce qui était son premier vrai gros mensonge !
Papa dit alors : « C'est moi qui ai oublié.
J'ai la tête à l'envers en ce moment ! »
Ça lui fit tout drôle, à Petit Pierre.
Ainsi, il était facile de dire des mensonges ?
Même à son papa ?
Les parents ne devinaient pas tout…

Le lendemain, Petit Pierre attrapa la pièce de deux euros
que maman avait laissée dans le petit panier de l'entrée
pour acheter le pain.

Il la glissa dans la poche de son bermuda.
Maman la chercha un peu, puis demanda :
« Pierre, as-tu vu la pièce que j'avais mise de côté ?
— Non, répondit Petit Pierre, sans rougir. Et il ajouta :
Tu l'as peut-être déjà utilisée hier, pour acheter le goûter ?
— Peut-être, dit maman. Peut-être bien... »
Et Petit Pierre tâta de sa main la petite pièce de deux euros.

Maintenant, quand on lui demandait :
« Pierre, t'es-tu lavé les mains ? »
il disait, d'une voix sûre :
« Oui, bien sûr. Lavé, séché ! »
Pour les dents, c'était pareil, et pour la douche, pareil aussi.
Et c'est ainsi qu'il construisit son monde de mensonges.
Bizarrement, il ne pouvait plus s'arrêter.
À l'école, quand la maîtresse demandait :
« Qui est allé au cinéma ? » il répondait :
« Moi ! Dix fois déjà ! »
« Qui est déjà allé au Canada ?
— Moi, faisait Petit Pierre, qui n'était jamais allé bien loin.
— Alors, raconte-nous ! » faisait la maîtresse.
Et Petit Pierre racontait tout : les arbres, les écureuils, les couleurs, les feuilles...
Les élèves buvaient ses paroles, et la maîtresse aussi.
Il racontait si bien !
C'était si drôle de s'inventer un monde.

Un jour, Petit Pierre fut invité chez Petit Paul.
La maman lui demanda :
« Aimes-tu le gâteau au chocolat ?
— Non, répondit Petit Pierre
qui pensait pourtant : "Oui, oui, oui !"
Non, je n'aime pas la glace à la vanille,
ni les fraises, ni les bonbons,
— Tu n'aimes pas les bonbons ?
demanda la maman, très étonnée.
— Je les déteste », chuchota une voix en lui.
Et pourtant, il n'avait qu'une envie :
dire « Oui, oui, oui » !

Mais c'est comme cela, mentir.
On commence et on ne peut plus s'arrêter.
Quelque chose de magique s'était mis en route.
Quand Petit Pierre voulait dire « oui », c'était « non ».
C'était un gros « non » qui sortait de sa bouche.
Et quand il voulait dire « non »,
il disait « oui » !

Ensuite, la machine s'emballa.
Quand il allait faire des courses,
il avait envie d'un ballon rouge,
et il disait : « C'est le noir que je préfère. »
Qui donc lui faisait dire exactement le contraire
de ce qu'il voulait dire ?
Était-ce un mauvais génie, une fée, le Prince du Mensonge ?
ou quelqu'un qui voulait lui donner une sacrée leçon ?
Et Petit Pierre attendit quelques jours
que le mauvais génie se manifeste.
Mais personne n'arriva...

Alors Petit Pierre remit doucement dans l'entrée
la pièce de deux euros.
La plus étonnée, ce fut maman,
qui dit, d'une haute voix :
« Tiens ! Ma petite pièce a fini
sa petite promenade ! »
À l'école aussi, il cessa de dire n'importe quoi,
de raconter des bêtises rien que pour être quelqu'un d'autre.
Et c'était bien plus drôle ainsi,
bien plus drôle de dire « oui » quand on pensait « oui »
et « non » quand on pensait « non ».
Parce que, être quelqu'un d'autre,
sans aimer le gâteau au chocolat
ou les glaces à la vanille, ça n'était pas très drôle...

Fiche pratique et connexion : *Histoire de Petit Tom qui disait des bêtises*

La petite araignée qui voulait tout, tout, tout

Comme toutes les araignées,
Mathilde, comtesse de Picassiette,
était une grande tricoteuse.
Avec ses fines pattes, elle savait comme personne
tricoter de jolies et solides toiles, en une nuit à peine !
Les araignées aiment avoir plusieurs maisons,
mais Mathilde était plus gourmande que les autres.
Elle avait tendu sa toile un peu partout.
Au-dessus d'un noisetier, sur le grenier, dans la cuisine.
Mais il lui fallait encore six, huit, douze maisons,
et elle envisageait même de tricoter un château !

Dans sa toile principale, Mathilde Picassiette
rangeait ses victuailles :
morceaux de feuilles d'automne,
bouts de laine glanés sur les écharpes,
brindilles chipées par terre,
sans parler du stock de mouches et moucherons
qui s'étaient égarés dans son garde-manger !
Mathilde en conservait dix, quinze, cinquante
– ce qui était beaucoup trop pour un minuscule estomac d'araignée.

« Pourquoi donc lui faut-il autant de choses ? »
s'interrogeaient ses cousines les Faucheuses et les Mygales.
Car la soif de Mathilde était sans fin !
Quand une de ses voisines rapportait chez elle
une moitié de moucheron,
elle en était verte de rage.
D'ailleurs, dès qu'elle voyait quelque chose tournoyer dans l'air,
elle tendait ses pattes pour l'attraper.
Puis elle consignait ses trésors dans un grand livre
dans lequel elle écrivait à l'encre transparente
afin que personne ne puisse la lire !

Pourquoi Mathilde Picassiette était-elle comme cela ?
On ne savait pas.
On savait seulement que ses parents avaient été aspirés
par un Torpédo super-volume, un jour de nettoyage de printemps.
On disait aussi qu'elle n'avait pas pleuré, pas crié.
Elle était partie loin devant elle.
Et elle avait commencé à enfermer des tas de choses inutiles
dans sa toile.
De temps en temps, la comtesse de Picassiette organisait des fêtes
pour ses cousines les Mygales et les Faucheuses.
Mais c'était uniquement pour recevoir des cadeaux.
Elle apportait sur la table un tout petit tas de moucherons
et de pucerons
et raflait tous les cadeaux avec gourmandise.

Il ne lui fallut pas longtemps, à Mathilde, pour se retrouver
toute seule.
Qui aurait voulu fréquenter une telle petite araignée ?
Mathilde Picassiette se sentit si triste
qu'elle se mit à filer du noir.
Ses toiles étaient sinistres.
Comme personne ne lui donnait d'amour ou de gentillesse,
elle eut encore plus besoin de mouches, moucherons,
bouts de laine et brindilles.
Elle commença même, la nuit, à chiper des babioles dans les toiles
de ses voisines.

Elle savait que c'était mal,
mais c'était plus fort qu'elle.
En fait, elle voulait de l'amour, et personne ne lui en donnait.

Pour la suite de l'histoire, sache que, un jour de grande tristesse,
Mathilde attrapa dans sa toile le comte de Monchéri,
un délicieux petit « araigneau » aux yeux de velours.
Lui-même fut ravi d'être volé : il ne savait pas quoi faire
de ses pattes !
Nos deux amoureux eurent de nombreux bébés araignées
et construisirent une toile à six étages...
Mais pas pour y conserver des moucherons !
Pour y loger tous leurs enfants.
Mathilde, devenue tout heureuse,
tricota des toiles rose bonbon et bleu layette.
Elle distribua autour d'elle
ses pucerons, moucherons, brindilles et fourmis.
Elle déchira les pages de son grand livre
dans lequel elle avait inscrit tous ses trésors,
et en fit des cocottes en papier pour tous ses petits enfants.
Elle aimait et elle était aimée.
Que demander de plus ?

Le vol

Que ce soit un disque, quelques Carambar à la boulangerie d'en face ou un autocollant dans la cour de récré, il a volé... Et vous ne devez pas faire comme s'il ne s'était rien passé.

Analysez la situation

Le vol est un symptôme : l'enfant a volé par frustration et compensation, parce qu'il est triste. Il y a des enfants pour qui posséder est extrêmement important. Peut-être est-il en train de vivre une étape majeure de son développement (vous attendez un enfant, votre couple se dispute beaucoup, etc.) ? Peut-être est-il anxieux et préoccupé en ce moment ? Peut-être a-t-il le sentiment d'être un peu mis à l'écart, de ne pas obtenir tout ce qu'il mérite d'après lui ?

Ou il a volé pour se faire des copains, par jeu. Quand l'enfant atteint les 6-8 ans, il peut voler par défi, pour se faire des copains et même pour entrer dans un groupe de copains. C'est déjà l'époque des caïds...

Que faire ?

Ne le traitez pas de « voleur » – ce qui entérinerait la situation –, mais soyez très ferme avec lui : « Tu n'as pas le droit de voler. Personne n'a le droit ! Bien sûr, quand on est enfant, on ne va pas en prison pour cela. Mais les grandes personnes qui volent, elles, oui. »

Réaffirmez votre amour et votre confiance en lui : « J'ai confiance en toi. Je sais bien que c'était une fois, comme cela, juste pour essayer. C'était une erreur. Tu n'es pas un(e) voleur(euse), et tu n'es pas méchant(e). »

Discutez-en avec lui

« Mathilde la petite araignée veut tout pour elle. Elle est très jalouse quand quelqu'un reçoit quelque chose qu'elle n'a pas. Elle a envie de tout posséder. Et elle vole même ses amis... Mais voler, c'est interdit.

Penses-tu qu'elle soit vraiment méchante ? Moi, je ne pense pas. Je crois que, dans son cœur, Mathilde est très triste. Elle pense qu'en possédant beaucoup de choses, elle sera plus heureuse. Mais – tu as dû le remarquer – quand on a un jouet, on a envie d'un autre jouet, puis d'un autre... Et on a toujours envie d'autre chose ! Les envies peuvent être infinies. C'est pourquoi ça ne sert à rien de tout posséder. De toute façon, tu ne peux pas tout avoir, je ne peux pas tout acheter. Par contre, quand tu vois quelque chose qui te plaît, tu peux m'en parler. Et moi, je le note dans mon carnet pour te l'offrir à Noël ou pour ton anniversaire... »

Connexions : *Comment tuer un monstre, Tout un monde de mensonges*

Alban l'insolent

L'histoire se passe au temps des princes,
des princesses et des fées-marraines.
Les fées-marraines, tu les connais.
Ce sont les dames qui agitent leur baguette sur le berceau
et décident que le bébé sera beau, futé, malin, intelligent,
doué aux échecs, résistant au virus de la grippe,
champion de ski, amateur de golf,
dessinateur de bateaux de pirates, collectionneur de Louis d'or, etc.

Comme les rois et les reines connaissent du beau monde,
ils ont toujours énormément de fées-marraines à inviter.
C'est même un véritable casse-tête,
car on ne peut tout de même pas convier
deux cents fées en même temps !
Les petits princes n'ont qu'une vie
et ne peuvent pas être deux cents fois champions du monde !
Mais on sait que les fées-marraines,
qui adorent boire le champagne et manger des petits-fours,
n'aiment pas être exclues de la fête.
Quand elles ne sont pas invitées,
elles viennent quand même et vous endorment pour cent ans,
vous font mourir empoisonné

ou vous transforment en crapaud.
Car elles ont plus d'un tour dans leur baguette.

C'est pourquoi, au baptême du petit Alban,
le roi et la reine décidèrent tout de même
d'inviter l'horrible fée Moustique, par crainte des représailles.
C'était une fée terrible, insolente, mal élevée.
Elle ne disait jamais bonjour, ne disait jamais merci,
envoyait promener les portes dans le nez,
ne s'excusait jamais avant de faire un vœu...
Au moment de la distribution des dons,
elle arriva près du berceau et dit, en ricanant :
« Je ne vous remercie pas du tout de m'avoir invitée.
Le dîner était très mauvais, le foie gras pas assez gras,
et le vin pas assez fin.
Je vais faire un vœu :
le petit prince Alban sera malpoli, mal élevé, goujat et mufle !
Na ! »
Et elle partit en claquant le pont-levis.

C'est ainsi que le petit prince Alban grandit,
très en beauté, en intelligence et en muflerie.
Tout petit déjà, dans son berceau,
il tirait la langue à sa maman la reine
qui lui faisait des gouzi-gouzi.
Quand on lui apporta ses cadeaux de baptême,
il fit des grimaces terribles,
en criant : « Que c'est moche ! »
(Car la fée du langage avait voulu
qu'il parle dès ses trois mois.)
Tu vois qu'il était vraiment terriblement mal élevé.

Le roi et la reine firent venir de très loin
des professeurs de bonne éducation.
Mais rien n'y faisait.
Et plus Alban grandissait, pire c'était.
Il allongeait ses pieds nus et sales sur la table
entre les chandeliers en argent massif.

Il avait toujours un méchant ricanement aux lèvres.
Et il disait : « Cette soupe est immonde.
Berk, j'ai pas faim. Ça sent pas bon. »

On le mit au cachot pendant huit jours,
en pension une petite semaine... Rien n'y fit.
Les plus grands spécialistes vinrent le voir.
Car des princes moches comme des crapauds,
on connaissait.
Des princes ridicules, des qui avaient peur des dragons,
on connaissait.
Mais d'aussi terribles petits princes,
on n'avait jamais vu ça de toute l'histoire de la royauté.
En plus de tout, il grandit tout seul, sans copains.
Parce que, s'entendre dire qu'on est idiot
et supporter qu'on vous prenne tous vos bonbons
sans qu'on vous dise jamais merci,
ça ne favorise pas les amitiés.

En fait, on prenait Alban pour un méchant,
à cause de toutes les méchancetés qu'il disait.
Et pourtant, parfois, Alban l'insolent
aurait bien aimé dire « bonjour », « merci » ou « s'il te plaît »,
enfin, tous les mots gentils des petits princes bien élevés.
Mais ça ne venait pas dans sa bouche.

En cachette, un jour, la reine se rendit chez la fée-marraine.
Celle-ci était devenue très vieille et plus insolente que jamais.
« Je lui donne sa chance, dit la terrible vieille.
Il doit disputer avec moi une partie d'insolence.
Le plus mal élevé, celui qui fait le plus d'insolences
remporte la partie.
Mais attention ! C'est moi qui gagnerai.
Car tout le monde est nul, même vous ! »
dit la vieille en ricanant.

Le prince Alban arriva. Le tournoi dura douze jours et demi.
C'était à qui se disait le plus d'insolences.
Sans parler des coups de pied dans les fesses,
impolitesses,
doigts dans la confiture...
Le douzième jour et demi, la vieille fée-marraine
en avait plus qu'assez.
Elle s'endormit et roupilla en ronflant bien sûr
– signe suprême d'impolitesse !
Ce fut à ce moment-là que le prince Alban, hop !
lui retira sa perruque d'un coup sec
découvrant son crâne chauve.
Mais comme elle était tout endormie,
elle ne put rien répondre.
Alban remporta donc la partie,
et le mauvais sort cessa à la minute.

Il devint le petit prince le mieux élevé
de toute l'histoire de la royauté.
Et figure-toi qu'après cela, il ne fut plus jamais seul.
Il se fit une sacrée bande de bons copains
dans les environs du royaume.
Personne ne le reconnaissait.
Était-ce vraiment lui, le délicieux Alban,
qui avait été si insupportable ?
On l'aimait, on l'adorait.
On lui donnait tout ce qu'il voulait.
Et ce temps où il avait été insolent et insupportable
était bien loin derrière lui.

Quant à la fée-marraine,
elle fut si dégoûtée qu'elle décida
de ne plus se rendre à aucun baptême d'aucun enfant.
Depuis ce jour-là, les enfants sont bien mieux élevés.
Même s'ils doivent toujours faire des efforts
pour ne pas oublier les fameux mots magiques...

Les insolences

Tous les enfants passent par une phase d'insolence, surtout entre 3 et 6 ans, en pleine période œdipienne. C'est normal : ils essaient de vous provoquer, de vous narguer.

Apprenez-lui le respect

Il cherche à vous faire rire par des plaisanteries ? Ne rentrez pas dans son jeu. Surtout, ne souriez pas ; ne riez pas. Votre autorité prend racine là, dans le refus de ces insolences. De même, ne souriez pas quand il vous appelle par votre prénom. Ce n'est pas gratuit : il cherche quelque chose...

Ayez une attitude cohérente : parlez à la maison comme vous voudriez qu'il vous parle. N'oubliez pas, vous non plus, les mots magiques, envers lui ou l'autre parent : *s'il te plaît, merci, je t'en prie*, etc.

Prêtez le moins d'attention possible à ses petites insolences. Faites semblant de les ignorer. En revanche, félicitez-le quand il s'exprime gentiment, quand il vous remercie, quand il est aimable.

Respectez votre enfant comme un « hôte de passage », comme disait Françoise Dolto, c'est-à-dire comme quelqu'un avec qui on ne s'autorise pas ces privautés et ces négligences dues parfois à une excessive promiscuité.

Discutez-en avec lui

« Les parents ne cherchent pas à embêter toujours leurs enfants, crois-moi ! Même s'ils répètent toujours : "Fais ci, fais ça, dis merci..." Tu dois être poli(e) envers les autres, envers tous ceux que tu aimes et que tu respectes. Être poli(e), c'est dire "bonjour", "au revoir", "merci", "s'il te plaît"... C'est un peu comme un cadeau que tu fais aux autres. Ça n'a l'air de rien – et peut-être penses-tu que ça ne sert à rien ? Pas du tout ! En disant tous ces mots magiques, tu leur prouves que tu les respectes et que tu les aimes.

C'est la même chose avec certains gestes. Tenir la porte à quelqu'un ou laisser ta place dans l'autobus à une personne âgée qui a du mal à rester debout, c'est aussi faire attention à l'autre, tu ne penses pas ? C'est comme si tu lui disais : "Tu es là, je t'ai vu(e), je fais attention à toi." »

Connexion : *La Princesse aux gros mots*

À vous, maintenant : petit atelier d'écriture

Rythme général de l'histoire

Notre monde va de plus en plus vite. Regardez les spots de pub (dont ils raffolent), les CD-Rom où l'on clique d'une image à l'autre, la « zapping attitude »... Doit-on encenser ou regretter cela ? Ni l'un ni l'autre, mais constater sans aucun doute que l'imagination de nos petits s'en trouve modifiée.

Quand on observe les histoires pour enfants publiées dans les années 1960 ou 70 et même les dessins animés de l'époque, on s'étonne de la différence de rythme et de tempo. Les enfants d'alors étaient-ils si différents de ceux d'aujourd'hui ? Sans doute.

Aujourd'hui, nos bambins exigent un rythme enlevé, une histoire qui démarre sur les chapeaux de roues et des émotions en cascade.

Comment y parvenir ? Les phrases doivent être courtes, nerveuses, concises. Car le conte doit aller à l'essentiel, même si le nœud de l'histoire peut paraître un peu grossier. Une intrigue sophistiquée, assortie de digressions, compliquerait trop les choses. Nous sommes ici dans l'univers parfois simpliste du conte.

Le scénario : identification et prise de distance

L'enfant doit comprendre que, à travers l'histoire, il s'agit en même temps de lui et d'un autre. C'est un « moi » déguisé. C'est pourquoi le double mouvement « identification et prise de distance » doit aller de pair.

– Identification

Afin que l'identification fonctionne, choisissez un personnage du même âge que l'enfant mais pas forcément du même monde. Il faut en quelque sorte lui proposer un déguisement facile à endosser et plutôt sympathique : un petit garçon, oui, mais un prince ; une maman, oui, mais une reine ; une petite fille, oui, mais une gentille sorcière.

Pour les sujets les plus douloureux comme la mort ou l'hôpital, il est préférable de faire vivre des animaux ou des personnages mythiques : lapin, souris, écureuil, petit nuage (aspect cotonneux et vulnérable), canard, petite oie, poussin, marmotte...

– Prise de distance

La prise de distance dans le temps est indispensable pour rassurer l'enfant et surtout pour lancer son imagination comme un starter. Les temps passés comportent une dimension à la fois symbolique et magique. On peut déclencher cette distance temporelle grâce aux phrases traditionnelles telles que « Il était une fois », « Il y a très, très longtemps », ou « Du temps où les bêtes parlaient », ou aux variantes comme « Tu n'étais pas encore né(e), ni même moi, ni ton grand-père, pas même ton arrière-grand-père », etc.

La prise de distance dans l'espace est également nécessaire. Vous pouvez situer le récit dans une région lointaine : par exemple, l'Afrique (ce que je propose avec la mort du grand-père d'Amadou), un terrier bien profond (*Pierrot Lapin change de terrier*), le ciel (*Le petit nuage qui avait divorcé de lui-même*), etc.

Une situation similaire

Si vous reproduisez mot pour mot l'histoire qui arrive à votre enfant, il ne va peut-être pas « mordre ». L'histoire va sentir le message à plein nez ! Il y lira une volonté didactique qui l'irritera et affaiblira la portée universelle de l'histoire. Par exemple, si votre enfant se rend à l'hôpital pour se faire opérer des yeux, décalez légèrement l'histoire en utilisant une opération d'appendicite ou des amygdales, voire une simple visite à l'hôpital.

L'imagination comme distance ultime

Il est toujours préférable de puiser dans son imagination plutôt que dans ses souvenirs. Pourquoi ? Parce que les souvenirs vont toujours limiter le récit. Si vous évoquez quelque chose qui vous est arrivé, vous aurez beaucoup de mal à vous en détacher et à faire décoller l'histoire. Il ne faut pas forcément décalquer un personnage connu, mais plutôt lui emprunter ses caractéristiques et en faire un être imaginaire.

La forme : du rythme avant tout !

Les enfants aiment les histoires courtes, qui démarrent sur les chapeaux de roues. « Entrez tout de suite dans l'action, écrivait Balzac, prenez-moi votre sujet tantôt de travers, tantôt par la queue ; enfin, variez les plans pour n'être jamais le même. » Bref, soyez rapide dans l'exposition des faits dès les premières lignes.

Les enfants aiment la musique et le rythme. C'est pourquoi le conte a tout intérêt à développer sa « petite musique » jusqu'à se rapprocher de la comptine.

On peut employer le rythme ternaire, fondé sur la règle de trois. Un classique peut-être, mais efficace. Le conte des *Trois Petits Cochons* fait apparaître des répétitions par trois : trois cochons, trois maisons (une de paille, une de bois, une de brique). Le rythme ternaire développe un suspense *crescendo*, tout en rassurant car on devine aisément l'heureux dénouement de l'histoire. En outre, l'enfant y attend quelque chose... Voilà qui augmente encore son plaisir.

Les enfants adorent les répétitions, comme dans la comptine *Promenons-nous dans les bois*. Une phrase répétée à certaines étapes majeures du récit (« Je mets ma culotte, ma chemise... ») possède des vertus magiques. Elle retarde le dénouement tout en faisant monter le suspense.

Pour être certain du rythme des phrases – est-ce que cela tombe juste ? –, il vaut mieux, si vous écrivez votre histoire avant, la relire à haute voix.

Les personnages principaux

Ils doivent être suffisamment ordinaires pour permettre à l'enfant de s'identifier à eux. Ordinaires, donc humains ! D'après le psychanalyste Bruno Bettelheim [1], la banalisation est l'une des forces du conte de fées : « Le conte de fées annonce clairement qu'il va nous raconter l'histoire de n'importe qui, de personnages qui nous res-

1. *Op. cit.*, p. 19.

semblent beaucoup [...]. Si des noms apparaissent, poursuit le psychanalyste, ce ne sont pas des noms propres, mais des termes généraux ou descriptifs. » Par exemple, on l'appelle Cendrillon parce qu'elle est recouverte de cendres, ou Petit Chaperon rouge parce que son vêtement est rouge, etc.

Enfin, optez pour des personnages ni ambigus ni trop complexes.

Des héros à contre-emploi

Les héros que les enfants adorent – et que, personnellement, j'ai aimé développer dans ce livre –, ce sont les personnages à contre-emploi qui entrent du coup dans le domaine de l'humain. Ces personnages mythiques, avec tous leurs petits défauts et leurs angoisses, finissent par nous ressembler.

Dans ces *Cent Histoires du soir*, on trouvera : un requin angoissé, une petite sorcière au cœur brisé, myope ou timide, un chef des pirates qui tombe malade, un fantôme qui a peur de la nuit, un marchand de sable qui bougonne parce que ses chaussures grincent, un lion peureux, vulnérable ou minuscule, un loup qui ne mange que des roudoudous, un roi au chômage, un vampire dépressif... Tout est possible !

Si les personnages à contre-emploi fonctionnent si bien, c'est parce que non seulement ils nous ressemblent, mais ils sont « anti-clichés », et ils créent la surprise. Ils détiennent par conséquent une certaine force littéraire.

Voici quelques suggestions de personnages à contre-emploi : un brigand qui tombe amoureux, un renard anxieux et qui a peur de la nuit, une reine qui hurle parce que ses enfants lui tapent sur les nerfs, un petit roi qui vole ou raconte des histoires, un méchant qui a peur du noir...

Les méchants et les gentils

Dans l'univers du conte, les personnages secondaires, méchants et gentils, qui côtoient le héros sont forcément caricaturés. Sinon, comment l'enfant s'y retrouverait-il ? Comment serait-il sécurisé ? Pour éveiller son imagination et le rassurer, il lui faut des bases solides.

La vérité des contes est plus simple que celle de la vie. Les méchants sont vraiment méchants, les gentils sont ultragentils. Et tous, on les reconnaît de loin. L'ambivalence n'existe pas ! Voyez l'univers de Disney : Cruella ou la méchante reine de *Blanche-Neige* sont maigres, ont les joues creuses, le regard cruel ; pareil pour Scarr, le fourbe du *Roi lion*, avec ses traits anguleux et ses petits yeux verts perfides.

Vous faites intervenir des méchants, des gentils ? Dépeignez-les super méchants et super gentils.

Un *happy end*...

Vous avez certainement constaté qu'un grand nombre de livres pour enfants finissent bien. Et heureusement, car c'est l'unique moyen de les rassurer. Bien sûr, nous ne militons pas à tout crin pour les *happy ends*. Certaines histoires pour enfants, tristes à pleurer, sont superbes – comme *La Petite Marchande d'allumettes* ou *La Petite Sirène* –, mais là, nous sommes dans un registre d'émotion pure.

Pour le soir

Petite suggestion aux mamans fatiguées. On peut achever les histoires du soir par la phrase clé, si pratique : « Et soudain, notre jeune héros bâilla à s'en décrocher la mâchoire, et s'endormit, la tête sur l'oreiller. » À prononcer *decrescendo*, en baissant la voix jusqu'au murmure et en fermant à demi les yeux. Rien de tel pour amorcer le sommeil et parer à la demande : « Je veux une autre histoire... » N'est-ce pas là la fin la plus heureuse ? Dormir, c'est s'abandonner, confiant ; c'est être déchargé d'une angoisse.

Voilà quelques conseils que j'ai pu moi-même appliquer dans ces *Cent Histoires du soir*. À vous de jouer maintenant !

Bientôt vos enfants vous demanderont : « Maman/Papa, s'il te plaît, lis-moi une histoire. » Et quand vous allongerez le bras pour saisir un livre dans la bibliothèque, vous entendrez : « Non, pas dans un livre... Une histoire *dans ta tête* ! »

Bibliographie

Edwige Antier, *J'aide mon enfant à se concentrer*, J'ai lu, 2005.

Gilles Azzopardi et Jacques Thomas, *Comment rendre son enfant plus attentif*, Marabout, 2004.

Bruno Bettelheim, *Psychanalyse des contes de fées*, Pocket, 1999.

Terry B. Brazelton, *Points forts, vol. 1 — De la naissance à trois ans : les moments essentiels du développement de votre enfant*, coll. Le Livre de poche, LGF, 2004.

Terry B. Brazelton et Joshua D. Sparrow, *Points forts, vol.* 2 — *De trois ans à six ans : le développement émotionnel et comportemental de votre enfant*, coll. Le Livre de poche, LGF, 2004.

Terry B. Brazelton et Stanley I. Greenspan, *Ce dont chaque enfant a besoin*, Marabout, 2003.

Marie Bonnafé, *Les livres, c'est bon pour les bébés*, coll. Pluriel, Hachette Littératures, 2003.

Christine Brunet et Anne-Cécile Sarfati, *Petits tracas et gros soucis de 1 à 7 ans*, Albin Michel, 2002.

Christine Brunet et Anne-Cécile Sarfati, *Petits tracas et gros soucis de 8 à 12 ans*, Albin Michel, 2004.

Françoise Dolto, *Les Chemins de l'éducation*, coll. Folio Essais, Gallimard, 2000.

Françoise Dolto, *Tout est langage*, coll. Folio Essais, Gallimard, 2002.

Françoise Dolto, *La Cause des enfants*, Pocket, 2003.

Rica Etienne et Harry Ifergan, *Mais qu'est-ce qu'il a dans la tête ?*, J'ai lu, 2003.

Rica Etienne et Harry Ifergan, *6-12 ans : l'âge incertain*, J'ai lu, 2003.

Isabelle Filliozat, *Au cœur des émotions de l'enfant : comprendre son langage, ses rires et ses pleurs*, Marabout, 2001.

Stephen et Marianne Garber, Robyn Spizman, *Les Peurs de votre enfant : comment l'aider à les vaincre*, Odile Jacob, 1997.

Aletha J. Solter, *Comprendre les besoins de votre enfant*, Marabout, 2000.

Barbara Unell et Jerry Wyckoff, *Se faire obéir sans crier*, Marabout, 2000.

Donald W. Winnicott, *L'Enfant et le Monde extérieur*, Payot, 1989.

Donald W. Winnicott, *Conseils aux parents*, Payot, 1995.

Donald W. Winnicott, *L'Enfant et sa Famille*, Payot, 2002.

2910

Photocomposition : Nord Compo
Imprimé en Espagne par Grafica Esterra

pour le compte des
Nouvelles Éditions Marabout
D.L. 61224
ISBN : 2501-045-67-X

40-9510-5/01